古典文獻研究輯刊

初 編

潘美月・杜潔祥 主編

第5冊

宋代類書之研究

張圍東 著

國家圖書館出版品預行編目資料

宋代類書之研究／張圍東著 — 初版 — 台北縣永和市：花木蘭
文化工作坊，2005〔民94〕

序1+ 目 2+232 面；19×26 公分（古典文獻研究輯刊 初編第 5 冊）
ISBN：986-81154-5-0（精裝）

1. 類書－中國－宋（960-1279）

041.5   94018876

ISBN 986-81154-5-0

9 789868 115453

古典文獻研究輯刊
初 編 第五 冊   ISBN：986-81154-5-0

宋代類書之研究

作　　者　張圍東
主　　編　潘美月　杜潔祥
企劃出版　北京大學文化資源研究中心
出　　版　花木蘭文化工作坊
發 行 所　花木蘭文化工作坊
發 行 人　高小娟
聯絡地址　台北縣永和市中正路五九五號七樓之三
　　　　　電話：02-2923-1455／傳眞：02-2923-1452
電子信箱　sut81518@ms59.hinet.net
初　　版　2005 年 12 月
定　　價　初編 40 冊（精裝）新台幣 62,000 元

宋代類書之研究

張圍東　著

作者簡介

姓名：張圍東　籍貫：山東省蓬萊縣人　出生日期：民國48年12月7日　現職：國家圖書館編輯　學歷：國立臺灣大學圖書館學系文學士，中國文化大學史學研究所碩士，中國文化大學史學研究所博士　經歷：中國技術學院圖書館館員，國立中央圖書館臺灣分館助理編輯、編輯　著作：專書有《山中樵傳》，論文有〈日據時期南方資料館之研究〉、〈圖書館與口述歷史〉、〈圖書館與地方文獻〉等三十餘篇文章。

提　　要

　　類書是我國古代兼有「百科全書」和「資料匯編」性質的工具書。因其內容廣徵博引，並隨類相從而得名。它以輯錄古書中的史實典故、名物制度、詩賦文章、麗詞駢語，而且還包括自然科學方面的天地山川、百穀草木、鳥獸蟲魚等知識，故有「存一書即存眾書」的重要地位。

　　中國古代類書，自魏《皇覽》開始到南北朝，編修類書的風氣尚未形成。進入唐代，各種類書顯著增加，收錄在《新唐書‧經籍志》〈丙部‧類書類〉中的類書，就有四十餘部。在宋代，類書大為興盛，在《宋史》〈藝文六〉所載的宋人類書，竟超過了三百部。

　　類書的產生和發展，最初主要是提供皇帝閱覽有關治道興衰、君臣得失的事蹟，作為施政借鑒。繼起的類書，不僅提供皇帝閱覽，也兼供文人作文參考之用，甚至專為文人寫作詩文應付科舉考試輯錄資料。宋代以後，類書輯錄資料注意各種事物的源流經過，已具有歷史考證性質，如《事物紀原》、《格致鏡原》等是。明清兩代的《永樂大典》和《古今圖書集成》，使類書的內容豐富，包括當時一切學術著作，達到空前的高度。

　　宋代的類書因為保存了大量已經失傳的古書及其篇章，對後來的史學研究，尤其是史料的尋找和古籍的校勘、整理，都具有十分重要的功用。因此，類書在我國古代典籍中已形成獨立的文獻，具有特殊的價值。

　　本書內容分為十章十六節，第一章主要闡述宋代類書發展理念，並做一完整的敘述。第二章敘述類書的起源、發展與衰落，讓讀者瞭解類書從古代到清代的發展及衰落過程。第三章重點說明類書的範圍、類型及體例，簡述類書在目錄學中的位置，並羅列類書在目錄中的部居情形，以瞭解類書在古代知識體系下所處的位置，及過去知識份子對類書理解的方式。第四章說明類書的特點與功能，並對類書的參考價值加以敘述。第五章介紹宋代官修、私修圖書編撰以及宋代圖書編撰的特點，以期了解宋代編撰圖書的概況。第六章探討宋代類書產生的原因以及發展的過程。第七章敘述宋代類書的分類體系，瞭解類書的知識分類情況。第八章詳述及探討宋代的類書，進一步探討類書的編纂過程、版本的流傳及各大圖書館典藏宋代類書之狀況。第九章敘述宋代類書的文獻價值及宋代類書在現今學術研究上可以發揮的助益。第十章結論，將宋代類書的整體發展做一總結，並敘述如何讓類書藉著分類傳達給使用者比較完整的資訊，也可增加一般讀者與類書接觸的機會，增進對類書的認識。

　　類書是中國傳統文化資源之一，對苦於尋「根」的現代中國人來說，類書就是一個可以尋根的地方。

目

錄

宋　序

　　類書源起於曹魏時期，唐代編修類書漸多，就有《藝文類聚》等四十多部，至宋代類書則大盛，超過三百部，至今所存仍有三、四十種。此因宋代重文治、應科舉之需要，宋代雕版印刷業發展，為刻印類書提供了必要的技術條件。

　　宋代類書所以大盛，與政府提倡文治有非常密切的關係。科舉制度的盛行，又促使士人博觀廣取，以備臨試謀求功名之用，大量為科舉應試而編寫的類書應運而生，宋代為類書發展史上的黃金時代。

　　類書源遠流長，歷史悠久，種類繁多，是我國特有的一種分類彙編各種事物以供檢閱的工具書。其內容廣泛，舉凡詩文、詞藻、人物、典故、天文、地理、典章、制度、禽獸、蟲魚、草木等應有盡有，具有「博採諸家、兼收眾籍」之特色。編纂方式是將古籍原文片斷摘錄，不加任何解釋。藉類書可窺中國古代文化資產之一鱗半爪。

　　類書為我國特有的參考工具書，其形式、內容的與眾不同，在現今的各類型參考工具書中帶有濃厚的歷史色彩。類書走過漫長的歷史，在不同的時代巧妙地應變生存下來。

　　張圍東先生在中央圖書館台灣分館服務多年，現轉任國家圖書館服務，其所撰《宋代類書之研究》，內容豐富、見解亦深，乃史學研究之佳作。

　　　　　　　　　　　　　　　　　　　　　　　　　宋　晞
　　　　　　　　　　　　　　　　　　　　民國九十三年五月二十日

自 序

　　圖書館參考室陳列著類書的參考書，或許你對它有點好奇，又感覺很陌生，但它能讓你在其中找到所需的相關資料，更能使你徜徉在古籍文獻的世界。

　　我國是個歷史悠久的文明古國，自有文字以來，積累了豐富的文化典籍。尤其是在發明了紙、雕版印刷以至活字印刷之後，文化事業更加的發達，各類圖書，浩如煙海。這些典籍集中反映了中國文化的發展。它們是智慧的凝聚，知識的結晶，成了我國最寶貴的文化遺產。

　　我們都知道，古代有句成語是「開卷有益」。這是宋朝皇帝宋太宗趙光義說的。宋太宗每天要閱讀三卷『御覽』，如果有一天事情繁忙而沒有閱讀，但他一有空閒，就會補上。有人說：天寒日短，一天閱讀三卷，太辛苦了。宋太宗卻回答說：開卷有益嘛！讀書不是什麼辛苦的事情。這句成語就是這樣產生的，意思是讀書有好處。在這裡他閱讀的『御覽』，就是一種類書。

　　類書源遠流長，歷史悠久，種類繁多，它又是中國特有的作品，是一種分類彙編各種事物以供查檢的工具書，蒐羅範圍相當廣，舉凡詩文、辭藻、人物、典故、天文、地理、典章、制度、飛禽、走獸、草木、蟲魚等等應有盡有，可譬為一般人所熟悉的百科全書。其內容特色是「博採諸家、兼收眾籍」，編輯方式是將古書原文片斷摘錄，不加任何解釋；故今人可藉著「類書」一窺中國古代文化資產的一鱗半爪。

　　在浩如煙海的古代典籍中，類書的編修與刊刻佔據著相當重要的地位。它們所網羅的材料遍及歷代重要著作，對古籍的保存及整理有很大的貢獻，對文化資源的傳承也深具意義。但類書也有缺失，它只是將舊有資料收集排比而已，缺乏重新撰寫、組織；而且它的資料不會隨時代進展不斷的更新，純粹只是故紙堆的整理而已。類書為我國特有的參考工具書，它的特殊在於形式、內容的與眾不同，在現今的各類型參考工具書中它尤其帶有濃厚的歷史色彩。類書走過漫長的歷史，在不同的時代巧妙的應變生存下來。

　　本書內容分為十章十六節，第一章主要闡述宋代類書發展理念，並做一完整的敘述。第二章敘述類書的起源、發展與衰落，讓讀者瞭解類書從古代到清代的發展及衰落過程。第三章重點說明類書的範圍、類型及體例，簡述類書在目錄學中的位置，並羅列類書在目錄中的部居情形，以瞭解類書在古代知識體系下的所

處的位置，及過去知識份子對類書理解的方式。第四章說明類書的特點與功能，並對類書的參考價值加以敘述。第五章介紹宋代官修、私修圖書編撰以及宋代圖書編撰的特點，以期了解宋代編撰圖書的概況。第六章探討宋代類書產生的原因以及發展的過程。第七章敘述宋代類書的分類體系，瞭解類書的知識分類情況。第八章詳述及探討宋代的類書，進一步探討類書的編纂過程、版本的流傳及各大圖書館典藏宋代類書之狀況。第九章敘述宋代類書的文獻價值及宋代類書在現今學術研究上可以發揮的助益。第十章結論，將宋代類書的整體發展做一總結，並敘述如何讓類書藉著分類傳達給使用者比較完整的資訊，也可增加一般讀者與類書接觸的機會，增進對類書的認識。類書是中國傳統文化資源之一，對苦於尋「根」的現代中國人來說，類書就是一個可以尋根的地方。

　　本書的內容，可以提供類書研究者參考，惟因本書撰稿時間倉促，且筆者學識有限見聞狹隘，恐多有疏誤之處，尚祈同道，不吝賜正，無紉感謝。

張圍東謹識於國家圖書館
中華民國九十四年一月一日

第一章　緒　論

　　中國書籍，從甲骨文到今日的媒體資料，其形態和載體發生過千變萬化；而當代有關圖書的事業，如出版發行事業、圖書資訊事業等等，則十分廣泛而龐大。因此，從書籍的產生到發展，留下一系列縱向的關於書籍的文化遺存；從書籍的產生到利用，又發生著一系列關於書籍的社會文化現象。而書籍的這種縱橫交錯的存在和發展總和，就是書籍文化。

　　書籍文化和其他各種文化一樣，是由多種文化成分構成的。按其構成成分的內容性質，主要可以分為以下幾個方面：

（一）文字（包含圖畫、記錄符號和現代書中的某種訊號等）。文字是書籍的基本要素。

（二）各種形態的書籍及其載體。如甲骨文、金石、竹木、獸皮、織物、紙、磁盤、磁帶、光碟各種載體，以刻畫、抄寫、印刷（複製）和以現代技術製作而成的各種圖書文獻。

（三）書籍的內容。圖書產生、存在和發展的價值，全在於它的內容；它對人類的主要作用亦在於此。

（四）書籍的產生與流通過程及其實體。這主要包括著述編輯、出版發行、印刷事業等。

（五）書籍的收集、整理、典藏、保護和利用過程及其實體。包括校勘、考訂、圖書資訊事業等。

（六）關於書籍文化的各種建築、設施、設備和現代化技術。

（七）隨著書籍形成過程中產生的各個學科。如文字學、圖書學、文獻學、編輯學、出版發行學、圖書館學、資訊學、目錄學、版本學、校勘學、輯佚學、

　　金石學、印刷術等等。

（八）關於書籍的政策、法令、組織管理機構及其職官等等〔註1〕。

　　人類孕育了書籍文化，書籍文化累積、保存和發展了人類文明。書籍文化是人類文明的重要支柱和發展的巨大力量。

　　在中國古代，各項書籍文化事業基本上是一體的。如宋初設立掌管圖籍的秘書監，就既負責「掌古今經籍圖書、國史實錄、天文曆數之事」；「掌修撰日曆」；「掌集賢院、史館、昭文館、秘閣圖籍，以甲、乙、丙、丁爲部」；還「掌校讎典籍，判正訛謬」等〔註2〕。實際上，從秦漢以至清代，政府的書籍文化機構，基本上包攬圖籍的訪求、收藏、閱覽、流通、整理、校勘、分類以及編輯、刻版印刷和發行等各項工作。許多私人藏書家也是如此。

　　所以，自有文字記載以來，中國就很重視文化典籍的編纂與傳存。在古代典籍中，類書的修纂與刊刻佔有相當重要的地位。它們所網羅的文獻資料遍及歷代重要著作，對古籍的保存及整理有很大的貢獻，對文化資源的傳承也深具其時代的意義。

　　類書源遠流長，歷史悠久，品種繁多，是我國工具書的一大類別。它是一種采輯群書，將各種材料分類匯編，以供檢查資料。其內容與形式都較爲特殊。它羅列文字訓詁（對古書字句的解釋）、辭藻、典故，卻不是字典、詞典；它涉及典章制度、山川、地理、醫卜星相、花草樹木、禽獸蟲魚等等，但既不是政典、叢考、方志、輿圖，也不是任何一家專著。它包括經史雜傳、諸子百家的言論以及詩文作品。可是，按中國古籍四部分類卻沒有合適的部門可以歸入，因爲它既非經，又非史，也非子，非集，但又兼包了四部的內容。它以雜見稱，這就是類書。由於類書的內容包括了自然界和人類社會的一切知識。所以，它十分接近百科全書。它只是中國古代的百科全書，不同於現代的百科全書。現代百科全書的每一詞目，總是編寫成文，而中國古代類書只是搜集、選擇、摘錄原始材料，分門別類的匯集、排比在一起，就如「資料匯編」。因此，類書具有《百科全書》和《資料匯編》的綜合體。再者，其編輯方法是區分門類的，類書的名稱也就由此而來。

　　類書的分類，大多是根據當時社會的政治、經濟、文化制度、社會生活的需要，分成若干大的部類。例如，關於自然現象的，一般分爲天文、地理、山、水、

〔註1〕施金炎編著，《中國書文化要覽（古代部分）》（長沙：湖南教育，1992年2月），頁3～4。

〔註2〕（元）脫脫等編纂，《宋史》卷一六四、〈職官四〉（臺北市：鼎文，民國67年9月初版），頁3873～3874。

鳥、獸、草、木等部；屬於政治、經濟、文化、禮教範圍的，一般分為帝王、后妃、職官、封爵、刑法、州郡、產業、人、禮、樂等部；屬於社會生活方面的，則分為居處、服飾、舟車、食物、布帛、珍寶等部；在每一個大類裏面，再分若干子目。例如，在〈天〉部裏，常常再分天、日、月、星、雲、風、雨、雷、雪等子目；〈人〉部一般都分為忠、孝、富、貴、聖、賢、師、友等子目；「樂」部裏，往往分為歌、舞、琴、箏、鼓、簫、笙、笛等子目；〈居處部〉則有宮、殿、樓、閣、亭、台、園圃等。這些部類內容和分類方法，都充分反映當時社會面貌的特徵。我們查類書，首先要了解它們的大小類目，知道所查材料典故屬於哪一個部類，再按部類去尋檢。

　　類書有多種類型。從編錄方法來說，分類是主要形式，而且大多數類書都是採取分類編錄的形式。後來又發明了採用「字典」式的依韻編錄的方法。這種類書，已消失了分類的形式，但仍有百科全書和資料匯編的實質。所以，沒有分類形式的類書仍屬類書，如最有名的《永樂大典》即是。還有以數字來編錄的，專以數字為綱，來聚集事實；這種類書為數極少。

　　總之，類書是我國古代兼有「百科全書」和「資料匯編」性質的工具書。因其內容廣徵博引，並隨類相從而得名。它以輯錄古書中的史實典故、名物制度、詩賦文章、麗詞駢語，而且還包括自然科學方面的天地山川、百穀草木、鳥獸蟲魚等知識，即有「存一書即存眾書」的重要地位。

　　具體到一部書是否算作類書，至今各有看法；依其採輯範圍將類書概括為兩大類：一是匯編各種材料，山包海涵，綜合各類的一般類書，這是類書的正宗，也就是綜合性的類書；二為只輯一類的專門類書，這是類書的別體，也就是專門性類書。

　　《四庫全書總目提要》〈類書類〉小序云其編纂體制：

　　　　類事之書，兼收四部。而非經、非史、非子、非集〔註3〕。

其中亦有以首字繫事者，如《駢字類編》；以末字（韻）繫事者，如《佩文韻府》。

　　中國古代類書，自魏《皇覽》開始到南北朝，編修類書的風氣尚未形成。進入唐代，各種類書顯著增加，收錄在《新唐書‧藝文志》丙部〈類書類〉中的類書，就有四十餘部〔註4〕。在宋代，類書大為興盛，在《宋史‧藝文六》所載的宋

〔註3〕　（清）永瑢等編纂，《四庫全書總目提要》卷一三五、〈子部四五〉、〈類書類一〉（臺北市：臺灣商務，民國54年2月臺1版），頁2781。

〔註4〕　（宋）歐陽修編撰，《新唐書‧藝文志》（臺北市：鼎文，民國67年9月初版）。

人類書，竟超過了三百部，數量之多，種類之繁〔註5〕，明清兩代類書典籍的發展，達到最爲繁盛的階段。

宋代的類書因爲保存了大量已經失傳的古書及其篇章，對後來的史學研究，尤其是史料的尋找和古籍的校勘、整理，都具有十分重要的功用。因此，類書在我國古代典籍中已形成獨立的文獻，具有特殊的價值。

〔註5〕（元）脫脫等編纂，《宋史》卷二○七、〈藝文六〉（臺北市：鼎文，民國67年9月初版），頁 5293～5303。

第二章　類書的起源、發展與衰落

　　類書,是我國古代文化發展到一定階段的產物。隨著各類知識的豐富,社會積累起來的書籍卷帙浩繁,人們苦於搜尋和翻檢的困難,迫切需要一種匯聚各類知識,開卷即可利用的典籍。這種需求,是類書典籍產生的根本原因。所以在談論其起源前,首先將類書的意義加以解釋。

　　何謂類書?依據《圖書館學與資訊科學大辭典》解釋:「凡採輯群書,或以類分,或以字分,便尋檢之用者,謂爲類書〔註1〕。」換言之,即是輯錄歷代典籍中各個門類或某一門類的資料,按類別或按字韻編排,便於查找和徵引資料的工具書。例如查考中秋的起源及慶典,便會在類書裡的中秋門類下,看到它抄撮了各種古籍中有關中秋的起源、節氣、慶典、祭祀,乃至相關詩詞歌賦等。類書相當於我國古代的百科全書,它著重原始資料的編纂,並註明出處,以供徵引。

第一節　類書的起源

　　類書這個名稱在宋以前沒有出現過。唐代修《隋書‧經籍志》時,將類書歸入〈雜家〉。《舊唐書‧經籍志》立〈類事類〉。到宋代修《新唐書‧藝文志》時,才立了〈類書類〉,從此有了類書這個名稱。

　　在現存書目中只有一些片段的說法,散見於書目的小序或小注中;宋代官修《崇文總目》之〈類書類〉《太平廣記》條目下,小注云:「博采群書,以類分門。」即是說明類書編纂的方式是按類排比。明代焦竑《國史經籍志》卷四〈類家〉小

〔註 1〕國立編譯館主編,《圖書館學與資訊科學大辭典》(下)(臺北市:漢美,民國 84 年
　　　 12 月),頁 2422。

序云：

> 前史有雜家，無類書。近代纂述叢雜，乃為別出。要之，雜家出自一人；類書兼總諸籍，自不容溷也〔註2〕。

指出類書與雜家類圖書的不同處。

清代《四庫全書總目提要》在〈子部‧類書類〉的小序云：

> 類書之事，兼收四部，而非經、非史、非子、非集，四部之內，乃無類可歸。《皇覽》始於魏文，晉荀勖《中經新簿》分隸何門，今無所考，《隋志》載入〈子部〉，當有所受之。歷代相承，莫之或易。明胡應麟做《筆叢》，始議改入集部，然無所取義，徒事紛更，則不如仍舊貫矣。此體一興，而操觚者易於檢尋，注書者利於剽竊，轉輾稗販，實學頗荒，然古籍散亡，十不存一，遺文舊事，往往託以得存。《藝文類聚》、《初學記》、《太平御覽》諸編，殘璣斷璧，至拾捃不窮，要不可謂之無補也。其專考一事，如《同姓名錄》之類者，別無可附，舊皆入之類書，今亦仍其例〔註3〕。

此段小序說明類書的內容網羅了經、史、子、集，收羅的材料非常廣泛。《四庫全書》將類書歸在〈子部〉，乃因襲《隋志》。

我國古代類書是「百科全書」和「資料匯編」的綜合體。另外還要加上一條，就是它們的形式是區分門類的。類書的名稱，本是由此得來。所謂「方以類聚，物以群分」、「事類相從，聚之義也」者是。

區分門類是為了便於查檢，便於按圖索驥。後來發明了臨事求檢的更便捷的編排方式，就是採用「字典式的」依韻編錄的方法。這種類書，已消失了分類的形式，但是不因此而影響到它們的百科性質和資料匯輯的實質，並且依韻編錄也是由便於查檢的分類方式衍生的、發展的，所以這種沒有分類形式的類書仍然是類書。

一、《皇覽》是類書的始祖

東漢至三國曹魏時期，文風嬗變；駢儷之詞、排偶之文興盛；文人撰述，崇尚馳騁華辭，講究用典使事。於是抄集典故，排列偶句，以補記誦之不足，供臨

〔註2〕 （明）焦竑編纂，《國史經籍志》卷四下〈類家〉（臺北市：廣文，民國 61 年 7 月），頁 687～688。

〔註3〕 （清）永瑢等編修，《四庫全書總目提要》〈子部‧類書類一〉（臺北市：臺灣商務，民國 54 年 2 月臺一版），頁 2781。

文時尋檢，成為一般文士的普遍需要。這種注重辭藻、典故的時代風氣，直接促進了類書的產生。三國時魏文帝曹丕喜好文學，使儒臣王象等人蒐集經傳資料，隨類相從，編成我國歷史上第一部類書——《皇覽》。

《三國志‧魏志》〈楊俊傳〉裴注曰：「《皇覽》合四十部，部有數十篇，合八百餘萬字〔註4〕。」在印刷術發明之前，依靠傳抄，要保存如此規模的《皇覽》全書是很困難的。因此到宋代，它的各種抄本、節錄本皆已亡佚。今存有清人從各書引文中輯出，收入《問經堂叢書》及《漢學堂叢書》中。

《皇覽》的出現，不但在古籍中開創了類書這一種體裁，也給後世許多王朝在開國初年，集中人力大規模編纂類書以顯示文治之盛，做了一個示範。

《皇覽》對類書的開創具有重大的意義，後來學者皆推它為類書之祖。宋代學者王應麟曰：「類書之書，始於《皇覽》〔註5〕。」明‧焦竑《國史經籍志》說：

> 流覽貴乎博，患其不精；強記貴乎要，患其不備；古昔所專，必憑簡策，綜貫群典，約為成書，此類家所引由起也；自魏《皇覽》而下，莫不代集儒碩，開局編摩；乃私家所成，亦復猥眾；大都包絡今古，原本始終，類聚臚列之，而百世可知也；韓愈氏所稱「鉤玄提要」者，其謂斯乎〔註6〕！

清代官修《四庫全書總目提要》也認為：「類書始於《皇覽》〔註7〕。」

《皇覽》以後，古代類書逐漸豐富起來，形成了一批體例特殊的典籍群體，反映在目錄書中也由歸屬它類到獨立門類。第一部類書《皇覽》出現後，西晉《中經新簿》將它列入收錄史書的〈丙部〉。到《隋書‧經籍志》，因類書兼採群籍，既非經史、也非子集，只好歸入以龐雜而稱的〈子部雜家類〉。《舊唐書‧經籍志》編撰時，類書數量已漸增，便獨立〈類事〉一項。北宋《崇文總目》又將〈類事〉改為〈類書〉。從此〈類書〉之名為人們所習用；而目錄書由〈子部〉統轄〈類書〉的傳統也沿襲下來。

〔註4〕（晉）陳壽撰，《三國志‧魏志》〈楊俊傳〉（臺北市：鼎文，民國 67 年 9 月），頁 664。

〔註5〕（宋）王應麟撰，《玉海》卷五四〈承昭撰述〉與〈類書篇〉（《景印文淵閣四庫全書》第 943～948 冊，臺北市：臺灣商務，民國 72～75 年）。

〔註6〕（明）焦竑編纂，《國史經籍志》卷四下〈類家〉（臺北市：廣文，民國 61 年 7 月），頁 687。

〔註7〕（清）永瑢等編修，《四庫全書總目提要》〈子部‧類書類一〉（臺北市：臺灣商務，民國 54 年 2 月臺一版），頁 2781。

二、雜家乃類書托始說

　　另有一種說法，是將類書的開端推得很早，認為戰國季年的雜家著作，即類書之所托始。倡其說者為清代中期的學者汪中。《述學‧補遺‧〈呂氏春秋〉序》說：

> 司馬遷謂不書使其客人人著所聞，以為備天地萬物古今之事。然則是書之成，不出于一人之手，故不名一家之學，而為後世《修文御覽》、《華林遍略》之所托始。《藝文志》列之雜家，良有以也〔註8〕。

接著，以輯佚名家的歷城馬國翰推廣此意，也在其《玉函山房文集》卷三的「鎦珠囊」序中說：

> 類書之源，開於秦，衍于漢。余觀《呂氏春秋》，〈十二紀〉取諸《月令》，〈至味篇〉取《伊尹書》，〈當染篇〉取墨子書，〈上農〉、〈任地〉、〈辨士〉、〈審時〉四篇述後稷之言，與《亢侖子》所載略同。而取黃帝、老子、文子、子華子之說，不一而足。意蓋以周《月令》為紀，雜采百家分屬之。此類書之最先者也。
>
> 《淮南鴻烈》實仿《呂覽》為之，書中采文子語幾盡；其它大抵皆有所本。劉向《洪範五行傳記》及《新序》、《說苑》，率取古說，分類條列，皆類書也。
>
> 乃《唐書‧藝文志》別列類書一目，托始于何承天、徐爰併合之《皇覽》。考《魏志‧劉劭傳》：「黃初中，受詔集群書，號《皇覽》。」豈〈志〉以《呂覽》、《淮南》及中壘之書所徵引不可復見，而據《魏志》為斷歟〔註9〕？

馬氏在輯佚實踐中與類書的交道研究透徹，所以這些是他的深刻體會之語。當然也應看到，諸子各有其宗旨，縱使為雜家言，「兼儒、墨之道，通眾家之意」，依然有其中心，如《呂覽》之宗于儒，《淮南》之歸于道；並且絕不是專以資料為標榜。因此，與「看饌經、史，漁獵子、集，聯百衲以為衣，供獺祭于枵腹」的類書畢竟有別。故視雜家言的《呂覽》為類書的「遠源」則可，竟謂類書始于《呂覽》則不可。這也是〈雜家〉和〈類書〉之間的一條分界線。當然，它們之間有通氣孔，故古代目錄學的著錄中，開始時是將類書附列於〈雜家類〉中──為何

〔註8〕（清）汪中著，《述學》三卷，〈內篇〉、〈外篇〉、〈補遺〉、〈別錄〉，清道光光緒年間南海伍氏本。

〔註9〕（清）馬國翰輯，《玉函山房文集》卷三〈鎦珠囊〉序（臺北市：文海，民國63年）。

不列于它類而要置于雜家，便是一個可以玩味的問題。明乎此，一些古籍間的脈絡、關節，可以思過半了。

三、《爾雅》為分類書籍之所仿

　　由於類書是明標類目，分別部居的，所以也要追溯分類書籍的起源。類書的遠源可以推溯到我國第一部訓詁詞典《爾雅》。這部書的編撰很早，後經多人增補，最終完成於漢初經學家之手。全書按所釋字詞分十九類，其中如釋天、釋地、釋丘、釋山、釋水、釋蟲、釋魚、釋鳥、釋獸等；雖然它並非類書，但它分門別類的體例，卻為後來類書典籍所仿傚。

　　今人張舜徽反對馬國翰的說法，而以為《爾雅》應是類書之所起。他在《清人文集別錄》卷十五中說：

　　　　國翰此言，乃由乎不明古書體例而致謬戾耳。夫諸子百家，以立言
　　為宗，例多援據舊語，以明欲宣之義。《詩》云、《書》曰，見之《論語》、
　　《孟子》者，亦已多矣，安得悉謂為類書耶？

　　　　類書之起，昉于明分部類、據物標目，蓋必推《爾雅》為最先〔註10〕。
此說有其「類書遠源論」的一部分道理，而駁議為未當。因馬國翰不說「一切諸子」的「援據舊語」，而說兼綜諸家的〈雜家〉援據舊語。本來雜家之兼綜，類書之集裒，就是構成了它們的血緣關係。至于類書的分類形式，應推源於《爾雅》，則也是類書的起源之一。然就性質而言，《爾雅》為文字訓詁之書；類書雖亦收錄字書，但畢竟不能將類書作為字書來看待。

　　所以，推類書的遠源，可以及于分類標目的《爾雅》和兼綜眾家的《呂覽》，而不能視《爾雅》、《呂覽》即為類書。類書之起，自要到曹魏初年《皇覽》問世後才有此一體。至於將類書出現的時間降至齊、梁，則又為數典忘祖。

第二節　類書的發展

　　綜觀類書的發展軌跡，大抵唐以前類書偏重經傳，間採子集，取材範圍較窄，編排方法也較簡單。唐宋兩代，類書的內容範圍拓寬，作用多樣化，編排體例也各有特點，類書典籍的發展具備了一定規模。明清之際，類書的數量突增，幾部具有代表性的類書，無論在規模、體例和功能等方面，都超越前代，達到高峰。

〔註10〕張舜徽著，《清人文集別錄》卷十五（臺北市：明文，民國71年2月），頁424。

一、六朝類書的纂集

由於我國古代第一部類書《皇覽》的出現，開始了一千五百餘年類書的興衰歷程。繼《皇覽》之後，南北朝時又出現了一批類書。早期類書的編輯，多以便於皇帝讀書覽古、施政借鑒為目的，故稱之為《皇覽》、《御覽》。南北朝時編成的幾部類書，也多與皇帝有關。一部是南朝梁武帝即位之初詔修的《壽光書苑》，據《隋書·經籍志》載：「《壽光書苑》二百卷。梁尚書左丞劉杳撰〔註11〕。」「壽光」以梁朝文閣壽光殿而得名。梁朝初，還出現了一部私編類書《類苑》，共一百二十卷，劉孝標編纂。這兩部類書流傳不廣，故後人利用不多。華林園學士所撰的，名稱為《華林遍略》，共七百卷，由徐勉領修，成書後不僅在南方流行，北方貴族士人也紛紛抄錄購求。《華林遍略》對後來類書的修纂甚具影響，北齊、隋所編類書，以及唐初的《藝文類聚》，大多以其為藍本，或利用、吸收了它的內容。

南北朝時另一部重要類書是北齊後主高緯時期官修的《修文殿御覽》三百六十卷，由祖珽等人編修。初名《玄洲苑御覽》，又稱《聖壽堂御覽》，最後才定為《修文殿御覽》〔註12〕。該書體例嚴謹，一直到北宋編纂《太平御覽》時，許多類目仍參照了《修文殿御覽》。這部類書與《華林遍略》今已不存。總之，隋以前的古類書都已亡佚，現存雖有少量佚文，也較難看出原貌了。

隋文帝時，社會安定，經濟發展，其享國不過三十餘年。但卻有《長洲玉鏡》二百三十八卷，《編珠》四卷，《玄門寶海》一百二十卷，《北堂書鈔》一百七十三卷等類書問世。《長洲玉鏡》、《玄門寶海》已亡。《編珠》現存一、二兩卷，雖是殘本，卻是現存最早的古類書。該書為杜公瞻奉敕撰進。《編珠》的作用既是為作詩提供素材，因此它與以前「徵事」的類書不同，不是在類目下匯輯典故材料，而是將搜集到的典故濃縮對句，為引用者提供使用的方便，其體例是先列對句，下注出處和引文。

《北堂書鈔》為隋末唐初人虞世南所編，全書分八十部，部下分類，共八〇一類。原書經歷代流傳，已有不少殘缺，清末孔廣陶得舊本校刻，名為《影宋北堂書鈔》，一百六十卷，但內容僅存十九部。從今本內容可以看出《北堂書鈔》仍屬「徵事」、「敘事」型類書，其體例是在每一類目下，將各書有關材料匯集起來，每一事摘出字句，句子字數多少不同，以大字標列，然後再用雙行小字注出書名

〔註11〕 （唐）魏徵等撰，《隋書》卷三四·〈經籍三〉（臺北市：鼎文，民國67年9月），頁1009。

〔註12〕 （北齊）祖珽等撰，《修文殿御覽殘卷》（臺北市：文光，民63）。

或列出原文。《北堂書鈔》雖已散失不少內容，但仍有重要價值。清代學者許多輯佚、考據工作，都利用了此書。

二、唐宋類書的編纂

　　唐宋兩代，是我國類書發展的重要時期，編纂了很多至今還為人們所利用的重要類書。據現存類書和文獻記載，唐代主要有唐高祖時命歐陽詢等人編輯的《藝文類聚》一百卷；太宗時命高士廉等人編的《文思博要》一千二百卷；高宗時命許敬宗等人編的《三教珠英》（又名《海內珠英》）一千三百卷；玄宗時命徐堅等人編的《初學記》三十卷。此外，還有白居易編的《白氏六帖》三十卷；杜嗣先編的《兔園策府》三十卷；于立政編的《類林》十卷；陸贄的《備舉文言》二十卷；溫庭筠的《學海》三十卷；皮日休的《皮氏鹿門家抄》九十卷；劉賡的《稽瑞》一卷等〔註13〕。唐代類書大部分已亡帙，今存者僅《藝文類聚》、《初學記》、《白氏六帖》和《稽瑞》四部，其中又以《藝文類聚》和《初學記》比較著名。

　　《藝文類聚》全書分四十七部，每部又分類目，共七四〇餘類，其貢獻在於擴大了類書輯錄內容的範圍，改變了唐以前類書偏重類事，不重采文，隨意摘句的缺點，輯錄材料事文並舉，其體例是按類目編次，故事在前，詩文在後。所錄故事，皆注書名；所錄詩文，都注時代、作者和題目，並按不同文體用「詩」、「賦」、「贊」、「箴」、「啟」等字體標明。這種援引謹嚴，典故、詩文並列的體例，為後來許多類書所繼承，成為編集類書的一種重要形式。《藝文類聚》徵引廣博，引用各類書籍達一四三一種，它所保存的大批漢、隋間詞章名篇，為後世編輯歷代詩文總集所利用；其引用的大批史書、小說多數亡佚，故成為後人考史和小說研究的重要資料。

　　唐開元年間成書的《初學記》雖不如《藝文類聚》規模大、資料廣博，而全書材料的剪裁、組織，卻比《藝文類聚》更為精細巧妙。

　　宋代雕板技術發展到極盛，使印刷事業大為發展，官刻、坊刻和私刻圖書大量湧現，使各種書籍（亦包括類書）更臻完備。其數量與種類均超過唐代，至今所存仍有三、四十種。而《太平御覽》、《冊府元龜》、《太平廣記》、《文苑英華》並稱宋初「四大類書」。而唐宋以降，科舉制度的興起促使學子博觀廣取，以備臨試應用。因此，抄錄古書，分類排比的類書應運而生，如王應麟編《玉海》，即專

〔註13〕（清）永瑢等撰，《四庫總目簡明目錄》〈子部‧類書類〉（臺北市：洪氏，民國71年1月），頁513～515。

爲應博學鴻詞科考試而作。所以它的標門分類和輯錄內容具有這方面的特點，多採有關典章制度和祥瑞等材料；這對類書的發展具有推動作用。

三、明清類書的編纂

明清兩代，由於印刷業的不斷發展，知識積澱越來越厚，典籍流傳日益增多，查檢事類掌故更爲繁難，所以編纂類書更爲實際所需要。官修類書以規模宏大見稱，私修類書則以形式和用途多樣見長，類書典籍的發展，達到最爲繁榮的階段。

《永樂大典》是明代類書編纂最爲突出的成就。該書由翰林學士解縉編修，始於永樂元年（1403）七月，次年十二月完成初稿，名爲《文獻大成》。但明成祖並不滿意，又加派姚廣孝等人參加擴大重修工作。永樂六年（1408）十二月，重修告成。該書內容極爲廣博，曾採集古今典籍七、八千種。其體例模仿元代陰幼遇《韻府群玉》的形式，分韻隸事，依明初《洪武正韻》的七十六韻排列單字，在每一單字下，先注《洪武正韻》對該字的音義解釋，次錄各韻書、字書的反切和解說，這種「用韻以統字，用字以繫事」的方法，使該書更接近於百科全書的形式。《永樂大典》輯錄材料，常常是將原書整部、整篇或大段地抄錄，所以對保存古書發揮了巨大作用〔註14〕。清代纂修《四庫全書》，就從《永樂大典》中輯出亡書五百多種，由此可見這部大類書對中國文化的貢獻。

明代私修類書種類繁多，用途各異。如俞安期的《唐類函》二百卷，將唐人類書刪除重複，匯爲一編，是利用唐代類書的方便之作。鄒道元的《匯書詳注》三十六卷，採擇唐宋類書，列三十部，下附細目，排列材料，加以註釋。唐順之的《稗編》仿宋代類書《山堂考索》而成，共一百二十卷、五十二類，按類輯錄前人文章。徐元太的《喻林》一百二十卷，專收古人的譬喻詞句。王志慶的《古儷府》十二卷，專採六朝唐宋駢體文中的辭藻。章潢的《圖書編》一百二十七卷，專輯各書之圖，附文加以說明。王圻的《三才圖會》一百○六卷，也是一部附圖類書。此外如陳耀文《天中記》六十卷；凌稚隆《五年韻瑞》一百六十卷；彭大翼《山堂肆考》二百四十卷；俞安期《詩雋類函》一百五十卷；馮琦《經濟類編》一百卷，袁黃《群書備考》二十卷等等，內容皆各具特色〔註15〕。

清代初、中葉，尤其是康、雍、乾三代，經濟發展，社會安定，府庫充盈；

〔註14〕傅梅嶺〈我國最大的寫本類書──永樂大典〉，《淮北煤師院學報》（哲學社會科學版 1995 年第 02 期），頁 152～154。

〔註15〕（清）永瑢等撰，《四庫總目簡明目錄》〈子部・類書類〉（臺北市：洪氏，民國 71年 1 月），頁 523～527。

加上清代具有繼承和發展我國兩千年文化的良好基礎，表現在歷代所創造的豐富文化典籍、眾多的文人、發達的文化科學，以及人們較高的文化素養和文化需求，使類書達到極盛。

清代官修類書數量較多，其中以《古今圖書集成》一萬卷成就最為突出。該書本由康熙皇帝敕撰，最初由誠親王胤祉命陳夢雷編纂，於康熙四十五年（1706）完成，名《匯編》。雍正皇帝即位，又命蔣廷錫等人重新編校，刪去胤祉、陳夢雷等人姓名，改稱《古今圖書集成》。全書分為曆象、方輿、明倫、博物、理學、經濟六編，編下分三十二典，典下屬六一一九部〔註16〕。該書吸收了歷代類書的優長，在古代類書的編纂體例上達到最完備的程度。《古今圖書集成》完整的保存了許多古代文獻資料，它在現存類書中規模最大、用處最廣，體例最完善，充分反映了我國類書典籍的編纂水平和成就。

清代官修類書除《古今圖書集成》外，還有康熙時張英奉敕編纂的《淵鑑類函》四百五十卷，這部書是以明代《唐類函》為基礎增補而成的，分四十三部，二五三六小類。檢查唐宋至明嘉靖時的古事典故、詩文辭藻，此書可資利用。清代官修類書中還有一些採錄辭藻、詩文的專用類書，如何焯奉敕撰的《子史精華》一百零六卷，專採子書、史書中的名言雋語，分三十部、六一八類。較為流行的是康熙時編成的《佩文韻府》及雍正時編成的《駢字類編》，二書專供寫詩作文的人採擷詞藻、對句和詩文，前者兼收三字、四字構成的詞語。後者則只收「駢字」，即二字合成的詞語。因此《四庫全書總目提要》說二書可「互為經緯，相輔而行」〔註17〕。

清代私修類書也很多，如陳元龍《格致鏡原》一百卷，分三十門，匯編有關身體、冠服、宮室及日用器具、五穀荼蔬、草木蟲魚等材料，博物溯源，類如宋代的《事物紀原》。魏嵩《壹是紀始》二十二卷，補遺一卷，分二十二類，也屬考證事物起源的類書。此外，還有《宋裨類抄》、《清裨類抄》等類書，多從小說、筆記、詩話中取資，匯集人物掌故的材料，有助於對某個朝代人物事蹟、社會生活的研究〔註18〕。

〔註16〕魏書菊〈清代第一大類書──述評古今圖書集成〉，《中國圖書評論》2003 年第 05 期，頁 38～40。

〔註17〕（清）永瑢等編修，《四庫全書總目提要》〈子部・類書類一〉（臺北市：臺灣商務，民國 54 年 2 月臺一版）。

〔註18〕（清）永瑢等撰，《四庫總目簡明目錄》〈子部・類書類〉（臺北市：洪氏，民國 71 年 1 月），頁 527～530。

　　明清兩代類書，無論從數量到種類，從規模到體例，都遠勝於前代，特別到
了《古今圖書集成》的出現，中國類書的編纂形式可以說到了爐火純青的地步。
僅據《四庫全書總目》就著錄了類書六十五部，計七〇四五卷之多。清乾嘉以後，
由於樸學之風日盛，學者考據喜用原書，而視類書爲鄙陋，故類書的纂輯漸稀。
清末以後，西方的近代科學在我國逐漸流傳，隨著知識體系的轉換和近代百科全
書編撰方法的傳入，我國類書典籍的纂輯至此而告終結。

第三節　類書的衰落

　　類書自《皇覽》起，歷代均有撰修，到南北朝時，類書的編撰開始盛行，隋、
唐時代類書有進一步的發展，有官修的，也有私撰的；有大部頭的，也有小型的；
宋代類書編撰空前繁榮，出現了著名的類書。到明代又有了進一步的發展，出現
了我國歷史上最大的一部類書。清代時達到極盛，編撰了集唐、宋以來類書之大
成，也是我國現存最大的一部類書。但清乾嘉以後，類書突然衰落。對於衰落的
原因，有下列三項：

（一）經濟政治的影響

　　清朝經過初期的幾代發展，康乾時期達到了頂峰，其後逐漸走向衰落，因爲
需要大量人力、物力、財力的類書必然受到影響。類書的興起和發展在不同的歷
史時期，帝王的控制在當時起了很大的推動作用。從《皇覽》到《太平御覽》、《古
今圖書集成》都是在當時帝王的倡導與支持下編纂出來的，而類書走向衰落，又
與帝王的貶低、憎惡緊密相連。從隋朝的科舉取士制度，到了清代已極爲腐敗，
學人士子爲謀取功名，佐以類書爲夾帶抄襲的捷徑之風盛行，到嘉慶時，政府曾
明令禁止類書的翻刻與流傳，類書的發展與流傳因而受到影響。

（二）學術文化的影響

　　清朝乾嘉之時，爲了加強對人民思想的統治，大興文字獄。士子學人爲了免
其害，致力於「樸學」之業考據之學。樸學重視名物訓詁和考據，因而類書作爲
輯錄古代典章制度、詩賦文章、麗詞駢語、名物典故的工具書具有不可替代的獨
特功能，類書促進了考據之學的發展。但同時由於其自身斷章取義，訛誤傳抄的
流弊，對自身的發展又產生了極大的限制作用。士大夫們立足於典籍，反對空談，
他們均以類書爲鄙陋之學，認爲它只可以作爲輯書之用，而非是借資作文之用，
同時政府爲了打擊當時的浮誇之學風，倡嚴謹學術風範，寓教於徵，展開大規模

的校勘訂誤活動，這就在規範之中限制了類書的發展。

（三）類書自身的缺陷是衰落的主要原因

（1）從類書編製的目的來看，有明顯的狹隘性。

類書的編製主要有兩方面的原因：第一是帝王掩飾太平，統治人民。封建王朝大規模的編撰類書，首先用意在於誇耀王朝的「文治之盛」，同時以此緩和人民對政府的反抗，而宋太宗敕修群書有「漸德」之用，明成祖敕修《永樂大典》：「亦以耗磨遜國諸儒不平之氣」。如此觀之，其真正目的不是為了傳佈保存文化，而是為了統治上的需要，狹隘性可見一斑。第二是文人求取功名的捷徑。類書的另一功能是儲材待用備文章之用。士子們一方面為了倉促應對同時掩飾自己，另一方面是為了撰文、作詩之助。古時的文人作文極盡堆砌之能事，故而引經據典，旁徵博引，臨事解題不得不求助於類書。《舊唐書‧文苑傳》中的作家，雖有不少詩人，但除極少數的幾個外，大部分作家的作品都有變相的類書之嫌？此種風氣既促進了類書的發展，但同時滋生了浮誇、剽竊之風的蔓延，從一定程度上敗壞了當時的學風，引起了有識之士的不滿，同時也引起了當朝者的不悅。其遭遇限制之命運當然在所難免。

（2）內容呆板，造作陳舊。

它以文為主，自然科學反映較少。斷章取義，穿鑿附會。知識缺乏更新，甚至以訛傳訛，缺乏科學性。類書的編纂，有的為皇帝閱覽而撰；有的為文士作文而輯；只是一種分類的材料匯編，即如《古今圖書集成》這樣材料豐富的大部頭類書，其本身也不是什麼學術著作。由於官修的類書大都出於眾手，編撰粗糙、潦草疏忽、錯誤很多，引用古書，羅列典故，割裂原文牽強附會，或者用短章編文，牽強聯繫，附會造作之風尤甚，甚至於將無道有，多未經查對原文。因此，內容的嚴重缺陷勢必影響類書的進一步發展。

（3）分類機械，條目重複，難以掌握。

類書的分類主要有兩種：一是按事物的性質分類；一是按韻部分類。類書的最大特色是「據物標目」、「以類相從」。如《藝文類聚》分四十六部，下列七二七個子目；《太平御覽》分五十五部，下列類和附類五四二六個。儘管這種按事物性質分類的方法能夠集中大量的、性質相同或相近的資料，但是，各種事物本身的複雜性以及各個編排者主觀意識所存在的差異，都給按類檢索造成一定困難。如政治、經濟、文化方面，通常設帝王、后妃、職官、產業、人、禮、樂等，通常這些在檢索時帶來了一定的困難，更不要說按韻編排的類書給人們帶來的不便。

同時由於缺乏完備的檢索系統，很難滿足人們多層次、多角度查尋資料出處的需要，使用的不便引起需求的減少，最後導致類書的衰落。

（4）從系統化發展來看，具有明顯的條塊性，可續性發展差。

不同時代類書編撰方法雖有部分的創新，只是形式上的繼承與發展，但與時代的要求還有一定的差距，其易檢性，多功用性都未能得到充分的發展。類書自《皇覽》起，經《藝文類聚》、《太平御覽》、《永樂大典》直到《古今圖書集成》，雖然其形式及內容有一定形式的改進，體例不斷完善，易檢性、準確性都有不同程度的提高。但是由於其用途及目的的狹隘，相互聯繫的緊密程度及升級化的系列改造都有明顯的不足，陷入了相互牴觸，分析串抄的流弊，而未能跟上時代的發展，規範變成了一種遏制，借鑒演化爲一種變相的摧殘，如此種種都爲類書的進一步發展造成了極壞的影響。最終使類書走向衰落。

第三章　類書的範圍、類型與體例

　　類書輯錄的資料，一般都不是單門、單類的專題性質的，而是賅括自然界和人類社會的一切知識的，所謂「區分臚列，靡所不載」；「凡在六合之內，巨細畢舉」者。所以，十分接近於現代的百科全書。當然，它們只是中國古代社會體系的百科全書。而且，現代百科全書的每一詞目，總是編寫成文，不是專門將有關的原材料輯錄在一處；中國古代的類書的編輯方法則一般地與此相反。因此，構成了類書性質的特點──兼「百科全書」與「資料匯編」兩者而有之。也正因為如此，古類書不僅可以作為了解古代知識全貌的一種工具，而且也是古代文獻資料的淵藪。

第一節　類書的範圍與類型

　　我們現在所說的類書，就是指這種「百科全書」和「資料匯編」性質的古籍。正宗的類書，也就是這種性質的古籍。類書的始祖《皇覽》完全具有這種性質，所以它是正宗的類書，也是標準的類書。因為作為類書這一體裁的書是取此做衡量的標準。但是，在古今的文獻著錄中，類書一類的包容範圍卻沒有一定的規則，當然，正宗的類書一定照收在內，可是其它門類的書籍也往往闌入，像姓氏書、政書，有時甚至是考證筆記、目錄書都會列在〈類書類〉裡。這些，我們就不能認它們是類書，至少有些不是正宗的類書。而正宗的類書，從各種角度來分析，也確是各有不同的類型。現在將這些情況概述如下：

一、大範圍中的所謂類書

（1）姓氏書

　　《郡齋讀書志》將一部分姓氏書，如《同姓名錄》、《古人姓字相同錄》等，

列入〈類書類〉，理由是它們是「徵事」的性質〔註1〕。《四庫全書總目》則將所有的姓氏書都放在〈類書類〉中。其理由則是：「其專考一事，如《同姓名錄》之類者，別無可附，舊皆入之類書，今亦仍其例〔註2〕。」姓氏書被作為「專考一事」的書來歸入，其它專考一事的書自亦闌入，如專記花卉草木的《全芳備祖》，以及《花木鳥獸集類》等書都入〈類書類〉。但主要的是因為《四庫全書總目》的〈史部〉中沒有〈譜牒類〉或〈姓氏書類〉，所以所有的姓氏書都納入了〈類書類〉。

（2）政書

《通典》、《會要》這類政書，在目錄書裡沒有在〈史部〉中設專類時，是放在〈類書類〉中，與正宗類書等同看待的。原因是它們也是分類輯集史料的。如《崇文總目》、《郡齋讀書志》、《直齋書錄解題》都是如此安置。但這些書是以國政、朝章為重心，形式雖有分類，這亦和某些字書之形式分類相同，不能就視為類書。《四庫全書總目》在〈史部〉中設政書一類，下分六屬，而以第一屬通則之屬容納《通典》、《會要》諸書，這種措施是比較好的。

（3）職官書

歷來目錄學書，〈史部〉有〈職官〉一類。然職官之書，在著錄中亦有闌入〈類書類〉者，如《郡齋讀書志》以《職林》、《四庫全書總目》以《職官分紀》等書入〈類書類〉。

（4）紀事本末

《郡齋讀書志》將《太平治績統類》、《中興治績統類》等書列入〈類書類〉，其實它們是紀事本末體的史書〔註3〕。

（5）書鈔體書

我國有一種書鈔體書，摘錄群書以成編。其異於類書者，是類書須依類歸納資料，而書鈔體書則沒有這一道重要的工序，只是摘鈔完一書，再摘鈔一書，仍按一種書、一種書排列。如唐‧馬總的《意林》、宋‧曾慥的《類說》皆是。《四庫全書總目》是將這一類書置在〈子部‧雜家類‧雜纂〉之屬的。《中

〔註1〕（宋）晁公武譔，《郡齋讀書志‧類書類》（臺北市：廣文，民國56年）。
〔註2〕（清）永瑢等編撰，《四庫全書總目提要》〈子部‧類書一〉（臺北市：臺灣商務，民國54年2月臺一版），頁2781。
〔註3〕（宋）晁公武譔，《郡齋讀書志‧類書類》（臺北市：廣文，民國56年）。

國叢書綜錄‧子目分類目錄》以正宗類書爲基礎而立〈典故〉一類，則將這種書鈔體書收於〈典故類‧雜纂之屬‧纂言〉一目。

（6）考證性筆記

明末祁承爜的《澹生堂藏書目》，〈類家類〉分三屬，爲〈會輯〉、〈纂略〉及〈叢筆〉〔註 4〕。〈會輯〉爲一般的正宗類書，〈纂略〉爲《事類賦》、《小學紺珠》等。其第三屬〈叢筆〉，是將一些考證性的筆記如《夢溪筆談》、《容齋隨筆》都作爲類書收進去。

（7）目錄書

清嘉慶間孫星衍的《孫氏祠堂書目》，〈類書類〉亦分三屬，爲〈事類〉、〈姓類〉及〈書目〉〔註 5〕。〈事類〉即正宗的類書，〈姓類〉便是姓氏書，而將目錄書也置在〈類書類〉中，這是很奇怪的。大概因爲書目是分類的緣故。然而這樣來理解類書，就將類書的性質和界線完全混淆了。

二、正宗類書的類型

正宗的類書，分析起來有以下幾種類型：

（1）就內容性質而言，有一般性的類書，有專業性的類書。一般性的類書是包綜自然界與人類社會的全部知識的，如《皇覽》、《藝文類聚》、《太平御覽》等是。專業性的類書則只是一方面的，如《冊府元龜》爲政事歷史的專業類書，《格致鏡原》爲科學技術的專業類書。

（2）按編錄的體裁而言，有徵事的；有徵事兼采詩文的；有詞藻的；有編成韻語的；有重視圖表的；更有綜合數種的。徵事的體裁是一般的，也是類書最早形式，《皇覽》大抵是這樣，現存最早的類書《修文殿御覽》或《華林遍略》肯定是如此。徵事兼采詩文者如唐之《藝文類聚》、宋之《事文類聚》。詞藻的如《編珠》、《佩文韻府》，目的在提供詩文的詞藻材料。編成韻語的如《蒙求》、《幼學故事瓊林》等，目的在幫助童蒙記憶。重視圖表的如《帝王經世圖譜》、《圖書編》。其綜合的，如《初學記》綜合徵事兼采詩文與詞藻兩種，《古今圖書集成》綜合徵事兼采詩文與重視圖表兩種。

〔註 4〕（明）祁承爜撰，《澹生堂藏書目‧類家類》（臺北市：新文豐，民國 77 年）。
〔註 5〕（清）孫星衍撰，《孫氏祠堂書目‧類書類》（臺北市：臺灣商務，民國 55 年）。

（3）按編錄的方法而言，有分類的，有韻編的，有以數目字來編錄的。分類的是一般的形式，也是類書的主要形式，從《皇覽》以下，大多數是採取分類編錄的方式。韻編的如《韻府群玉》、《永樂大典》、《佩文韻府》等，較分類的更便於尋檢到所需的主題材料，但也有不能將有關的主題材料「類聚」在一起的缺點。以數目字來編錄的類書，專以數字為綱，聚集事實，如《小學紺珠》、《讀書紀數略》是；在分類編纂的詞藻類書中，清代官修的《駢字類編》包含著「數目」一門，卻是以數字為綱，好像吸收了《小學紺珠》一類的書在裏面似的。

（4）按編纂的情況而言，有官修的，有文人學者自己編的，有書坊編輯的。官修的如《藝文類聚》、《太平御覽》等，文人學者自己編的如《北堂書鈔》、《白氏六帖事類集》等，書坊編輯的如《古今合璧事類備要》、《事林廣記》等。而書坊編輯這一種，是要到刻版盛行、書肆林立的南宋時代才開始有的。

（5）從編纂當時提供的用途而言，有為一般檢查的，有為詩文取材的，有資科場之用的，有供啟蒙之用的，還有備家常日用的。為一般檢查的如《藝文類聚》、《太平御覽》等，為詩文取材的如《白氏六帖事類集》、《海錄碎事》等，資科場之用的如《群書會元截江網》、《玉海》等，供啟蒙之用的如《兔園策府》、《初學記》等，備家常日用的如《萬用正宗不求人》、《文林聚寶萬卷星羅》等。而備家常日用的這一種，類似現代的「日用手冊」或「日用百科全書」。

三、類書的屬別

在古代目錄學的著錄中，對於〈類書類〉，有許多是不再詳分屬別的，如兩唐書的〈經籍〉、〈藝文〉志，《郡齋讀書志》、《通志‧藝文略》、《直齋書錄解題》、《文淵閣書目》、《四庫全書總目》等都是。有的卻再細分屬別，如《澹生堂藏書目》和《孫氏祠堂書目》，在前面一段裡已提及。這是因為〈類書類〉的範圍既有不同的看法，正宗類書的本身也有不同類型，因此自然會產生進一步細分屬別的要求。除祁、孫二目外，還有民國二十四年（1935）編撰的《江蘇省立國學圖書館圖書總目》卷三十〈子部‧類書類〉有以下的分屬〔註6〕：

〔註 6〕江蘇省立圖書館編，《江蘇省立國學圖書館圖書總目》卷三十〈子部‧類書類〉（臺北市：廣文，民國 59 年）。

類編之屬一：通錄　　　如《藝文類聚》、《太平御覽》
類編之屬二：專錄　　　如《子史精華》
韻編之屬：　　　　　　如《韻府群玉》、《永樂大典》
字編之屬：　　　　　　如《駢字類編》
專編之屬：　　　　　　如《姓解》、《職官分紀》、《帝王經世圖譜》、《小學紺珠》、
　　　　　　　　　　　　《稽瑞》、《格致鏡原》

　　民國四十八年（1959）由北京中華書局出版的《中國叢書綜錄》第二冊《子目分類目錄》〈子部・典故類〉有以下的分屬：〔註7〕

雜纂之屬：纂言《群書治要》
　　　　　　纂事《玉芝堂談薈》
　　　　　　纂物《博物志》
類書之屬：匯考《北堂書鈔》
　　　　　　摘錦《佩文韻府》

四、類書專題書目

　　前燕京大學圖書館曾將其館藏的類書編一附有提要的專題書目，名曰《燕京大學圖書館目錄初編・類書之部》，在一九三五年四月出版。著錄類書三百十六種，內有附錄三十七種。每種紀錄書名、卷數、著者姓名、版本、冊數函數、前後序跋及作序年代、簡單的提要，最後附門類卷目，其以韻編排，或有細目而無總門類者，則付闕如。目錄之外，附有〈原分門類各書引得〉，係將該目錄中各類書的類目分別排列而成，以省學者翻檢之勞。凡欲尋覓某項材料，如屯田，則各種類書所有的屯田類目，都可一檢而得，知其在某類某卷有之：〔註8〕

屯田《白氏六帖事類集》十六
　　──《圖書集成・戎政典》二四一～二四八
　　──《古今疏》十二
　　──《策府統宗》四十七

〔註7〕上海圖書館編，《中國叢書綜錄》第二冊〈子目分類目錄・子部・典故類〉（北京：中華書局，民國48年）。
〔註8〕燕京大學圖書館編，《燕京大學圖書館目錄初編・類書之部》（北平市：編者，民國24年）。

　　——《歷代制度詳說》十
　　——《考古類編》十一
　　——《群書備考》六
　　——《源流至論續》一
　　——《博物典匯》十五
屯田水利《古今好議論》十
屯田篇《治平全書》五
　　———《廣治平略》十三
屯田考《經濟類考》下
屯田類《策學淵萃》三十七
屯漕《清禆類鈔》冊四

　　《燕京大學圖書館目錄初編・類書之部》所收的類書既是很多，就越加有再詳細分屬的需要，因此，它按「十進分類法」，將類書之書，也分為十門；每門之下，復按書之多寡，內容、體例之同異，另分系屬。茲將門目、屬目並各舉所收書例，列表如下：〔註9〕

類事門
　　殘闕類書之屬：《編珠》
　　一般類書之屬：《北堂書鈔》

典故門
　　文篇：
　　詩賦之屬：《事類賦》
　　書翰應酬之屬：《書敘指南》
　　雜考之屬：《策府統宗》
　　文句：
　　群書典故之屬：《海錄碎事》
　　　以韻檢者：《佩文韻府》
　　　以數檢者：《小學紺珠》

博物門
　　廣記：
　　一般博物之屬：《格致鏡原》

事物原始之屬：《事物紀原》

專記：

時序之屬：《歲華紀麗》

雜項：《方輿類聚》

典制門

政典之屬（互見政書）：《通典》

政論之屬：《治平全書》

姓名門

同姓名之屬：《同姓名錄》（互見譜牒）

小名別號之屬：《實賓錄》

氏族考證之屬：《元和姓纂》

史姓人名之屬：《萬姓統譜》

稗編門（互見小說）：《太平廣記》

同異門：《古事比》

鑒戒門：《類林雜說》

蒙求門：《幼學瓊林》

常識門：《萬寶全書》

這是我國類書目錄分列門屬最詳細、複雜的一個，然未必是最妥適的一個。它所以那麼複雜，原因之一是將古代目錄書中大範圍類書的種種對象大都包舉了進去，例如，既容納了姓氏書，又容納了政書。當然，它仍不失為一個有參考價值的類書專題書目。

第二節 類書的體例

類書按所採事、文之內容部次材料，其編排體例可區分為三大類：

一、以韻隸事

唐顏真卿所撰《韻海鏡原》，是最早依韻排列的類書，惟已亡佚。現存最早以韻隸事的類書是宋人陰時夫編的《韻府群玉》，是清朝編《佩文韻府》為此作藍本。《永樂大典》和《佩文韻府》則是最重要的兩部以韻編排的類書。

前者是按「洪武正韻」的韻目編排。這部書分平聲、上聲、去聲、入聲。每聲再分部，平、上去各二十二部，入聲十部，共分韻七十六部。《永樂大典》即以

此韻目爲綱，在這一韻目下列舉這一韻目的單字〔註10〕。

又如《佩文韻府》，先按韻分部，全書分平、上、去、入四聲。每聲再按平水韻目（詩韻）分部，共分一〇六部，每個韻部排列同韻部。如上平聲一東韻，排列：東、同、銅、桐、筒、童、僮等字〔註11〕。

二、以類繫事

將文獻分類編輯，是最常見的類書體例。大類的次序通常是按天、地、人、事、物五大類排列。如《藝文類聚》之部次中，天部、歲時部是屬於〈天〉的範圍；地、州、郡、山、水諸部是屬於〈地〉的範圍；帝王、后妃、儲宮、人諸部是屬於〈人〉的範圍；職官、政治、刑法三部是屬於「事」的範圍；服飾、食物、雜器物、巧藝四部則是屬於「物」的範圍。每部下再分許多子目，每目之下抄錄事文之相關記載〔註12〕。

三、以字繫事

以辭目之首字統繫資料，爲辭典式之編排體例。如《駢字類編》在分天地、時令、山水、居處、珍寶、數目、方隅、器物等十二門類後，不再按事物分許多子目，而是依字編排，而且專收兩個字組成的語詞。如天地門的天字下面，列有「天日」、「天月」、「天風」、「天雲」、「天露」、「天雪」等。每項之下又以雙行小字分錄包含這一個詞語的材料〔註13〕。如山水門卷二十九「嶽」字中有「嶽麓」一條，將湖南長沙嶽麓的建置、命名的由來，北宋初年曾在此建立嶽麓書院以及書院盛衰等情況，都引用《荊州記》、《嶽麓舊志》、《明一統志》、《方輿勝覽》、《張拭嶽麓書院記》等書上的有關記載，加以詳細說明。後面還錄有與嶽麓有關的詩，如李咸用〈夏日別余秀才詩〉：「嶽麓雲深麥雨秋，滿傾杯酒對湘流。」

類書拾摭群書，各家著錄文獻之方式略有不同，亦可分爲三類：

一、摘錄文句

僅摘錄與類目有關之文句，以字或韻繫事的類書多採用此種方式著錄文句。

二、載錄全篇詩文

將與類目有關之歷代詩文完整收錄，以類繫事之類書，常採用此種方法。

〔註10〕傅梅嶺〈我國最大的寫本類書——永樂大典〉，《淮北煤師院學報》（哲學社會科學版）1995 年第 02 期，頁 152～154。

〔註11〕彭調鼎〈佩文韻府與駢字類聚〉，《雲南教育學院學報》1994 年第 03 期，頁 87～88。

〔註12〕郭紹林〈歐陽詢與藝文類聚〉，《洛陽師專學報》15 卷 1 期，1996 年 2 月，頁 90。

〔註13〕同註 11，頁 88～89。

三、載錄全書

　　如《永樂大典》之「忠」字下，將馬融《忠經》、《國朝忠傳》等書，完整引錄。

　　至於所摘引文獻之排列方式，自《藝文類聚》開始，多採事居於前，文列於後。事指自然知識、社會現象；文指文學創作，如師詩、詞、賦、散文、學術論著等。

第三節　類書在目錄學中的位置

　　在探討類書在我國古代目錄學中所處的位置，主要是藉此以明確類書的性質，同時也說明它們在古代目錄學中的部位及其變革。

　　我國的古籍，自晉、隋以來，按「四部」分類──〈經〉、〈史〉、〈子〉、〈集〉，每一部代表一個大的門類。類書與叢書，實際上都綜賅四部的書，是哪一部也容納不了的。但習慣上總是將這兩類書籍，特別是類書一類，放置在〈子部〉中。例如，清末張之洞撰《書目答問》，將叢書獨立成一部，和四部相并而成為五部；但是，類書還是放置在〈子部〉中。不過，在類目下附了一個注說：「類書實非子，從舊例列于此。」因為傳統上有一種看法，認為〈子部〉的內容是可以綜括群類的，好像我們今天的「總類」一樣。這種看法，是由於〈子部〉裡有〈雜家〉一類，而〈雜家〉本是「無所不包」的。所以，當類書在古代目錄學裡還沒有被獨立安置一類時，是附處在〈雜家類〉裡的。《隋書‧經籍志》著錄類書性質的書十多部於〈子部‧雜家類〉的末尾，是作為雜家的附庸或雜家的一支看待的。清‧姚振宗《隋書經籍志考證》的意見，《隋志》的〈雜家類〉實包容四支：一是諸子之屬，二是雜家之不名一體者，三是類事之屬，四是釋家之屬。《隋志》上雖標明這些屬名，但從書籍的排列次序上看，界限是很清楚的，沒有以此入彼的混亂。

　　在《隋志》以前，晉‧荀勖編《中經新簿》，那時類書方產生不久，尚只有始祖《皇覽》一部。但是，這唯一的份量巨大、性質特殊的書籍已引起了注意。據《隋志》序云：

> 秘書監荀勖又因《中經》，更著《新簿》，分為四部，總括群書。一
> 曰甲部，紀六藝及小學等書；二曰乙部，有古諸子家、近世子家、兵書、
> 兵家、術數；三曰丙部，有史記、舊事、皇覽簿、雜事；四曰丁部，有
> 詩賦、圖讚、汲冢書；大凡四部合二萬九千九百四十五卷〔註14〕。

〔註14〕　（唐）魏徵等撰，《隋書》卷三二‧〈經籍一〉（臺北市：鼎文，民國67年9月），

這樣，荀《簿》是以《皇覽》入〈史部〉。但「皇覽簿」只能有孤零零的一部書，何以與「史記」、「舊事」等併列一類是一疑問；其何以在〈史部〉，是又一疑問。所以，《隋志》對此作了處置，將類書移至〈子部〉，附在〈雜家類〉的後面。

一、類書獨立成類

類書在〈子部〉裡獨闢成為一類，是始於唐開元時毋煚編《古今書錄》。《古今書錄》已佚，但五代‧劉昫《唐書‧經籍志》是循《古今書錄》輯成的。在《唐書‧經籍志》裡，丙部〈子錄〉有十七家，其第十五家為〈類事家〉。類書於是脫出了〈雜家類〉而獨自成為一類。

這個變革的重要意義是：(1)認識到類書和雜家書在性質上是有區別的；(2)顯示類書已更為增加，蔚為大類，既有必要且有可能獨自成為一類。明‧焦竑《國史經籍志》〈類家〉的「小敘」云：

> 前史有雜家，無類書。近代纂述叢雜，乃為別出。要之，雜家出自一人，類書兼總諸籍，自不容淆也〔註15〕。

大體上說出了這兩項重要意義。

這個變革的重要影響是：類書從此獨占一類，不為附庸，已無異議。由《新唐書‧藝文志》以下，到清乾隆中的《四庫全書總目》，到近、現代的《江蘇省立國學圖書館圖書總目》、《中國叢書綜錄‧子目分類目錄》、《北京圖書館善本書目》等都是如此，隸之於〈子部〉而獨立之一類。只是類的名稱異於《唐書‧經籍志》；《新唐志》稱〈類書類〉，《宋史‧藝文志》稱〈類事類〉，《國史經籍志》稱〈類家〉，《中國叢書綜錄》稱〈典故類〉，而以〈類書〉夷為屬名；然絕大多數是照《新唐志》稱〈類書類〉，包括《四庫全書總目》和《北京圖書館善本書目》等。

二、主張類書由類升部

南宋初年，莆田鄭樵撰《通志‧藝文略》，他的分類法打破了「四部法」，以古今書籍分為十二大類：〈經類〉第一、〈禮類〉第二、〈樂類〉第三、〈小學類〉第四、〈史類〉第五、〈諸子類〉第六、〈天文類〉第七、〈五行類〉第八、〈藝術類〉第九、〈醫方類〉第十、〈類書類〉第十一、〈文類〉第十二。於是〈類書類〉不為〈諸子類〉的隸屬，而與〈諸子類〉相并，意味著〈類書類〉升級為部級。其後，南宋端平中，樵之族孫鄭寅以所藏書為《七錄》：曰經、曰史、曰子、曰藝、曰方

頁 906。

〔註 15〕（明）焦竑撰，《國史經籍志》卷四下‧〈類家敘〉（臺北市：廣文，民國 61 年 7 月），頁 687。

技、曰文、曰類〔註16〕。姚名達《中國目錄學史》稱寅所立七類「在分類學中，頗近合理。……類書包含一切，更不宜屈居子末。今鄭寅能拔藝、技、類與四部抗顏行，眞可謂目光如炬矣〔註17〕。」

明正德時陸深撰《江東藏書目》，嘉靖中晁瑮、孫樓各撰《寶文堂書目》和《博雅堂藏書目錄》，萬曆中張萱撰《內閣書目》，清嘉慶時孫星衍撰《孫氏祠堂書目》等，都將〈類書〉和〈諸子〉并列，處於抗衡而非從屬的地位。

這樣做法，都是發現了類書的內容是包舉四部的百科全書性質，因而覺得它們不應當隸屬於四部中之一部。明嘉靖時胡應麟、萬曆時祁承㸁在這個問題上，都有明確的意見提出。據明胡應麟《少室山房筆叢》卷二九〈九流緒論〉（下）云：

> 類書，鄭《志》另錄；《通考》仍列子家，蓋不欲四部之外別立門户也。然書有數種：如《初學》、《藝文》兼載詩詞，則近于集；《御覽》、《元龜》事實咸備，則鄰于史；《通典》、《通志》聲韻禮儀之屬，又一、二間涉于經：專以屬之〈子部〉，恐亦未安。余欲別錄二《藏》及膺古書及類書爲一部，附于四大部之末，尚俟博雅者商焉〔註18〕。

又據明祁承㸁《澹生堂藏書約・藏書訓略・鑒書》云：

> 夫類書之收于子也，不知其何故？豈以包宇宙而羅萬有乎？然而類固不可以概言也：如《山堂考索》，六經之原委，緯備詳明，是類而經者也；杜氏《通典》、馬氏《通考》、鄭氏《通志》，歷朝令甲，古今故典，實在于此，是類而史者也；又如《藝文類聚》之備載詞賦，《合璧事類》之詳引詩文，是皆類而集矣。余謂宜另附四部之後〔註19〕。

事實上，不僅這一或那一類書近經、近史、近集，而是這些類書每種都包羅萬有、賅括四部。故議以類書自居一部，與四部相并，是有理由的。不過在歷來古代目錄學的實際使用上，還是〈類書類〉隸〈子部〉的占優勢。這個事實情況，是應當照顧的；可是在理論上，我們也應當支持類書自居一部的主張，因爲這個理論能夠更彰明地揭示類書的性質。

〔註16〕（宋）陳振孫撰，《直齋書錄解題》卷八（臺北縣板橋市：藝文印書館，民國55年）。

〔註17〕姚名達著，《中國目錄學史》（臺北市：中國文化大學出版部，民國71年10月），頁204。

〔註18〕（明）胡應麟撰，《少室山房筆叢》卷二九〈九流緒論〉（下）（臺北市：世界，民國52年4月），頁380。

〔註19〕（明）祁承㸁撰，《澹生堂藏書約・藏書訓略・鑒書》（臺北縣板橋市：藝文印書館，民國55年）。

　　《四庫全書總目》雖仍舊慣而將〈類書類〉放在〈子部〉裡，但它也明確類書實非四部的任何一部所可收容的，它在〈類書類〉的「小敘」中是有所交代的：

　　　　類書之書，兼收四部，而非經、非史、非子、非集；四部之內，乃無類可歸。《皇覽》始于魏文，……《隋志》載入〈子部〉，當有所受之。歷代相承，莫之或易。明・胡應麟作《筆叢》，始議改入集部，然無所取義，徒事紛更，則不如仍舊慣矣〔註20〕。

但是它說胡應麟「始議改入集部」，是錯誤的。胡是主張獨立一部，「附于四大部之末」；而實行獨立爲一部者，也早已有之。《四庫全書總目》是憚于改變，知而不能行，才仍舊慣罷了。

〔註20〕（清）永瑢等編撰，《四庫全書總目提要》〈子部・類書類〉（臺北市：臺灣商務，民國 54 年 2 月臺一版），頁 2781。

第四章　類書的特點與功用

　　古代類書，是中國古代書籍發展史上的一大特色，也是中國古代文獻體裁的一種模式。它是古人將歷史文獻上的各種原始資料，分門別類匯輯在一起編纂而成的。類書的古代功能，張滌華《類書流別》之〈體制第三〉云：

　　　　類書初興，本以資人君乙夜之覽，故于古制舊事，最爲詳悉。及其
　　流既廣，文家漸用之以備遺忘，詞臣漸作之以供遣用，于是採摭遂及于
　　華藻。迨于科舉學盛，士子又據以爲射策之資〔註1〕。

類書傳承至今，其資政、習文、啓蒙、應試等古代功能已消亡，但古爲今用，現代功能注入其新的活力，使之在科學研究、古籍整理與研究中得以充分利用。

第一節　類書的特點

　　類書在古典文獻中是獨立於經部、〈史部〉以及集部之外，而又綜合其要，在〈子部〉中單獨立類的一種特殊的古典文獻品種。因此，可以從類書以下的特點中進一步明確這種特殊的古典文獻。

1、內容廣博

　　舉凡人間學問，世上知識，上自天文，下至地理，旁及社會生活、科學技術、文化知識。包括歷史事件、人物小傳、事物源流、政治沿革、典章制度、文章詩賦、成語典故、駢詞儷語、醫卜星象，無所不收，無所不及。

2、以雜見稱

　　類書的「雜」，不僅指類書的內容廣博，而且指類書的採擇文獻的範圍也極爲

〔註1〕張滌華著，《類書流別》之〈體制第三〉（臺北市：大立，民國74年），頁25。

廣泛。它的資料來源不僅限於經史子集各部，而且對許多散見於民間的傳說故事也多有收羅。

3、屬於古典文獻工具書

類書不同於字典、辭典、韻書這樣的工具書，雖然具有這些書的特點和作用，但它的資料是文獻的原始匯集。

4、分類、按韻排列

類書的編排通常採用的方法有兩種，一是按性質、內容分類排比，另一種是按韻排列。較多的是前者。取材料的詞語按韻排列重要的類書只有兩部，即《駢字類編》和《佩文韻府》。類書的這兩種編排方法，很似字、詞典和現代工具書的編排方法，所不同的是它的「類」的具體內容。類書之謂「類」就在於它的「類聚臚列之」。對於類書的類目若用現代的科學分類觀點是難以理解的。大體而言，它是由天地、人事、博物三個大方面所構成的類目體系，這一體系正是中國古代哲學「天人合一」、「天人感應」世界觀的反映。

總之，由於類書的內容廣博，而且是分類編排的，且有資料匯編性質，因此有一種觀點認為，類書是我國古代的百科全書，從自然界、人類社會一切人類知識總匯這個屬性看，類書與百科全書是一致的。但是，在編寫方法和材料來源上，有著明顯的不同。類書匯集的是古籍中的有關原始材料，也就是說，用原始的文獻段落直接組合成的。所以，類書不同於現代西方百科全書，類書基本上是重要文獻的選輯。

第二節　類書的功用

類書的功用主要有四方面：

1、保存功用

所有類書的內容材料皆採自群書，有的取之數百種，有的取自數千種。多數類書將材料加工整理後收入，也有些類書，如《永樂大典》、《古今圖書集成》等，有時一字不改地將它書整段、整篇或整書錄入。當被採之書亡佚，其材料有很多在類書中保存下來，尤其是那些被整篇、整書錄入者，不僅保存了資料，還部分或全部地保存了佚書原貌。

2、檢索功用

索引的基本功能是標引文獻資料，讓讀者據其追蹤查找原始材料，但要想得到這些原始資料，還必須到其他文獻中去查找。類書不僅標引文獻資料，同時還能提供讀者所需要得到的文獻資料。這是因為類書在標引的同時，還將群書的資料分類摘編收入進來，或一字不改的收入進來。這對讀者而言，比使用一般檢索工具更為方便。例如閱讀李賀的〈馬詩〉後，想蒐集古代描寫馬的詩還有那些，便可先查《藝文類聚》，在該書目錄索引卷九三「獸部」查到「馬」這一子目，再在「馬」這一子目中查「詩」這一項，然後據其頁碼，在本書中查到了漢至南北朝作家描寫「馬」的詩有近二十首。要查南北朝以後各代作家的，可用同樣的方法查檢《淵鑑類函》、《古今圖書集成》等，這樣就能將明及其以前各代描寫「馬」的詩都查到了。

3、輯佚功用

所謂輯佚，是指某書亡佚後，據他書所載，將其內容部分或全部的輯錄出來，然後編排章節，以恢復古書概況。因為類書內容全是來自群書，有時將它書內容一字不改的錄入或全書錄入，所以歷代學者認為，對輯佚來說，類書可補佚救殘，是取之不盡、用之不竭的資料寶庫。因此，歷代輯佚者在蒐集輯佚用參考資料時，無不將類書作為首要蒐集對象，凡輯佚成就突出者，無不得益於類書。清「四庫館」群儒集體輯佚時，僅從《永樂大典》一書中就輯出佚書五一六種。歷代學者個人輯佚成果最多者為清馬國翰，他一人輯佚書五八○多種，其資料有很多是輯自類書。

4、校勘功用

古書由於輾轉流傳和鈔刻，訛誤在所難免。因此古今學者都認為應該校勘古書，訂正書中訛誤，以恢復其原貌，並為此做了大量校勘工作。要校勘訂正古書錯誤，就要找一些文獻作參考。在學者們用的參考文獻中，有很多是古代類書。因為類書保存了群書大量原始詞句和篇章，為校訂古書訛誤提供了可靠的依據。清學者王念孫被譽為清代校勘家，一生校書數量多、質量高，他最喜好用類書作底本和校本。清劉文淇曾據《冊府元龜》校正了《舊唐書》不少訛誤。其他學者校勘古書也都離不開古代類書。

另外，類書在辨偽、考證方面也有著一定功用。其次是，類書還和其他圖書一樣，能提供給讀者各種知識。

第三節　類書的參考價值

　　類書的產生和發展，最初主要是提供皇帝閱覽有關治道興衰、君臣得失的事蹟，作爲施政借鑒。繼起的類書，不僅提供皇帝閱覽，也兼供文人作文參考之用，甚至專爲文人寫作詩文應付科舉考試輯錄資料。宋代以後，類書輯錄資料注意各種事物的源流經過，已具有歷史考證性質，如《事物紀原》、《格致鏡原》等是。明清兩代的《永樂大典》和《古今圖書集成》，使類書的內容豐富，包括當時一切學術著作，達到空前的高度。

　　我們今天使用類書，和舊時代的統治階層有所不同，因而類書的參考價值也隨之改變。大致說來，有以下幾個方面：

第一、查找各類材料

　　類書中保存了有關歷史、地理、典章制度、文學藝術、風俗習慣以及其他許多方面的材料，可以當作百科詞典來查考，解決閱讀古書中一般知識性的問題，也可以當作一種分類的資料匯編來使用，尋找自己所需要的資料。例如我們不知道指南車的原始記載，查《北堂書鈔·歲時部》，就能找到有關的記錄。如不瞭解「寒食」的由來，查《初學記·歲時部》，就能找到寒食的傳說與古代民俗的敘述。又如《太平廣記》，分類輯錄古小說很多，爲研究我國古代小說發展演變過程必不可少的寶貴資料。殘存《永樂大典》的「七皆」韻部「台」字下，輯錄有關元代御史台的沿革、變遷的著作，足以爲研究元代官制的根據。關於辭藻、典故等等，類書所收更多。凡是從一般字書辭典中查不到的，都可能從大型類書中得到解決。

第二、校勘古書和考證史事

　　今本古書，時有訛誤，可以利用古類書引用的材料來校勘。例如今本「史記·始皇本紀」記秦始皇三十六年有人持璧攔住使者說：「爲吾遺滈池君」，並且提到「今年祖龍死」。但《初學記》卷五〈地〉部的「華山」第五引《史記》「今年」作「明年」。據清儒考證，認爲《初學記》作「明年」是對的，因爲秦始皇（即祖龍）死於三十七年，不在當年。

　　類書爲四部資料所薈萃，其中保存史實甚多，往往爲史書所不載。《四庫全書總目提要》、〈玉海〉條下云：

　　　　　　所引自經史子集、百家傳記，無不賅具，而宋一代之掌故，率本諸實錄、國史、日曆、尤多後來史志所未詳〔註2〕。

〔註2〕（清）永瑢等編撰，《四庫全書總目提要》〈子部·類書類一〉（臺北市：臺灣商務，

《冊府元龜》多採唐五代各朝實錄、詔令奏議等，可補充考證唐五代正史缺誤。清儀眞劉文淇用《冊府元龜》校勘《舊唐書》，成績頗可觀，即其明證。

第三、輯錄古代佚書佚文

　　類書採輯資料，都是根據當時見到的書，錄其原文一章一節，甚至如《永樂大典》錄入整部書（也有錄自其他類書，時代也較早），採摘範圍很廣，且極多注明作者、出處。後來經長期時事變遷，舊籍不免散失。讀者從一些類書中，卻能看到已散失的舊籍的篇章引文。

　　如《北堂書鈔》、《藝文類聚》，即多錄自隋以前的古籍。《太平御覽》一書，引書極廣，據宋李廷允〈蒲刻《太平御覽》跋〉云：

　　　　皆纂輯百氏要言，凡可帙名者，一千六百有九十，而一篇一章間見

　特出者弗與〔註3〕。

阮元爲鮑刻《御覽》作序亦謂：

　　　　存《御覽》一書，即存秦漢以來佚書千餘種。〔註4〕

均可見各大型類書輯錄古籍資料之豐富。因此，清代考據學者所謂「輯佚」工作，即從類書中輯錄已經佚失之古籍，有很好的成績。四庫館臣從《永樂大典》中輯出四部書五百餘種，其最著者。此外，如嚴可均編《全上古三代秦漢六國六朝文》，很多篇是從《北堂書鈔》、《初學記》、《藝文類聚》、《太平御覽》等書裡錄出。直到近代魯迅輯《古小說鉤沉》，也是從《北堂書鈔》、《初學記》、《藝文類聚》、《太平御覽》等類書中輯錄而來的。

　　總之，現存三百種左右的類書，所保存的各種資料，對今後教學和科研方面，都還有一定的參考價值，有待於繼續發掘，充分利用。

　　　民國 54 年 2 月臺一版），頁 2807。

〔註3〕（宋）李昉等編撰，〈太平御覽原跋〉（臺北市：大化，民國 66 年 6 月），頁 1～2。

〔註4〕（宋）李昉等編撰、鮑重城校，〈太平御覽序〉，清嘉慶十七年鮑氏仿宋刻本。

第五章 宋代圖書的編纂

　　宋朝初年，隨著社會經濟的恢復，國家財力大增，對於圖書的收集、整理、著錄更爲積極，使國家圖書更加繁富。這些都爲編纂圖書奠定了堅實的物質基礎。同時皇帝也十分重視圖書事業的發展，不僅多次詔集天下文人纂修圖書，而且在修書的過程中，親臨視察，面授方針大計。因此，宋代成爲繼唐代之後圖書編纂事業取得突出成就的朝代。

第一節　官修概述

　　宋代是我國圖書編撰史上的一個重要發展時期，官方修書成績斐然。

一、館閣簡介

　　宋代崇文院是收藏圖書、編纂圖書的機構。宋初設昭文館、史館和集賢院，合稱「三館」。後來又興建秘閣，三館、秘閣總稱崇文院或館閣。其中，昭文館掌經史子集四庫圖籍修寫校讎之事，設大學士一人，以宰相兼任。學士、直學士不常置，直館以京朝官充。判官一人，以兩省五品以上官充。史館掌修國史、日曆及典圖籍之事。監修國史，以宰相兼任。修撰以朝官充，檢討、編修不常置。判館事一人，以兩省五品以上官充。集賢院亦掌經史子集四庫圖籍修寫校讎之事。設大學士一人，以宰相兼任。學士無定員，以給諫卿監以上官充。直學士不常設，判院士一人，以兩省五品以上官充。秘閣掌繕寫、儲藏，供御典籍圖書之事。設直閣，以朝官充。校理，以京朝官充。判閣一人，舊常以丞、郎、學士兼。秘書

監領閣事，大中祥符九年（1016）後，以諸司三品、兩省五品以上官判〔註1〕。官員在三館秘閣中所任職務，稱爲「館職」。

館職之中，最高者爲集賢殿修撰、史館修撰、直龍圖閣、直昭文館、直史館、直集賢院、直秘閣；其次爲集賢校理、秘閣校理；最低者爲館閣校勘和史館檢討。宋神宗元豐五年（1082）以前，秘書省與崇文院互不相干，秘書省的工作是掌管祭祀祝板之類。元豐五年，神宗實行新的官制，改崇文院爲秘書省，下分四案：國史案掌編修日曆、會要、國史；太史案掌太史、天文、渾儀等事；經籍案掌典籍之事；知雜案掌本省雜事。南宋秘書省下分五案，即於上述四案之外，另設祝板案，祝板案掌大中小祀祝板，並分撰祝辭等事。元豐改制後，盡罷館職，另設秘書監、秘書少監、秘書丞、校書郎、正字、著作郎、佐郎等職，這些大小官員也稱「館職」。元祐中又恢復了元豐前的館閣制度。「館職」在宋代是一種高雅之職，其「進擢之異、待遇之渥、資任之優、選除之遴、簡書之略，蓋不與他司等也」〔註2〕。宋代名臣十之八九都出身館職，英宗治平三年（1066）之前，兩府大臣十三人，其中八人出身館閣。正如歐陽修所說：

> 館閣之職，號爲育材之地。今兩府闕人，則必取于兩制；兩制闕人，則必取于館閣。然則，館閣輔相養材之地也〔註3〕。

總而言之，館閣制度基本上與趙宋三百年的歷史相始終。館閣是宋代官方圖書編撰的主要機構。官方每修一書，輒組建書局，由館閣派人領修，編修地點因書而異。據周城《宋東京考·官治》載：

> 景祐中命修總目，則在崇文院。餘皆置局他所，蓋避眾人所見。《太宗實錄》在諸王賜食廳，《眞宗實錄》在元符觀。祥符中，修《冊府元龜》，王文穆爲樞密使，領其事，乃就宣徽南院廳，以便其事〔註4〕。

除了編撰圖書之外，館閣還有藏書、借閱圖書、整理圖書、編目等任務。

二、官書局舉例

書局是一種專門組織編書的機構。宋代書局有臨時性和常設性兩種，臨時

〔註1〕 （宋）程俱撰，《麟臺故事殘本》卷一〈官聯〉（臺北市：臺灣商務，民國55年），頁2～7。

〔註2〕 （宋）程俱撰，《麟臺故事殘本》卷一〈官聯〉（臺北市：臺灣商務，民國55年），頁1。

〔註3〕 （宋）歐陽修撰，《歐陽文忠公集》之〈又論館閣取士札子〉（臺北市：中華，民國54年）。

〔註4〕 （清）周城撰，《宋東京考》之〈官治〉（臺北市：文史哲，民國79年）。

性書局爲專編一書而開，書成罷局，時間一般在三、五年或十年左右，最多不超過二十年；常設性書局爲編撰系列圖書而開，這些圖書種類多、連續性強，不可畢其功于一役，編撰時間一般都在百年以上。下面介紹一些具有代表性的書局〔註5〕。

（一）五代史書局

這是一個臨時性的編書機構，也是宋代可考的最早書局之一。該局始開於開寶六年（973）四月二十五日，薛居正監修，預修者有盧多遜、扈蒙、張澹、李穆、劉兼、李九齡等七人，其任務是編撰梁、唐、晉、漢、周五代國史。到開寶七年（974）閏十月書成罷局，歷時十九個月。該書原稱《五代史》或《梁唐晉漢周書》，後歐陽修《五代史記》出，稱爲《新五代史》，則薛書改稱《舊五代史》。

（二）太平御覽書局

這是一個臨時性編書機構。該局始開於太平興國二年（977）二月，主持人是李昉和扈蒙，預修者有李穆、湯悅、徐鉉、張泊、李克勤、宋白、陳鄂、徐用賓、吳淑、舒雅、吳文仲、阮思道等十二人，後來李克勤、徐用賓和阮思道調任他職，補以王克貞和董淳二人。其任務是改正前代類書門目紛雜、失其倫次等錯誤，參詳條次、分門定目。到太平興國八年（983）十二月書成罷局，歷時六年又九個多月。另外，該書局還編有類書《太平廣記》，《太平廣記》是該局的前期編撰成果，歷時僅十八個月。

（三）文苑英華書局

這是一個臨時性編書機構。該局始開於太平興國七年（982），主持人是李昉等，先後預修者有呂蒙正、李至、李穆、李范、楊礪、吳淑、呂文仲、胡汀、戴貽慶、杜鎬、舒雅、蘇易簡、王祐、范杲、宋湜、徐鉉、宋白、賈黃中、楊徽之等二十人。其任務是閱前代文集，撮其精要，以類分之。到雍熙三年（986）十二月書成罷局，歷時四年又三個月。

（四）冊府元龜書局

這是一個臨時性編書機構。該局始開於景德二年（1005），主持人爲王欽若和楊億，預修者有錢惟演、刁衎、杜鎬、戚綸、李維、王希逸、陳彭年、姜嶼、陳越、宋貽序、劉承珪、劉崇超、陳從易、劉筠、查道、王曙、夏竦、孫奭等十八

〔註5〕郭聲波著，《宋朝官方文化機構研究》（成都：天地，2000年6月），頁87～129。
曹之〈宋代書局考〉，《河南圖書館學刊》1995年第03期，頁20～23。

人。其任務是「取著歷代君臣德美之事，爲將來取法」〔註6〕。到大中符六年（1013）書成罷局，歷時八年。

（五）編修敕令所

這是一個匯編帝王詔令的常設性編書機構。景祐三年（1013）七月詔「禁民間私寫編敕、刑書」〔註7〕，官方壟斷了編修敕令之權。該所提舉由宰相兼任，同提舉以執政兼任，詳定官由侍從官兼任。據《宋史・藝文志》著錄，敕令所編敕令總集有一五〇種左右，其中如《建隆編敕》四卷、《太平興國編敕》十五卷、《嘉祐編敕》十八卷等。不過，敕令所的名稱幾經變易，據《宋史・職官二》載：

> 紹興十二年罷（編修敕令所）。乾道六年，復置詳定敕令所，以右丞相虞允文提舉，參知政事梁克家同提舉。淳熙十五年省罷，紹興二年復置局。慶元二年，復置提舉，以右丞相余端禮兼，同提舉以參知政事京鏜兼，仍以編修敕令所爲名〔註8〕。

（六）會要所

會要是一種匯編歷代政治制度、經濟制度的史書體裁。會要所是編撰會要的常設性機構，屬於秘書省管轄。趙宋南渡以後，會要之編尤爲繁多，據宋周南《山房集・同陳正字傳校書王秘監乞進會要札子》載：

> 會要爲書最巨，尤當以時編集。自乾道九年修進以來，九年又進，淳熙六年又續進，十三年又續進，紹興三年、慶元六年、嘉泰二年、三年又進，未有歷五六年而不進者〔註9〕。

據《宋史・藝文志》等書著錄，宋編會要有《慶曆國朝會要》、《元豐增修五朝會要》、《政和重修會要》、《孝宗會要》、《光宗會要》、《寧宗會要》等十四種、二八〇〇餘卷〔註10〕。今有清徐松輯《宋會要輯稿》。

（七）日曆所

這是一個記載朝政事務的常設性編書機構。據《宋史・職官四》，其歸屬幾經

〔註6〕（宋）王應麟撰，《玉海》卷五四（《景印文淵閣四庫全書》第943～948冊，臺北市：臺灣商務，民國72～75年）。

〔註7〕（元）脫脫等編撰，《宋史》卷十〈仁宗二〉（臺北市：鼎文，民國67年9月），頁201。

〔註8〕（元）脫脫等編撰，《宋史》〈職官二〉（臺北市：鼎文，民國67年9月）。

〔註9〕（宋）周南著，《山房集》之〈同陳正字傳校書王秘監乞進會要札子〉（《景印文淵閣四庫全書》第1169冊，臺北市：臺灣商務，民國72～75年）。

〔註10〕（元）脫脫等編撰，《宋史》卷二〇三〈藝文〉（臺北市：鼎文，民國67年9月）。

變易：初歸秘書省管轄；元祐五年（1090）歸門下省管轄；紹聖二年（1095）復歸秘書省〔註11〕。宣和二年（1120）詔罷在京修書諸局，日曆所依元豐舊制歸秘書省國史案繼續存在，據《玉海・藝文》著錄，宋代所修日曆有《建隆日曆》、《開寶日曆》、《高宗日曆》、《孝宗日曆》、《嘉定日曆》等〔註12〕。

（八）國史實錄院

　　宋代編寫國史、實錄的機構或稱國史院，或稱實錄院，或稱國史實錄院。名稱雖然不同，但是人員依舊。據《宋史・職官四》記載，北宋尚無國史院、實錄院或國史實錄院的名稱，國史、實錄均由秘書省負責編撰。南宋紹興三年（1133）始置國史院，重修《神宗實錄》、《哲宗實錄》和國史，「是時，國史、實錄皆寓史館，未有置此廢彼之分」〔註13〕。紹興九年（1139）修《徽宗實錄》，詔以實錄院為名，罷國史院。紹興二十八年（1158）《徽宗實錄》修成，詔修《三朝正史》，復置國史院，罷實錄院。乾道二年（1166）修《欽宗實錄》，復置實錄院，罷國史院。淳熙四年（1177）修《四朝國史》，復置國史院，罷實錄院。淳熙十五年（1188）修《高宗實錄》，復置實錄院，罷國史院。嘉泰二年（1202）復開國史院，從此，國史院與實錄院並存，「實錄院吏兼行國史院事，點檢文字一人，書庫官八人，楷書四人」。根據《宋史・藝文志》等書著錄，宋代所修實錄、國史有三十多種〔註14〕。

　　據洪邁《容齋隨筆》卷十三載：

> 國朝會要，自元豐三百卷之後，至崇寧、政和間，復置局修纂。宣
> 和初，王黼秉政，罷修書五十八所〔註15〕。

單在宣和間，關閉的書局就有五十八所，加上沒有關閉者，總數當在百所以上〔註16〕。宋代官方修書之盛，于此可見。又據宋魏了翁《鶴山集・臨川詩注序》載：

> 國朝列局修書，至崇觀政宣而後尤為詳備，而其書則經、史、圖、

〔註11〕（元）脫脫等編撰，《宋史》卷一六四〈職官四〉（臺北市：鼎文，民國67年9月）頁3876～3877。

〔註12〕（宋）王應麟撰，《玉海》〈藝文〉（《景印文淵閣四庫全書》第943～948冊，臺北市：臺灣商務，民國72～75年）。

〔註13〕（元）脫脫等編撰，《宋史》卷一六四〈職官四〉（臺北市：鼎文，民國67年9月），頁3876～3877。

〔註14〕（元）脫脫等編撰，《宋史》卷二〇三〈藝文二〉（臺北市：鼎文，民國67年9月），頁5088～5091。

〔註15〕（宋）洪邁著，《容齋隨筆》卷十三（《景印文淵閣四庫全書》第851冊，臺北市：臺灣商務，民國72～75年）。

〔註16〕曹之〈宋代書局考〉，《河南圖書館學刊》1995年第03期，頁22。

樂書、禮制、科條、詔令、紀注、故事、道史、內經、臣下之文鮮得列
焉，惟臨川王公遺文獲與編定，薛肇明諸人實董其事，雖曰出于一時之
好尚，然其鍛鍊精粹，誠文人之巨擘，以元祐諸賢與公異論者，至其為
文，則未嘗不許之〔註17〕。

這段話說明宋代修書內容確實很廣，連影響較大的《王臨川詩注》也名列其中。

宋代官方修書有其明顯的政治目的〔註18〕。宋太祖趙匡胤發動陳橋兵變，輕
而易舉地奪取政權之後，擔心後人仿傚，採取了種種措施：一方面解除了一些大
將的兵權，對於軍事諱莫如深，甚至嚴格限制兵書的流傳，據宋蔡戡《定齋集‧
乞以兵法賜諸將札子》載：

凡今之將，問之以孫、吳，則不知為何人；叩之《孫》、《吳》二書，
則不知為何書。如此者十人而九〔註19〕。

另一方面，則大力提倡文治，推行偃武修文的基本國策，網羅一大批故國舊臣和
知識分子，為之編撰圖書，以便轉移其視線，鑿喪其「志氣」，消磨其「反骨」，
斬斷其懷念故國的眷戀之情，使其老死於書叢之中，正如吳任臣在《十國春秋‧
南唐十四》中所說：

是時諸降王死，多出非命，其故臣或宣怨言。太祖俱錄之館中，俾
修《太平御覽》等書，豐其廩餼，諸臣多卒老於中〔註20〕。

茲故國舊臣著名者詳見表一：

〔註17〕（宋）魏了翁撰，《鶴山集‧臨川詩注序》（《景印文淵閣四庫全書》第 1172～1173
　　　　冊，臺北市：臺灣商務，民國 72～75 年）。
〔註18〕曹之〈宋代四大書編纂考〉，《山東圖書館季刊》1995 年第 04 期，頁 12。
〔註19〕（宋）蔡戡撰，《定齋集‧乞以兵法賜諸將札子》（《景印文淵閣四庫全書》第 1157
　　　　冊，臺北市：臺灣商務，民國 72～75 年）。
〔註20〕（清）吳任臣撰，《十國春秋‧南唐十四》（臺北市：國光，民國 51 年）。

表一：故國舊臣著名人物一覽表

姓　名	故國	宋　職	預　修　官　書	出　處	
				十國春秋	宋　史
徐　鉉	南唐	左散騎常侍 太子率更令等	《太平御覽》、《太平廣記》、《文苑英華》等	卷 28	卷 441
張　洎	南唐	太子中允 史館修撰等	《太平御覽》、《太平廣記》等	卷 30	卷 267
陳彭年	南唐	兵部侍郎等	《冊府元龜》、《眞宗御集》、 《大中祥符封禪記》、《大中祥符編敕》等	卷 31	卷 287
吳　淑	南唐	大理評事 太府寺丞等	《太平御覽》、《太平廣記》、《文苑英華》等	卷 31	卷 441
舒　雅	南唐	國子監丞 將作監丞 秘閣校理	《太平御覽》、《續通典》、《文苑英華》等	卷 31	卷 441
刁　衎	南唐	兵部郎中 直秘閣等	《冊府元龜》等	卷 21	卷 441
湯　悅 （殷崇義）	南唐		《江南錄》、《太平御覽》、《太平廣記》等	卷 28	
杜　鎬	南唐	國子監丞等	《冊府元龜》等		卷 296
楊　億	南唐	翰林學士 史館修撰	《冊府元龜》、《太宗實錄》、《眞宗御集》		卷 305
勾中正	後蜀	汜水令 著作郎	《廣韻》等	卷 56	卷 441
錢惟演	吳越	翰林學士 樞密副使	《冊府元龜》、《眞宗御集》等	卷 83	卷 317

宋代化消極因素爲積極因素，使一大批故國舊臣在推動文化建設中發揮了重要的作用。

第二節　私修概述

在官修書的帶領下，宋代私人著書也很繁榮，湧現出一大批圖書編撰家，不少人著作等身，茲將著作數量可考者列表二：

表二：宋代圖書編撰家及其著作數量一覽表

姓　　名	字　　號	籍　　貫	著作數量	著　作　舉　例
蘇　洵	明　允	眉　山	17	《蘇氏族譜》、《嘉祐集》等
歐陽修	永　叔	盧　陵	40	《六一詩話》、《新五代史》等
王安石	介　甫	臨　川	18	《字說》、《三經新義》等
司馬光	君　實	夏　縣	29	《資治通鑑》、《溫公易說》等
沈　括	存　中	錢　塘	40	《夢溪筆談》、《蘇沈良方》等
蘇　軾	子　瞻	眉　山	41	《東坡易傳》、《東坡文集》等
蘇　轍	子　由	眉　山	21	《孟子解》、《欒城集》等
葉夢得	少　蘊	吳　縣	32	《石林燕語》、《避暑錄話》等
鄭　樵	漁　仲	莆　田	95	《通志》、《六經奧論》等
呂祖謙	伯　恭	婺　州	40	《宋文鑑》、《詩律武庫》等
李　繁	清　叔	晉　原	18	《桃溪集》等
范成大	致　能	吳　縣	29	《吳郡志》、《吳船錄》等
朱　熹	仲　晦	婺　源	88	《四書集注》、《楚辭集注》等
周必大	子　充	盧　陵	81	《玉堂雜記》、《吳菌諸山錄》等
陸　游	務　觀	山　陰	27	《老學庵筆記》、《南唐書》等
李心傳	微　之	井　研	12	《建炎以來朝野雜記》、《舊聞證誤》等
王　柏	會　之	金　華	41	《書疑》、《詩疑》等
王應麟	伯　厚	慶　元	23	《玉海》、《困學記聞》等
周　密	公　謹	吳　興	43	《齊東野語》、《絕妙好詞》等

資料來源：曹之著，《中國古籍編撰史》（武昌：武漢大學出版社，1999 年 11 月），頁 212
～221。

　　以上學者及著作對後世產生了深遠的影響。此外，宋代還有不少足不出戶、
杜門著書的人，例如熊克「博聞強記，自少至老，著述外無他嗜」〔註21〕；萬適
「不求仕進，專以著述為務」〔註22〕；張舉「窮經著述，至夜分不寐」〔註23〕。

〔註21〕（元）脫脫等編纂，《宋史》卷四四五、〈文苑七〉（臺北市：鼎文，民國 67 年 9
　　　　月），頁 13143。
〔註22〕（元）脫脫等編纂，《宋史》卷四五七、〈列傳〉二一六（臺北市：鼎文，民國 67
　　　　年 9 月），頁 13427。

　　劉愚環堵蕭然，「著書自適，《書》、《禮》、《語》、《孟》皆有解」〔註24〕。宋代不少著者治學嚴謹，不追求急功近利，一本書往往耗費他們數十年甚至畢生的精力，例如崔子方著《春秋經解》用時三十年；鄭樵著《通志》用時三十年；洪邁著《容齋隨筆》用時二十年。李燾著《續資治通鑑長編》用時四十年，他從二十七歲左右開始撰寫，直到六十八歲寫成，四十年如一日，「無嗜好，無姬侍，不殖產，平生生死文字間」〔註25〕。宋代不少出版家同時又是圖書編撰家，陳起就是一個代表。陳起（亦名陳顏才、陳道人），字宗之，南宋臨安人。陳起集編書、刻書、讀書於一身，刻有大量唐詩別集和《江湖集》〔註26〕。《江湖集》是宋代多位江湖詩人的詩歌總集。爲了編輯《江湖集》，陳起付出辛勤的勞動，其中不少詩歌均由陳起親自組稿。

第三節　宋代圖書編撰的特點

　　隨著雕版印刷技術的普及，宋代圖書編撰進入持續發展時期。宋代雖然戰爭頻仍，但是「君臣上下，未嘗頃刻不以文學爲務，大而朝廷，微而草野，其所制作、講說、記述、賦詠，動成卷帙，繁而數之，有非前代之所及也」〔註27〕。關於宋代著作的數量，說法不一，請參考下列表三：

表三：宋代官私家著作數量一覽表

書（篇）名	著　作	北　宋	南　宋	總　計
宋史・藝文志敘	脫脫等	73,877 卷	59,429 卷	133,306 卷
宋史・藝文志	脫脫等			119,972 卷
齊東野語	周　密	45,669 卷	59,386 卷	105,055 卷
少室山房筆叢	胡應麟	40,000 餘卷	50,090 卷	90,000 卷

〔註23〕（元）脫脫等編纂，《宋史》卷四五八、〈列傳〉二一七（臺北市：鼎文，民國 67
　　　　年 9 月），頁 13454。
〔註24〕（元）脫脫等編纂，《宋史》卷四五九、〈列傳〉二一八（臺北市：鼎文，民國 67
　　　　年 9 月），頁 13466。
〔註25〕（元）脫脫等編纂，《宋史》卷三八八、〈列傳〉一四七（臺北市：鼎文，民國 67
　　　　年 9 月），頁 11919。
〔註26〕曹之著，《中國古籍編撰史》（武昌：武漢大學出版社，1999 年 11 月），頁 184～185。
〔註27〕（元）脫脫等編撰，《宋史》卷二○二〈藝文一〉（臺北市：鼎文，民國 67 年 9 月），
　　　　頁 5033。

其中，《宋史‧藝文志敘》是據《三朝國史藝文志》、《二朝國史藝文志》、《四朝國史藝文志》、《中興國史藝文志》和《寧宗續書目》統計出來的，因爲其中多有重複，脫脫等在編撰《宋史‧藝文志》時多所刪削，得 119,972 卷。但是，這個數字仍不可信：一是重複仍然很多，例如《臨賀郡志》既見史部地理類，又見集部總集類；曹瑈《須知國鏡》，史部地理類凡兩見：一作《須知國鏡》，另作《國照》，二者實爲一書，後書乃前書避諱所致。如此等等，不一而足。二是它包含了宋代以前的大量著作，例如集部別集類著錄一八二四部著作，而宋代以前的著作就有六二〇餘部，約占總數的百分之三四。《齊東野語》和《少室山房筆叢》是據《崇文總目》和《中興館閣書目》統計出來的，其中重複者及非宋代著作亦多，均不可憑信。要之，宋代著作目前尚無可信的統計數字，暫付闕如。

那麼，宋代圖書編撰有什麼特點呢？

第一、鄭樵《通志‧校讎略》是繼劉知幾《史通》之後又一部關於圖書編撰的重要著作。鄭樵關於「會通」和圖書編撰的一系列論述，標志著圖書編撰學理論有了進一步發展。

第二、就編撰者而言，書局是宋代官方修書的重要組織形式，北宋季年書局總數逾百。宋祁、歐陽修、宋敏求、司馬光、沈括、鄭樵、李燾、朱熹、洪邁、王應麟、陳起等都是著名圖書編撰家。宋代還有不少杜門著書的人。例如：張愈，字少愚，益州郫人，遊學四方，屢試不第，晚年「杜門著書」〔註28〕。宋代還有不少著書百卷的人。例如：夏竦，字子喬，江州德安人，歷仕禮部郎中、禮部尚書、吏部尚書等職，「以文學起家，有名一時」，有文集一〇〇卷〔註29〕。晏殊，字同叔，撫州臨川人，官至同平章事兼樞密使，「有文集二四〇卷，及刪次梁、陳以後名臣述作，爲《集選》一〇〇卷」〔註30〕。此外，從南宋到元代，「書會」也是一種編撰圖書的民間組織，它專爲說話人、戲劇演員寫話本或腳本。書會成員大多是科舉不第但有一定知識的文人，也有一些是下層官吏、醫生、術士、商人或具有演唱經驗的藝人。書會編撰的內容非常豐富，有戲文、雜劇、唱本、話本、謎話等。據賈仲明《書錄鬼簿後》載：

〔註28〕（元）脫脫等編纂，《宋史》卷四五八、〈列傳〉二一七（臺北市：鼎文，民國 67 年 9 月），頁 13440。

〔註29〕（元）脫脫等編纂，《宋史》卷二八三、〈列傳〉四二（臺北市：鼎文，民國 67 年 9 月）頁 9576。

〔註30〕（元）脫脫等編纂，《宋史》卷三一一、〈列傳〉七十（臺北市：鼎文，民國 67 年 9 月），頁 10197～10198。

丑齋繼先鍾君所編《錄鬼簿》，載其前輩玉京書會、燕趙才人、四

方名公士大夫編撰當代時行傳奇、樂章、隱語〔註31〕。

其中，「隱語」即謎語。書會的形成與說話、戲劇等技藝活動的發達有關。可考的書會有永嘉書會、九山書會、古杭書會、武林書會、玉京書會等。

　　第三、就圖書內容而言，除了經書之外，還編撰了大量史書、醫書、類書等。宋代史書空前增多，清人王昭槤云：

自古稗史之多，無如兩宋。雖若《捫虱新語》、《碧雲騢》，不無污蔑

正人，然一代文獻，賴茲以存。學者考其顛末，可以為正史之助〔註32〕。

宋代史書之中，野史筆記最多，單是《四庫全書總目》中就著錄了一一三種。這些著作都是作者長期積累寫成的，例如錢易平時「得一善事，書於方冊，曠日持久，乃成卷軸，命曰《南部新書》」〔註33〕。王楙平日「間以管見隨意而書，積數年間，卷裒俱滿」，編為《野客叢書》〔註34〕。洪邁平日「值言之最者必札之，遇事之奇者必摘之，雖詩詞、文翰、曆讖、卜醫，鉤纂不遺，從而評之」，二十年如一日，終於寫成《容齋隨筆》〔註35〕。這些筆記形式不拘，每書長則數十萬言，短則不足一紙，例如《容齋隨筆》長達七十四卷、四十三萬多字，而張泊《賈氏談錄》僅有六條而已。「條」是筆記的基本單位，每條長則字可逾萬，短則數字而已，例如舊題滄州樵叟撰《慶元黨禁》第一條長達一三五○三字，而江休復《江幾雜志》有一條僅止七字。筆記的編排也很自由，或先分卷，次分門，後分條；或先分卷，後分條；或只分卷，不分條；或分卷不分條，不一而足。宋代醫書眾多與官方提倡有關，據宋太宗〈太平興國六年十二月訪求醫書詔〉：

宜令諸路轉運司遍指揮所管州府，應士庶家有前代醫書，並許詣闕

進納。及二百卷以上者，無出身與出身已任職官者亦與迁轉，不及二百

卷，優給緡錢賞之〔註36〕。

官方所編《太平聖惠方》流布天下。宋代類書亦多，這些類書質量良莠不齊、質

〔註31〕　（元）賈仲明撰，《新校錄鬼簿正續編》（成都：巴蜀書社，1996年）。
〔註32〕　（清）王昭槤撰，《嘯亭雜錄》卷三（臺北市：弘文館，民國75年）。
〔註33〕　（宋）錢明逸撰，〈南部新書序〉（《景印文淵閣四庫全書》第1036冊，臺北市：臺灣商務，民國72～75年）。
〔註34〕　（宋）王楙撰，〈野客叢書序〉（《景印文淵閣四庫全書》第852冊，臺北市：臺灣商務，民國72～75年）。
〔註35〕　（宋）洪邁撰，〈容齋隨筆序〉（《景印文淵閣四庫全書》第851冊，臺北市：臺灣商務，民國72～75年）。
〔註36〕　楊家駱編，《宋大詔令集》卷二一九（臺北市：鼎文，民國61年）。

量低劣者，人們戲稱之爲「兔園冊子」。

第四、就編撰形式而言，有下列特徵：

（一）經注合一始於宋代，據錢大昕《十駕齋養新錄・注疏舊本》載：

> 唐人撰九經疏，本與注別行，故其分卷亦不與經注同。自宋以後刊本，欲省兩讀，合注與疏爲一書，而疏之卷第遂不可考矣〔註37〕。

《史記》三家注「初各爲部帙」，也是到了北宋「始合爲一編」〔註38〕。「經注合一」編撰方法的產生有兩個原因：一是便於讀者誦習；二是高效率圖書製作方式雕版印刷的逐漸普及完全有能力承受大部頭著作的刻印。在雕版印刷尚未普及以前，圖書全靠人工抄寫，效率極低，卷數自然越少越好。

（二）袁樞《通鑑紀事本末》首創紀事本末體，彌補了紀傳、編年二體之不足。

（三）宋人編輯、整理的唐代詩文別集數量極多。單是宋編杜甫詩集就有百餘種。宋人在編輯過程中，或網羅散佚，或去粗取精，或音釋注解，或分類編目，付出了很大的心力〔註39〕，分類編排是宋編唐詩別集的重要方法，這與宋代類書盛行以及官場通行的公牘、應酬文字多用四六體有關。

（四）避諱盛行。文人著書立說，除了國諱之外，還要注意家諱，「王荊公父名益，故其所著《字說》無「益」字。蘇東坡祖名序，故爲人作序皆用「敘」字；又以爲未定，遂改作「引」，而謂《字序》曰《字說》」〔註40〕。

（五）廣告文字較多。

第五、宋代開了我國古代著作權保護的先河，南宋四川刻本《東都事略》附有我國古代最早的著作權聲明。

宋代圖書編撰繁榮的原因何在？

第一、官方重視。具體表現在以下幾個方面：

（一）許多圖書均由帝王詔令修撰，圖書選題均由「欽定」。例如太宗詔諸儒編故事一千卷，曰《太平總類》；文章一千卷，曰《文苑英華》；小說五百卷，曰《太平廣記》；醫方一千卷，曰《神醫普救》；……又詔翰林承旨蘇公易簡、道士韓德純、僧贊寧集三教聖賢事蹟，各五十卷，書成，命贊寧爲首座，其書

〔註37〕（清）錢大昕撰，《十駕齋養新錄・注疏舊本》（臺北市：臺灣商務，民國67年）。
〔註38〕（清）永瑢等編纂，《四庫全書總目提要》〈史部・正史類〉（臺北市：臺灣商務，民國54年2月臺一版）。
〔註39〕曹之〈宋代整理唐集考略〉，《古籍整理研究學刊》1997年第1期，頁12～14。
〔註40〕（宋）陸游撰，《老學庵筆記》卷六（《景印文淵閣四庫全書》第865冊，臺北市：臺灣商務，民國72～75年）。

不傳。眞宗詔諸儒編臣事蹟一千卷，曰《冊府元龜》；不欲以后妃婦人等事廁其間，別纂《彤管懿范》七十卷；又命陳文僖公裒歷代帝王文章爲《宸章集》二十五卷；復集婦人文章爲十五卷，亦世不傳〔註41〕。

（二）帝王親爲圖書命名。例如太平興國八年（983）十二月，《太平御覽》書成，詔曰：

> 史館新纂《太平總類》，包羅萬象，總括群書，紀歷代之興亡，自我朝之編纂，用垂永世，可改名爲《太平御覽》〔註42〕。

（三）帝王親爲製序。例如《資治通鑑》前有治平四年（1067）神宗御製序。

（四）帝王親自審讀，或加修改。例如《太平御覽》書成，「帝每聽政之暇，日讀《御覽》三卷，有故或闕，即追之。雖隆冬短景必及其數」〔註43〕。《冊府元龜》在編撰過程中，眞宗親自審定書稿，「日進草三卷，帝親覽之，璃其舛誤」。他還囑咐有關人員，如有增補刪改之處，作出記號，他要復閱之〔註44〕。

（五）修書人員待遇優厚。《冊府元龜》的編修官「供帳飲饌，皆異常等」〔註45〕。《資治通鑑》修成後，神宗〈獎諭詔書〉云：「今賜卿銀絹、對衣、腰帶、鞍轡馬，具如別錄，至可領也〔註46〕。」除了司馬光外，預修人員均有賞賜。劉恕因爲早死，不見書成，故未被皇恩，後司馬光專門上書，「乞官劉恕一子」〔註47〕。

（六）私人著作詔付史館、秘閣收藏之例甚多。羅處約，字思純，益州華陽人，著《東觀集》，詔付史館〔註48〕。朱昂，字舉之，京兆人，著《資理論》三卷，詔以其書付史館〔註49〕。姚鉉，字寶之，盧州合肥人，編《唐文粹》，死後，子嗣復以其書上獻，詔藏內府，授嗣復永城主簿〔註50〕。孫復，字明復，晉州平陽人，

〔註41〕（宋）宋敏求撰，《春明退朝錄》卷下（北京市：中華，1980年9月），頁46。

〔註42〕北京中華書局影印宋本《太平御覽》卷首引《國朝會要》語（北京市：中華，1960年）。

〔註43〕同上註。

〔註44〕（宋）王應麟撰，《玉海》卷五四〈藝文〉（《景印文淵閣四庫全書》第943～948冊，臺北市：臺灣商務，民國72～75年）。

〔註45〕同註44。

〔註46〕北京吳校本〈資治通鑑附錄〉（北京市：中華，1956年）。

〔註47〕（宋）司馬光撰，《傳家集》之〈迄官劉恕一子札子〉（《景印文淵閣四庫全書》第1094冊，臺北市：臺灣商務，民國72～75年）。

〔註48〕（元）脫脫等編纂，《宋史》卷四四〇〈列傳〉一九九（臺北市：鼎文，民國67年9月），頁13035。

〔註49〕（元）脫脫等編纂，《宋史》卷四三九〈列傳〉一九八（臺北市：鼎文，民國67年9月），頁13005。

〔註50〕（元）脫脫等編纂，《宋史》卷四四一〈列傳〉二〇〇（臺北市：鼎文，民國67年9

晚年病危，宋仁宗選史書，給紙筆，命其門人祖無擇就復家得書十五萬言，錄藏秘閣，特官其一子〔註51〕。李燾著《續資治通鑑長編》於淳熙七年（1180）詔藏秘閣〔註52〕。私人著作詔藏史館、秘閣，是一種崇高的榮譽，也反映了宋代官方對於著書的重視。上有好者，下必有甚焉。宋代官方鼓勵著書，在官方的帶動下，宋代圖書編撰蔚然成風。

第二、宋人好名，爭相立言以求不朽。清趙翼云：

> 歷朝以來，宋史最繁。且正史外又有稗乘雜說，層見疊出。蓋其時士大夫多尚名譽。每一巨公，其子弟及門下士必記其行事，私相撰述，如《王文正公遺事》、《丁晉公談錄》、《楊文公談錄》、《韓忠獻遺事》及《君臣相遇傳》、《錢氏私志》、《李忠定靖康傳信錄》、《建炎進退志》、《時政記》之類，刊刻流布。而又有如《朱子名臣言行錄》之類，揚光助瀾，是以宋世士大夫事蹟傳世者甚多，亦一朝風氣使然也〔註53〕。

不僅史書如此，其他著作眾多的原因也如此。當然，這種思想爲儒家歷來傳統，不過宋人尤爲突出。

第三、積累了一套圖書編撰的經驗。不少學者在圖書編撰實踐中，摸索出許多行之有效的方法，大大推動了圖書編撰工作。著名學者楊億多次預修官書，有一套積累資料的方法，所用故事常令子侄檢出處，每段用小片紙錄之，綴粘所錄而蓄之，時謂衲被〔註54〕。司馬光編撰《資治通鑑》分爲編寫凡例、編寫事目、編寫長編、刪定潤色四個階段。著名學者朱熹在總結修史的辦法時說：

> 先以歷內年月日下刷出合立傳人姓名，排定總目；次將就題名內刷出逐人拜罷年月，注于本目之下；次將取到逐人碑志、行狀、奏議、文集之屬附于本目之下；次將總目內刷出收索到文字人姓名，略具鄉貫履歷，鏤板行下諸州曉示，搜訪取索，仍委轉運司專一催督。每月上旬差人申送本院，不得附遞，恐有損失。如本月內無收到文字，亦仰依據差

月），頁 13054～13055。

〔註51〕（元）脫脫等編纂，《宋史》卷四三二〈列傳〉一九一（臺北市：鼎文，民國67年9月），頁 13832～13833。

〔註52〕（元）脫脫等編纂，《宋史》卷三八八〈列傳〉一四七（臺北市：鼎文，民國67年9月），頁 11918。

〔註53〕（清）趙翼撰，《陔餘叢考》之〈宋人好名譽〉（臺北市：世界，民國49年）。

〔註54〕（明）彭大翼撰，《山堂肆考》卷一二六（《景印文淵閣四庫全書》第974～978冊，臺北市：臺灣商務，民國72～75年）。

人申報。到記當日內收附勾銷注于總目本姓名下依前例〔註55〕。

第四、在長期的圖書編撰實踐中，造就了一支圖書編撰的骨幹隊伍，茲將預修兩種以上官書的編撰者列表四舉例如下：

表四：宋代預修兩種以上官書的編撰者一覽表

姓 名	字 號	籍 貫	預 修 書 名	《宋史》出 處
王 祐	景叔	大名莘縣	《文苑英華》、《李氏開寶重定本草》等	卷269
李宗諤	昌武	深州饒陽	《重修太祖實錄》、《續通典》等	卷265
盧多遜		懷州河內	《舊五代史》、《開寶通禮》等	卷265
石中立	表臣	河南洛陽	《冊府元龜》、《續通典》等	卷263
趙安仁	樂道	河南洛陽	《冊府元龜》、《重修太祖實錄》等	卷287
扈 蒙	日用	幽州安次	《太平御覽》、《太平廣記》、《文苑英華》等	卷269
董 淳			《太平御覽》、《太平廣記》、《太祖實錄》等	卷439
趙邠幾	亞之	鄆州須城	《太平御覽》、《太平廣記》、《太祖實錄》等	卷439
李 昉	明遠	深州饒陽	《太平御覽》、《太平廣記》、《文苑英華》等	卷265
呂文仲	子臧	歙州新安	《太平御覽》、《文苑英華》等	卷296
路 振	子發	永州祁陽	《冊府元龜》、《兩朝國史》等	卷441
宋 白	太素	大 名	《太平御覽》、《太平廣記》、《太祖實錄》等	卷438
劉承規	大方	楚州山陽	《冊府元龜》、《太祖實錄》等	卷466
王 旦	子明	大名莘縣	《冊府元龜》、《文苑英華》等	卷282
陳堯佐	希明	閬州閬中	《真宗實錄》、《宋三朝國史》等	卷284
李 穆	孟雍	開封陽武	《太平御覽》、《太平廣記》、《文苑英華》等	卷263

〔註55〕（宋）朱熹撰，《朱文公集》之〈史館修史例〉（四部叢刊初編縮本第58～59冊，臺北市：臺灣商務，民國54年）。

戚綸	仲言	應天楚丘	《冊府元龜》、《大中祥符封禪記》等	卷306
劉筠	子儀	大名	《冊府元龜》、《太祖實錄》等	卷305
王欽若	定國	臨江新喻	《冊府元龜》、《太祖實錄》等	卷282
孫奭	宗古	博州博平	《冊府元龜》、《太祖實錄》等	卷431
丁謂	謂之	蘇州長洲	《大中祥符封禪記》、《景德會計錄》等	卷283
李維	仲方	洛州肥鄉	《冊府元龜》、《太祖實錄》、《續通典》等	卷282
王舉正	伯仲	眞定	《眞宗實錄》、《慶曆國朝會要》、《宋三朝國史》等	卷266
宋敏求	次道	趙州平棘	《仁宗實錄》、《宋兩朝國史》等	卷291
曾鞏	子固	建昌南豐	《三朝國史》、《兩朝國史》等	卷319
林希	子中	福州	《宋兩朝國史》、《神宗實錄》、《元豐增修五朝會要》等	卷343
曾肇	子開	建昌南豐	《宋兩朝國史》、《政和重修會要》、《神宗實錄朱墨本》等	卷319
趙鼎	元鎮	解州聞喜	《神宗實錄》、《哲宗實錄》等	卷360

眾多人才爲宋代官方修書提供了組織保證。宋代民間的圖書編撰家人數更多，從而爲宋代圖書編撰奠定了堅實的學術基礎。

第五、圖書編撰的題材大大拓寬。如果說宋代以前圖書編撰的選材範圍比較狹窄的話，那麼宋人則開放思想，凡與人生有關者，例如休閒、娛樂方面的內容都堂而皇之地編撰成書，正如《四庫全書總目・子部雜家類雜品屬按語》所說：

> 古人質朴，不涉雜事，其著爲書者，至射法、劍道、手搏、蹴鞠止類。至《隋志》而《狩器圖》猶附小說，《象經》、《棋勢》猶附兵家，不能自爲門目也。宋以後則一切賞心娛目之具，無不勒有成編，圖籍于是始眾焉〔註56〕。

宋趙希鵠《洞天清錄》、周密《雲煙過眼錄》等就是這方面的著作。我國最早的詩話專著是宋歐陽修撰的《六一詩話》。其後，詩話著作日漸增多，正如《四庫全書總目・詩人玉屑》所說：「宋人喜爲詩話，裒集成編者至多。」另外，佛經總集《大藏經》的編撰也始於宋代。

〔註56〕（清）永瑢等編纂，《四庫全書總目提要》〈子部・雜家類・雜品屬按語〉（臺北市：臺灣商務，民國54年2月臺一版）。

　　第六、藏書眾多。圖書資料對於著書立說是不可缺少的。宋代崇文院、龍圖閣、太清樓、玉宸殿、四門殿等處都藏有大量圖書，據《宋史‧藝文志敘》載：

> 眞宗時，命三館寫四部書二本，置禁中之龍圖閣及後院之太清樓，
> 而玉宸殿、四門殿亦各有書萬餘卷〔註57〕。

宋代私人藏書家可考者有三一一人，約占可考先秦至宋藏書家總數的百分之六十四。宋代著名圖書編撰家李昉、李宗諤、陳彭年、歐陽修、劉恕、宋敏求、曾鞏、司馬光、王欽若、李誡、葉夢得、鄭樵、李燾、陸游、王柏、王應麟、周密等都擁有大量藏書。

　　第七、宋代雕版印刷的普及刺激了圖書編撰。高效率的圖書製作方式極大地推動了圖書編撰，緩解了「出書難」的矛盾，提高了廣大著者著書立說的動機。

〔註57〕（元）脫脫等編撰，《宋史》卷二〇二〈藝文一敘〉（臺北市：鼎文，民國67年9
　　　　月），頁5033。

第六章　宋代類書的成因與發展

　　類似於百科全書式的古類書，對史學研究和古籍整理具有十分重要的功用。它起源於曹魏時期，入唐以後，類書編修逐漸增多，收錄在《新唐書·經籍志》〈丙部〉〈類書類〉中的類書，就有《藝文類聚》等四十餘部。至宋遂大盛，在《宋史·藝文六》所載的宋人類書，竟超過了三百部，數量之多，種類之繁，即使明清兩代也難望其項背〔註1〕。宋代類書所以能夠獲得充足發展的各種主客觀原因，主要有三項：

一、提倡文治，參酌前代成敗之經驗

　　趙宋政權建立以後，其重要任務是如何做到長治久安，以不使宋朝繼五代以後又一個短命的朝代。宋太祖深諳「能夠馬上得天下，卻不能馬上治天下」的道理，將加強文治定為國策。此後，宋太祖的閱讀書籍更為勤奮，要從史書中吸取歷代統治者成敗得失的經驗和教訓，也就是他所謂的「為治之道」。

　　宋太宗繼位後，重視文化，刻苦讀書卻有過之而無不及。宋太宗曾對近臣說：

　　　朕每退朝，不廢觀書，意欲酌前代成敗而行之，以盡損益也〔註2〕。

又謂：

　　　夫教化之本，治亂之源，苟無書籍，何以取法〔註3〕？

明確地道出了他讀書的目的。為此，宋太宗多次下詔，命三館廣泛搜訪史書，並

〔註1〕（元）脫脫等編纂，《宋史》卷二○七〈藝文六〉（臺北市：鼎文，民國67年9月），頁5320。

〔註2〕（宋）李燾撰，《續資治通鑑長編》卷二三（《景印文淵閣四庫全書》第314～三二二冊，臺北市：臺灣商務，民國72～75年）。

〔註3〕（宋）李燾撰，《續資治通鑑長編》卷二五（《景印文淵閣四庫全書》第314～三二二冊，臺北市：臺灣商務，民國72～75年）。

組織大批儒臣編修書籍。太平興國八年（983）十一月，《太平總類》編成，宋太宗下詔曰：

> 史館所修《太平總類》，自今日進三日，朕當親覽。

宰臣宋琪等以為：

> 窮歲短晷，日閱三卷，恐聖躬疲倦。

宋太宗卻道：

> 朕性喜讀書，開卷有益，不爲勞也。此書千卷，朕欲一年讀遍，因
> 思學者讀萬卷書亦不爲勞耳〔註4〕。

仍然堅持每天讀三卷書，並將書名改爲《太平御覽》。

　　在太祖、太宗的倡導下，宋代歷朝帝王乃至皇室成員，幾乎無不勤於讀書。宋眞宗自謂：

> 朕每因暇日，閱《君臣事蹟》草本，遇事簡，則從容省覽；事多，
> 或至夜漏二鼓乃終卷〔註5〕。

據《玉海》記載，他從大中祥符七年（1014）六月到八年六月的一年間，還通讀了《周禮》等十一部經書。接著又以一年半的時間，通讀了《史記》等十九部當時的所謂正史〔註6〕。宋仁宗也對近臣說：

> 朕聽政之暇，于舊史無所不觀，思考歷代治亂事蹟，以爲監戒〔註7〕。

即便腐敗如南宋理宗這樣的皇帝，不僅自己勤奮讀書，而且對皇太子的學習也抓得甚緊。難怪兩宋歷朝皇帝不僅都寫得一手好字，而且文史知識都相當不錯，死後還要建立收藏御書手稿、圖畫的場所，如太宗的龍圖閣、眞宗的天章閣、仁宗的寶文閣、神宗的顯謨閣、哲宗的徽猷閣之類。

　　但是，歷史發展到宋代，各類書籍已經汗牛充棟，帝王在聽政之餘將它們全部讀完，實在既無此可能，亦無此必要。因而，有選擇的編修類書，以供隨時查找閱讀，就被提到了議事日程。北宋前期的四部著名類書，亦即被人們稱爲「四大書」的《太平御覽》、《太平廣記》、《文苑英華》和《冊府元龜》〔註8〕，就是在

〔註4〕（宋）李燾撰，《續資治通鑑長編》卷二四（《景印文淵閣四庫全書》第 314～322
　　　　冊，臺北市：臺灣商務，民國 72～75 年）。

〔註5〕（宋）王應麟撰，《玉海》卷五四〈景德冊府元龜〉（《景印文淵閣四庫全書》第 943
　　　　～948 冊，臺北市：臺灣商務，民國 72～75 年）。

〔註6〕（宋）王應麟撰，《玉海》卷三十〈祥符讀十一經詩・讀十九代史詩〉。

〔註7〕（宋）王應麟撰，《玉海》卷五四〈乾興天和殿御覽〉。

〔註8〕按：這四部書都是分類編修的，應屬於類書之別，但《太平廣記》因專收小說，故
　　　　被著錄在小說類中，《文苑英華》因專收詩賦詞章，故被收錄在總集類中。

這種情況下編修而成的。

　　實際上，兩宋時期，以帝王之命而編成的類書遠不止上述四部，僅以仁宗一朝爲例，尚有《邇英聖覽》、《龜鑒精義》、《國朝類要》等書〔註9〕，只是並未傳世而已。

二、因應科舉之需要，備場屋之用

　　科舉制度雖然正式形成於唐，但是還遺留著以往察舉制度的殘餘。其中主要表現爲大貴族和大官僚有權「公薦」舉人，取士之權一歸有司，新老士族仍憑借其政治、經濟優勢和傳統的社會地位，繼續把持取士大權，科場成績好壞，尚不能成爲錄取與否的唯一標準。唐代科舉只是極少數人的事業，對一般讀書人來說，吸引力並不大。因此，科舉制度對唐代文化的影響就顯得十分有限。

　　入宋，隨著士族勢力的徹底退出歷史舞台和「重文抑武」政策的推行。政府對科舉制度作了重大改革，主要是嚴格科舉制度，杜絕場屋弊端，取消門第限制，提倡公平競爭，一切以程文爲去留〔註10〕；擴大取士名額，從優任命科舉合格者。由於採取了一系列措施，極大的鼓舞了一般士人讀書應舉的興趣，以宋眞宗咸平元年（998）的貢舉爲例，當時參加省試的舉人將近二萬，若以每進士一百人，只解二十人〔註11〕；《九經》以下諸科共及一百人，只解二十人赴闕的比例計算，前一年全國參加發解試的士人就達十萬人之多。中唐時，每年赴省試的舉人約三千人〔註12〕，若以三人取一人赴解計，全國每年參加發解試的士人也不過近萬人〔註13〕，只及北宋前期應試人數的十分之一。到北宋中後期，科舉進入黃金時代，不論地近京畿的州縣，或川廣等僻遠地區，到處都是讀書應舉之人。南宋初年，因受宋金戰爭的影響，赴舉人數一度銳減，但「紹興和議」以後，形勢趨向穩定，應舉人數又迅速增加，到南宋中期，有些地方甚至出現了或五六百人解送一人的程度。科舉制度的確鼓舞了人們的讀書熱情。

　　宋代應舉人數的劇增，對各種考試用書的需要量也隨之增加，而作爲類書

〔註 9〕（宋）王應麟撰，《玉海》卷五四〈邇英要覽〉。

〔註10〕（宋）陸游撰，《老學庵筆記》卷五（《景印文淵閣四庫全書》第 865 冊，臺北市：臺灣商務，民國 72～75 年）。

〔註11〕（清）徐松輯，《宋會要輯稿》〈選舉〉一四之一六、一七（臺北市：世界，民國 66 年 5 月再版）。

〔註12〕（唐）韓愈撰，《韓昌黎全集》卷二〇〈贈張童子序〉（臺北市：新興，民 45 年）。

〔註13〕按，唐代貢舉，各州郡雖然有解額規定，但由於參加發解試的士人很少，故合格者皆得舉送。

的典籍，更是應試者的必備用書，對此，我們可以從兩宋科舉考試內容的變遷
中看出端倪。

宋初取士科目，與唐、五代相仿，主要有進士、諸科兩大類；此外還有制舉
和詞科等。進士科的考試內容雖有詩、賦、論、策和帖經、墨義等多種，但實際
上只以詩賦定高低去留，其他考試則形同虛設，意義不大。諸科考的是帖經、墨
義，都以背誦儒家經典爲主。到了仁宗朝，出現慶曆新政，時務策在進士科考試
中的重要性有了顯著增加，它要求士人了解古往今來有關政治、經濟、軍事、文
化等內容和典章制度、國計民生方面的知識，特別是經過神宗朝王安石變法以後，
科舉制度發生了重大變革，明經諸科被廢除，進士科以經義取士，策論次之，而
經義不同於以往的墨義，它主要的不是依靠背誦經文，而是要結合現實闡發其內
涵，規定「引用古今諸儒之論及已見」〔註 14〕，即或引以經史，或斷以己意，從
經義中說出一套治國安邦的道理來。

制舉的考試內容爲對策，它興於西漢，至唐遂大盛，其下所設科目達百餘種〔註
15〕，宋沿唐制，也有制舉，宋初分設賢良方正能直言極諫、經學優深可爲師法、
詳閑吏理達於教化三科。眞宗朝時，增至六科；仁宗朝時，又增益爲九科。但宋
代對應制舉者的要求極嚴，士人皆視爲畏途。因此，明經諸科至南宋孝宗朝以後，
因無人應試，實際上已被停罷。詞科情況則稍有不同，神宗熙寧變法以後，罷詩
賦，代以經義，爲補救缺乏起草制誥、敕令、表章之人，從哲宗紹聖二年（1095）
起，增設宏詞一科〔註 16〕。爾後改名爲詞學兼茂科。到南宋初年，又改稱博學宏
詞科。以上統稱詞科。它不僅要求文章典雅，而且還須博聞強記，深諳故事。詞
科起初每歲皆有，到宣和五年（1123）改爲三歲一試，附於省試之後。

試藝內容的變革，要求士子盡可能的擴大知識面，以得逞於場屋。士子們爲
了掌握更多的知識，只得依靠類書。正如宋寧宗慶元四年（1198）四月，右正言
劉三杰在奏疏中所說：

但見主司命題欲求實學，率皆採取傳注，編摭故實，或搜求陳腐之

類書，以備場屋之用〔註17〕。

〔註14〕 （宋）李燾撰，《續資治通鑑長編》卷四○八（《景印文淵閣四庫全書》第 314～322
冊，臺北市：臺灣商務，民國 72～75 年）。

〔註15〕 （宋）趙彥衛撰，《雲麓漫鈔》卷六（臺北市：世界，民國 48 年）。

〔註16〕 （清）徐松輯，《宋會要輯稿》〈選舉〉一二之三、四（臺北市：世界，民國 66 年
5 月再版）。

〔註17〕 （清）徐松輯，《宋會要輯稿》〈選舉〉五之一九（臺北市：世界，民國 66 年 5 月再
版）。

四庫館臣也以爲：

> 宋自神宗罷詩賦，用策論取士，以博綜古今，參考典制相尚。而又苦其浩瀚，不可猝窮。于是類事之家，往往排比聯貫，以供場屋采掇之用〔註18〕。

雖然四庫館臣這裡說得有誤，當時的科舉考試並非以試策論爲主，而是以試經義爲主，但類書作爲場屋用書，無論對試經義或試策論，確實都非常有用。在這種情況下，使類書的編修和刊印也就成了一項有利可圖的事業，這便有力的推動了類書的編修。從此，這些「備場屋之用」的類書大量湧現〔註19〕，僅爲《四庫全書》所收的就有高承《事物紀源》、孫逢吉《職官分紀》、呂祖謙《歷代制度詳說》、陳傅良《永嘉八面鋒》、佚名《錦鏽萬花谷》、祝穆等《事文類聚》、潘自牧《記纂淵海》、章定《名賢氏族言論自由類稿》、佚名《群書會元截江网》、章如愚《山堂考索》、謝維新《古今合璧事類備要》、林駉、黃履翁《古今源流至論》、王應麟《玉海》、佚名《翰苑新書》等等。這些類書流傳至今，雖然失去了當時適應科舉考試的功用，卻留下了後人研究宋史的寶貴史料。

三、雕版印刷業發展，爲刻印類書提供了必要的技術條件

雕版印刷大約從盛唐時起才開始在一些地區和部門發展起來，但與宋代相比，它並未完全成熟，主要表現爲刻印質量沒有保證，裝訂形式又比較原始。因此，尚不具備刻印大部頭書籍的能力。五代時的雕版印刷業比唐時有所進步，一是前蜀宰相毋昭裔爲實現他在貧賤時許下的諾言，率先將《文選》鏤板刊行，以遺學者〔註20〕。二是出現了中國歷史上第一部官刻的《九經》印板。此書歷時二十一年，直到後周廣順三年（953）六月，才雕造完成〔註21〕。這兩件雕版印刷物的出現，意義十分重大；前者表明雕版印刷已從過去刊刻文字不多的大眾讀物，向有一定篇幅的文化典籍發展；後者表明刻書業已越出書坊和僧道、百姓的範圍，開始受到政府的重視。但五代戰亂不息，嚴重阻礙社會經濟、文化的發展，刻書業當然也同樣受到了影響。

〔註18〕（清）永瑢等編纂，《四庫全書總目提要》〈子部・類書類一〉〈源流至論〉（臺北市：臺灣商務，民國54年2月臺一版），頁2806。

〔註19〕按，北宋前期，供場屋之用的類書不是沒有，但數量很少，如吳淑的《事類賦》，用駢四、儷六爲之，是爲科舉考試的需要而作。

〔註20〕（宋）王明清撰，《揮塵後錄》卷二〈餘話〉（臺北市：臺灣商務，民國55年）。

〔註21〕（宋）薛居正撰，《舊五代史》卷四三〈唐明宗紀九〉（臺北市：鼎文，民國67年9月），頁588。

趙宋政權建立之初，雕版印刷的水平與五代相仿佛。太宗即位不久，北宋基本上實現了全國統一，隨著社會的安定和文治政策的推行，雕版印刷技術有了進一步提高，比較適宜於裝訂和閱讀的蝴蝶裝也開始盛行，加上科舉制度的發展，對書籍需要量的急遽增加，促使刻書業獲得迅速發展。景德二年（1005）五月初一日，宋眞宗參觀國子監閱書庫時，問祭酒邢昺有多少書板，邢昺回答道：

> 國初不及四千，今十餘萬，經史正義皆具。臣少時業儒，觀學徒能具經疏者百無一二，蓋傳寫不給。今板本大備，士庶家皆有之，斯乃儒者逢時之幸也〔註22〕。

蘇軾在《李氏山房藏書記》中說：

> 余猶及見老儒先生，自言其少時，欲求《史記》、《漢書》而不可得，幸而得之，皆手自書，日夜誦讀，惟恐不及。近歲市人轉相摹刻諸子百家之書，日傳萬紙，學者之于書，多且易致如此〔註23〕。

從蘇軾的年齡推算，他幼時見到的那些老儒，他們的少年時代正生活在五代、北宋之交。足見隨著趙宋政權的建立，公家和私人的刻書業才有了很大的發展，這樣便爲刻印類書等卷帙浩繁的書籍提供了必要的技術條件。

綜上所述，宋代類書所以大盛，與當時政府提倡文治有著非常密切的關係。由於提倡文治，就需要編修可以提供吸取統治經驗的類書；由於提倡文治，促使了科舉制度的發展和應舉人數的急增，對類書的需要量也大爲增加，於是一些老儒和書坊聯手，編修和刻印出了一部又一部考試用書的類書，以供市場之需。此外，宋代的雕版印刷技術已經臻於完善，裝訂形式也有了改進，從而爲類書的大量刻印提供了技術保障。但是，進入明清以後，一方面，宋代所編修的四大書和其他一些類書同樣可爲當時的政府所利用，加之科舉改以八股文取士，士人應試所需的知識面變得越來越狹窄，於是對類書的需要量就大爲減少。這些都是造成後來明清類書不及兩宋之多的重要原因。

宋朝統一中國，經過了一段恢復時期後，國民經濟得到進一步的發展。生產力提高，社會日趨富裕，商業貿易逐漸發達，文化事業因此也得到相應的發展，反映到類書事業上，就是其數量之多、種類之全，都超越了前代，且採擇材料的範圍也比唐代更大。特別是宋初，政府採取的文化政策比較得當。首先，宋太宗

〔註22〕（宋）李燾撰，《續資治通鑑長編》卷六〇（《景印文淵閣四庫全書》第 314～322 冊，臺北市：臺灣商務，民國 72～75 年）。

〔註23〕（宋）蘇軾撰，《蘇東坡全集》之〈李氏山房藏書記〉（臺北市：世界，民國 53 年）。

對原十國降王諸臣採取拉攏收買手段，設館閣延攬這些人，予以豐厚俸祿，使他們編輯類書，以消除其不滿甚至反抗的情緒。其次，宋朝一直實行右文政策，就是宋太宗本人對文化典籍也非常重視，這使得當時的學術活動相當積極，以至於在北宋初年，政府就編製成了著名的宋初四大書，即是《太平御覽》、《冊府元龜》、《太平廣記》、《文苑英華》等，同時還出現了各種仿唐、續唐的類書，客觀上反映了宋代文化事業發展的一面。

在宋代，當時除了編撰供皇帝讀書覽古、施政借鑒及文學士們作詩文採取典故、辭藻之用的類書外、科舉制度的盛行，又促使士人們博觀廣取，以備臨試謀求功名之用。因此，當時抄錄古書，分類排對以儲積資料，即成為一種普遍的要求，大量為科舉應試而編寫的類書應運而生。同時也還出現了許多具有專門用途，各種專科性的類書，如專收小說的《太平廣記》、專收植物的《全芳備祖》、專考是物起源的《事物紀原》，還有諸如供鄉塾誦習之用的、專收時令史實典故的等等，開創了我國古代專科性類書編纂事業的先河。

總之，宋代類書不僅在數量、種類上超越唐代，而且多採囊括典籍的形式，採摭廣泛，成為類書發展史上的黃金時代。

第七章　宋代類書的分類體系

　　人類對客觀世界的認識，是一個由簡單到複雜的過程。客觀世界萬物紛呈，把握住某一事物的特徵，是揭示出相同或相似事物的關鍵。因此，對事物進行分類，是人類知識沉澱積累到一定階段的必然行為，是人類認識世界、表達思想、便於互相溝通了解的手段。類書的產生，正是人類分類知識達到一定程度。它將文獻或文獻中的內容按照類別整理區分，既便於觀覽比較，又便於查檢利用，是人類分類認識客觀世界和主觀世界的總結。

第一節　唐代以前類書的分類體系

　　唐代以前（包括唐代）的類書，保存下來的不多，它們的分類體系，只能由兩種途徑去考查：一是對於已佚類書，從歷史文獻中去鉤稽有關的記載；從模仿前代類書的後代類書中去尋覓其痕跡；二是在現存類書，則詳細探究，透過對重要類書類目的分析，去了解其思想的脈絡。

一、「部」下分「篇」——二級類目體例的創立

　　《皇覽》是我國第一部類書。依據《三國志·魏志》〈楊俊傳〉裴松之注引《魏略》的記載，「王象受詔撰《皇覽》，使象領秘書監，象從延康元年始撰集，數歲成，藏于秘府。合四十餘部，部有數十篇，通合八百餘萬字〔註1〕。」「四十餘部」的「部」，是《皇覽》的一級類目。「部有數十篇」的「篇」，則應為《皇覽》的二

〔註1〕（晉）陳壽撰，《三國志·魏志》卷二三〈楊俊傳〉（臺北市：鼎文，民國 67 年 9 月），頁 664。

級類目。其體例似可以從現存唐初類書《藝文類聚》中得到印證。

二、「放天地之數」，「象乾坤之策」—《修文殿御覽》的分部和分卷

　　《修文殿御覽》是北齊後主高緯下令官修的一部類書。《修文殿御覽》的分部分卷的「放天地之數，爲五十五部，象乾坤之策，成三百六十卷」，是由《易・系辭》：「天一、地二、天三、地四、天五、地六、天七、地八、天九、地十。天數五，地數五。五位相得而各有合。天數二十有五，地數三十。凡天地之數五十有五，此所以成變化而行鬼神也。《乾》之策二百一十六，《坤》之策百四十有四，凡三百六十，當期之日。二篇之策，萬有一千五百二十，當萬物之數也」而來〔註2〕。可見，《修文殿御覽》在部、卷數目的安排上，是取「包羅萬象」的寓意，相當于現代西方對「百科全書」的解釋。由此可以看出當時編者的自負以及這部書內容的廣博。

三、「天、地、人、事、物」類目結構的成型

　　現存唐代以前較完整的「二級類目型」類書，有《北堂書鈔》、《藝文類聚》、《初學記》三種。《北堂書鈔》是虞世南在隋朝大業年間任秘書郎時所作。據宋代晁公武《郡齋讀書志》云：「《北堂書鈔》，唐虞世南仕隋爲秘書郎時抄經史百家之事以備用。北堂者，省之後堂，世南抄書之所也〔註3〕。」下分十九部、八五一子目：〔註4〕

帝王部（七十五子目）	后妃部（二十六子目）	政術部（四十六子目）
刑法部（十三子目）	封爵部（十四子目）	設官部（一八二子目）
禮儀部（二十九子目）	藝文部（五十六子目）	樂部（二十九子目）
武功部（六十一子目）	衣冠部（三十子目）	儀飾部（十五子目）
舟部（二十二子目）	車部（二十五子目）	酒食部（六十子目）
天部（二十五子目）	歲時部（二十八子目）	地部（十六子目）

　　從部類的設立和順序的安排上來看，《北堂書鈔》雖然部目很少，但卻體現了

〔註2〕鍾肇鵬編，《古籍叢殘彙編》之〈修文殿御覽〉（北京市：北京圖書館，2001 年）。
〔註3〕（宋）晁公武撰，《郡齋讀書志》之〈類書類〉（臺北市：廣文，民國 56 年）。
〔註4〕（唐）虞世南撰，《北堂書鈔》（《景印文淵閣四庫全書》第 889 冊，臺北市：臺灣商務，民國 72～75 年）。

爲統治王朝服務的編撰宗旨，突出了帝王獨尊的觀念。它將〈帝王部〉放置在第一位，而將〈天〉、〈歲時〉、〈地〉三部排在最後。每個子目下面，用大字標明有關條目，再用小字寫出包括該條目的文句，間或編撰者加一些按語。《北堂書鈔》的分類體系中沒有〈人〉部，著重圍繞「帝王」考慮，就像是一部專爲帝王而編寫的帝王必修課本，也許能從中找出《皇覽》失傳後的一點影子。

　　《藝文類聚》是唐初高祖李淵時所撰的一部類書。全書一〇〇卷、四十六部、七二七子目：〔註5〕

天部（十三子目）	歲時部（二十一子目）	地部（八子目）
州部（十二子目）	郡部（四子目）	山部（二十四子目）
水部（二十三子目）	符命部（一子目）	帝王部（五十子目）
后妃部（一子目）	儲宮部（三子目）	人部（五十八子目）
禮部（二十子目）	樂部（十三子目）	職官部（四十三子目）
封爵部（七子目）	治政部（六子目）	刑法部（一子目）
雜文部（十五子目）	武部（二子目）	軍器部（十子目）
居處部（二十子目）	產業部（十一子目）	衣冠部（九子目）
儀飾部（五子目）	服飾部（二十三子目）	舟車部（二子目）
食物部（九子目）	雜器物部（九子目）	巧藝部（十二子目）
方術部（五子目）	內典部（二子目）	靈異部（四子目）
火部（八子目）	藥香草部（四十六子目）	寶玉部（十三子目）
百谷部（九子目）	布帛部（六子目）	果部（三十七子目）
木部（四十二子目）	鳥部（三十九子目）	獸部（二十四子目）
鱗介部（十二子目）	蟲豸部（十五子目）	祥瑞部（二十五子目）
災異部（七子目）		

　　與《北堂書鈔》相比，《藝文類聚》的分類體系在形式上有以下特點：
一、大類多出二十七個，小類（子目）反而減少了一二四個；
二、將〈天〉、〈歲時〉、〈地〉三部由最後安排到了最前面；

〔註5〕（唐）歐陽詢等奉敕編，《藝文類聚》（《景印文淵閣四庫全書》第 887～888 冊，臺北市：臺灣商務，民國 72～75 年）。

三、增加〈人部〉和與人有關的部類如〈居處〉、〈產業〉、〈雜器物〉、〈巧藝〉、〈方
術〉等，以及反映釋、道知識的〈內典部〉、〈靈異部〉。

其分類知識來源于儒家六經：《易》著天地陰陽四時五行，故長于變；《禮》經
紀人倫，故長于行；《書》記先王之事，故長于政；《詩》記山川溪谷禽獸草木牝牡
雌雄，故長于風；《樂》樂所以立，故長于和；《春秋》辯是非，故長于治人〔註6〕。
書中天、地、人、事、物部類的排序，正是這種思想的體現。這種排序結構，展
示了綜合性的大型類書分類體系的新格局，奠定了綜合性的大型類書分類思想的
基石，大大地拓寬了類書的領域，是類書編纂的一大進步。

第二節　宋代類書的分類體系

宋代鑒於唐末五代以來，藩鎮、將帥擁兵自重，政權更迭頻繁的歷史教訓，採
取了偃武修文的國策。宋開國之初，太祖趙匡胤藉「杯酒釋兵權」，重用文人。太宗、
眞宗則一方面組織大量人力財力，編纂大型類書，倡導社會重文風氣，刺激了更多
應試類書的編纂；另一方面，為讀書士子指出學而優則仕的方向，大量增加科舉考
試錄取名額，如太宗太平興國二年（977）錄取五百人，眞宗咸平三年（1000）錄取
一千六百餘人。且一經錄取，立即授官。眞可謂「天下英雄盡入吾彀中矣」。

一、「類文」類書《文苑英華》的編纂

類文類書，創始于晉摯虞的《文章流別集》。它開創了按體裁分類匯編文章
的先河。摯虞之前，曹丕在《典論‧論文》中首先提出了文章的「四科八體」：
奏議、書論、銘誄、詩賦。陸機的《文賦》，將文章體裁，又進一步擴大為詩、
賦、碑、誄、銘、箴、頌、論、奏、說十類。但它們僅僅是著眼于文體類型的區
分，以及對其性質特點的描述。摯虞的《文章流別集》，則包括了「類聚文章」
和「論」二部分。《晉書‧摯虞傳》記摯虞「撰古文章，類聚區分為三十卷，名
曰《流別集》，各為之論，辭理愜當，為世所重〔註7〕。」《文章流別集》雖已遺
佚，但殘存的部分「論」表明，「論」是關於各種文體的性質、源流的專論。是
與《典論‧論文》、《文賦》一脈相承的。就保存下來的資料，論及的文體有頌、

〔註6〕　（漢）司馬遷撰，《史記》卷一三○〈太史公自序〉第七十（臺北市：鼎文，民國
　　　　67年9月），頁3296～3299。
〔註7〕　（唐）房玄齡等撰，《晉書》之〈摯虞傳〉（臺北市：鼎文，民國67年9月）。

賦、詩、七、箴、銘、誄、哀辭、哀策、對問、碑銘等十一種。《文選》則專門「類文」，收錄先秦至梁代一三〇位作者的五〇〇多篇作品，按照文體分為賦、詩、騷、七、詔、冊、令、教、策文、表、上書、啓、彈事、箋、奏記、書、移、檄、對問、設論、辭、序、頌、贊、符命、史論、史述贊、論、連珠、箴、銘、誄、哀、碑文、墓志、行狀、吊文、祭文等三十八類〔註8〕。文體的分類更為細密。而詩、賦兩類，再根據其內容類分。《文苑英華》上續《文選》，收入了上自南朝梁代，下迄五代二二〇〇餘人的作品近二萬篇，其分類系統十分龐大。它承襲《文選》分為三十八大類，很多大類之下又進一步細分。在類文類書中，它的分類體系最具有代表性。現將賦、詩、歌行、雜文、中書制誥、翰林制誥、判、表的細分小類如下：〔註9〕

賦

天象二十卷	歲時刻漏附四卷	地類七卷	水九卷
帝德三卷	京都三卷	邑居二卷	宮室六卷
苑囿、朝會一卷	禋祀四卷	行幸二卷	諷諭一卷
儒學三卷	軍旅三卷	治道三卷	耕籍一卷
樂九卷	鐘鼓一卷	雜伎二卷	飲食一卷
符瑞六卷	人事七卷	志三卷	射、博奕一卷
工藝一卷	器用九卷	服章三卷	圖畫一卷
寶六卷	絲帛、舟車二卷	薪火一卷	畋獵一卷
道釋一卷	紀行一卷	遊覽二卷	哀傷一卷
鳥獸八卷	蟲魚四卷	草目八卷	

詩

天部八卷	地部八卷	帝德一卷	應制十一卷應令一卷
省試十卷	朝省二卷	樂府二十卷	音樂二卷
人事五卷	釋門六卷	道門五卷	隱逸三卷
寺院七卷	酬和七卷	寄贈十九卷	送行二十卷
留別、行邁三卷	軍旅二卷	悲悼十卷	居處九卷
郊祀一卷	花木七卷	禽獸三卷	

〔註8〕　（梁）蕭統編、（唐）李善注，《文選》（臺北縣樹林：漢京，民國72年）。
〔註9〕　（宋）李昉等奉敕編，《文苑英華》（臺北市：新文豐，民國68年）。

歌行

天、四時一卷	仙道一卷	紀功、征戍一卷	音樂二卷
酒一卷	草木一卷	書一卷	圖畫一卷
雜贈一卷	送行一卷	山、石、隱逸、佛寺一卷	獸一卷禽一卷
愁怨一卷	服用一卷	博戲、雜歌三卷	

雜文

問答三卷	騷五卷	帝道一卷	明道、雜說三卷
辯論、贈送五卷	箴誡一卷	諫刺、雜說一卷	紀述、辯論一卷
諷諭二卷	論事一卷	雜制作一卷	征伐、雜制作一卷
識行、雜制作一卷	紀事、雜制作一卷		

中書制誥

北省四卷	翰苑一卷	南省八卷	憲台三卷
卿寺三卷	諸監一卷	館殿監官附一卷	環衛二卷
東宮二卷	王府一卷	京府二卷	諸使二卷
郡牧二卷	幕府二卷	上佐一卷	宰邑一卷
封爵一卷	加階一卷	內官一卷	命婦一卷

翰林制誥

赦書十四卷	德音八卷	冊文六卷	制書十一卷
詔敕七卷	批答二卷	蕃書四卷	鐵券文、青詞、嘆文一卷

判

乾象、律曆一卷	歲時、雨雪、儺三卷
水旱、災荒一卷	禮樂一卷
樂一卷	師學一卷
勸學、惰教、師歿、直講一卷	教授、文書一卷
書、數、師學、射、投壺、圍棋一卷	射御一卷
選舉一卷	禮賢一卷

祭祀四卷　　　　　　　　　　　　喪禮二卷

刑獄一卷　　　　　　　　　　　　田農四卷

田稅、溝渠一卷　　　　　　　　　堤堰、溝渠、陂防一卷

戶貫、帳籍一卷　　　　　　　　　商賈、傭賃二卷

封建、拜命、請命、職官一卷　　　為政一卷

縣令、曹官、小吏二卷　　　　　　繼嗣、封襲一卷

襲封、孝感一卷　　　　　　　　　畋獵一卷

鹵簿、刻漏、印鑒、枕鉤一卷　　　軍令二卷

衣冠扇、食官、酒、器、炭稿瓦一卷　國城、官宅、牆井一卷

關門、道路一卷　　　　　　　　　錢帛、玉璧、果木一卷

鳥獸一卷　　　　　　　　　　　　易卜、病疾、占相妖言、巫夢一卷

雜判一卷　　　　　　　　　　　　雙關三卷

表

賀登极、賀南郊一卷　　　尊號二卷　　　　　封禪、明堂一卷

后妃、太子一卷　　　　　賀赦三卷　　　　　賀祥瑞五卷

賀捷三卷　　　　　　　　雜賀二卷　　　　　遷付、慰賀一卷

宰相讓官四卷　　　　　　節度刺使讓官一卷　文官讓官一卷

藩王讓官、雜讓一卷　　　讓起復一卷　　　　辭官二卷

宰相雜謝二卷　　　　　　藩鎮謝官四卷　　　公卿雜謝三卷

謝親屬加官一卷　　　　　謝文章一卷　　　　謝春冬衣祿廩附一卷

謝茶藥果子采帛附一卷　　節朔謝物宴賜附二卷　謝追贈官喪葬一卷

謝詔敕書慰問一卷　　　　請聽政一卷　　　　請勸進及封岳行幸一卷

陳請自敘附二卷　　　　　請致仕謝表附二卷　太子公主上請僧請附一卷

請朝觀一卷　　　　　　　雜上請三卷　　　　進文章、舉荐二卷

進祥瑞一卷　　　　　　　雜進奉、上禮食一卷　邊防屯田倉牧附三卷

刑法三卷　　　　　　　　諫畋獵遊宴一卷　　諫寺觀佛像都邑一卷

上封事一卷　　　　　　　雜諫論三卷　　　　遺表一卷

其它三十大類包括策問四卷、策二十六卷、箋一卷、狀十七卷、檄二卷、露布二卷、彈文一卷、移文一卷、啓十六卷、書二十七卷、序四十卷、論二十二卷、議十卷、連珠和喻對一卷、頌八卷、贊五卷、銘六卷、箴一卷、傳五卷、記三十八卷、諡哀冊文五卷、諡議二卷、誄二卷、碑九十一卷、志三十五卷、墓表一卷、行狀七卷、祭文二十三卷。

《文苑英華》總的分類思想，是按照不同的文體組織編排詩文歌賦等文獻。從形式上看，雖然三十八大類的類目與《文選》不盡相同，但它與《文選》三十八大類一脈相承，卻是毫無疑義。《文選》三十八大類中，只有賦、詩兩大類有細分的小類，而《文苑英華》幾乎每個大類都有進一步的細分。有的大類還分到了三級類目。如「記」類，下分宮殿、廳壁、公署、館驛等小類，「廳壁」之下，又分爲中書、翰林、尚書省、御史台、寺監、府署、藩鎮、州郡、監軍使、使院、幕職、州上佐、州官、縣令、縣丞、簿尉、宴饗等子目。「翰林制詔」類，下分赦書、德音、冊文等小類，「赦書」分爲登極赦書、改元赦書等子目。「德音」分爲宣慰德音、放減德音等子目。「冊文」分爲皇帝冊文、尊號玉冊文、皇太子冊文等等。在小類類目先後的安排上，《文苑英華》的編者盡量按照「天、地、人、事、物」的順序，有時甚至「削足適履」也在所不惜。如上引賦、詩兩大類的小類排序，明顯可以看出其用意。由於編者著眼於將相關主題的文獻集中在一起，因此，《文苑英華》小類下的子目，有的區分得十分瑣細。爲了達到集中相關主題文獻的目的，在小類的處理上，《文苑英華》並沒有嚴格按照統一的標準，有的過於煩瑣蕪雜；同類之中，還出現了一些相同的小類詞目。如雜文類，「辯論」、「雜說」各二見；「雜制作」四見。雖然其涵蓋的內容不盡相同，但畢竟給人以彼此混淆分理不清之感。儘管如此，《文苑英華》按主題纂集相關文獻的分類思想及其實踐，在類書分類思想史上，仍然是有一定的地位和意義。

二、〈類事〉類書《冊府元龜》的分類

《冊府元龜》是我國古代規模最大的一部類事類書，收錄的材料非常豐富。從上古至五代，按人事人物，分爲帝王、閏位、僭僞、列國君、儲宮、宗室、外戚、宰輔、將帥、臺省、邦計、憲官、諫諍、詞臣、國史、掌禮、學校、刑法、卿監、環衛、銓選、貢舉、奉使、內臣、牧守、令長、宮臣、幕府、陪臣、總錄、外臣等三十一部，每部前有總序。部下區分小類，每小類前有小序。共有一一〇

○多個小類。如帝王部小類是：〔註10〕

帝系一卷	誕聖一卷	名諱一卷
運歷一卷	創業四卷	繼統三卷
中興、告功一卷	都邑二卷	年號一卷
尊號二卷	帝德一卷	功業二卷
征應一卷	符瑞四卷	感應、神助一卷
孝德一卷	奉先四卷	崇祭祀三卷
封禪二卷	頌德一卷	尊親、尊師、尊乳保一卷
睦親一卷	文學、好文一卷	寬恕一卷
仁慈一卷	度量、多能一卷	奇表、神武一卷
謀略、謀權一卷	智識一卷	友愛、慈愛一卷
謙德、從人欲一卷	崇儒術二卷	崇釋氏二卷
崇黃老二卷	養老一卷	節儉一卷
英斷、明察一卷	勤政、守法、致治一卷	興教化一卷
立制度二卷	發號令五卷	求賢二卷
審官一卷	務農一卷	命相四卷
任賢一卷	禮大臣、褒賢一卷	委任二卷
慶賜三卷	赦宥十五卷	

　　據《玉海》卷五十四記載，宋眞宗詔編《冊府元龜》，曾多次叮囑：所入編的內容，要「取著歷代君臣德美之事，爲將來取法」；「凡悖惡之事及不足爲訓者，悉刪去之」〔註11〕。因此，從上面帝王部的小類中，很明顯可以看出：

　　（一）沒有帝王「悖惡」的類目詞。

　　（二）類目詞嚴格規範在「事」的範疇，絲毫也沒有綜合性類書或類文類書如《文英苑華》那種「天、地、人、事、物」排列順序的痕跡，而是按類目詞彼此相關聯的程度組織安排義群。

　　〈帝系〉至〈功業〉爲一義群；〈征應〉至〈神助〉爲一義群；〈孝德〉至〈睦親〉爲一義群；〈文學〉至〈多能〉爲一義群；〈奇表〉至〈智識〉爲一義群；〈友

〔註10〕（宋）王欽若、楊億等奉敕撰，《冊府元龜》（《景印文淵閣四庫全書》第902～919冊，臺北市：臺灣商務，民國72～75年）。

〔註11〕（宋）王應麟撰，《玉海》（《景印文淵閣四庫全書》第943～948冊，臺北市：臺灣商務，民國72～75年）。

愛〉至〈養老〉爲一義群；〈節儉〉至〈赦宥」爲一義群，其分類思維可謂縝密而又自成體系。在專門性的類書中，《冊府元龜》的類目設置，是很有其特點的。

三、「應試類書」《玉海》的分類

宋代爲應試編纂的類書，流傳至今的有《玉海》、《源流至論》、《八面鋒》、《群書會元截江網》等六七種。以《玉海》的編纂最爲有名。

《玉海》分天文、律曆、地理、帝學、聖文、藝文、詔令、禮儀、車服、器用、郊祀、音樂、學校、選舉、官制、兵制、朝貢、宮室、食貨、兵捷、祥瑞等二十一大類，二四一子目。大類、子目都具有「少而精」的特點。如〈選舉〉下，僅有〈科舉〉、〈銓舉〉、〈考課〉三個子目。既便是小類較多的〈藝文類〉，也只四十六個子目，還不及《北堂書鈔》〈藝文類〉五十六個子目之數；它沒有帝王、封爵、刑法、花果草木、鳥獸蟲魚等方面的大類，只有〈刑制〉小類，安排在〈詔令〉大類之下；〈植物〉、〈動物〉小類，安排在〈祥瑞〉大類之下。此外，類目的排序也比較隨意。如二十一大類的先後安排，〈郊祀〉按理應放置於〈禮儀〉之前或之後，或乾脆隸屬於〈禮儀〉；〈宮室〉、〈食貨〉不應安排在太靠後的位置；〈兵捷〉類，亦可歸屬於〈兵制〉之下，等等〔註12〕。《玉海》分類體系方面的這些特點或不足，是與它的編纂目的有關的。

《玉海》的編者王應麟，淳祐元年（1241）進士。痛感當時學風空虛固陋，發憤致力於典章制度之學。編纂大型類書《玉海》，就是爲應試博學宏詞科作的準備。當時博學宏詞科考試的內容，主要是「歷代故事」和「本朝故事」，偏重於考察應試者對典章制度的了解。王氏於寶祐四年（1256）再應博學宏詞科，又一次中第，與他精心編纂應試類書《玉海》是分不開的。考其書內容，多是撮述、串述典章制度方面的文獻和吉祥的善事，故與此無關的類目，也就沒有設置。類目的設置愈簡單明瞭，便愈能駕繁就簡，易於記誦掌握。另一方面，《玉海》不是奉皇帝詔命而編的，在編纂之初，可能也未必考慮到流傳於世。這樣，它在類目次序的安排，在全書分類體系的嚴密性、思想性方面的考慮，也就不那麼經意了。雖然如此，《玉海》一書的分類，對民間編纂類書類目的設置，仍然有較大的影響。如元代的《群書類編故事》，分爲十八類：天文、時令、地理、人物、仕進、人倫、仙佛、民業、技藝、文學、性行、人事、宮室、器用、冠服、飲食、花木、鳥獸。

〔註12〕（宋）王應麟撰，《玉海》（《景印文淵閣四庫全書》第 943～948 冊，臺北市：臺灣商務，民國 72～75 年）。

清代周世樟編纂的應試參考類書《五經類纂》，分為君道、治道、禮樂、制度、人倫、儒術、天文、地理、物產九大類等等。其類目的設置，都是根據內容的需要而安排的。

　　綜上所述，可以歸納以下幾點：

　　（一）皇室組織編纂的大型類書，其分類體系的演變是一個由簡單到繁複，由粗略到精細到具體的過程。它是社會知識體系越來越龐雜的結果，是人們對宇宙、社會、人類的認識越來越深入的結果，也隨著歷史長河的延續，知識的沉澱越來越厚實的結果。

　　（二）內容決定形式，形式也反作用於內容。可以看到性質不同的類書如類文類書《文苑英華》、類事類書《冊府元龜》分類體系具有的不同特點。它們可以少受甚至不受綜合性類書分類思想的羈絆，根據內容的實際需要設置相應的類目。而綜合性的類書，又大多在前代類書分類體系的基礎上，有所繼承和創新。因此，類書立類和分類的思想，也是和它們的編纂目的相輔相成的。

　　（三）在朝廷組織纂修的類書和著名學者編寫的類書，在類目的取捨，類目前後順序的安排上，大多煞費苦心，具有深意。它是了解當時人們的思維觀念，了解當時人們對客觀世界的理解和認識的鑰匙。

　　（四）類書在形式上的主要特徵，就在「分類」，也就是按類編排資料。我們找出一些具有代表性的類書，考察其分類系統，目的在於分析它們分部分類的特點、類目的類型、立類的思想和目的，勾勒出其分類體系發展演變的軌跡。

第八章　宋代類書

　　宋代類書的編製出現新的高潮。自開國到太宗，統一事業以接近完成，政治比較穩定，經濟上也出現繁榮景象。趙光義爲安定人心，點綴升平，博得崇尙文治之名，因而以國家力量連續編了幾部大書，即是：以百科知識爲範圍的《太平御覽》一千卷；以小說故事爲範圍的《太平廣記》五百卷；以詞章爲範圍的《文苑英華》一千卷；這三部加上眞宗趙恒時編的一部以政事歷史爲範圍的《冊府元龜》一千卷，合稱爲宋代四大書。因宋代版刻已經盛行；所以，這四部書一直流傳至今，尙完整存在。

　　四部書中除《文苑英華》爲文章總集外，其餘都是綜合性或專科性類書。此外，仁宗趙禎天聖年間，曾命晏殊等人採摘《冊府元龜》的主要內容編《天和殿御覽》四十卷，原書已亡佚。晏殊還編有《類要》一百卷，其書現已稀見。還有蘇頌、范祖禹等採漢、唐故事編《邇英要覽》二十卷，范師道集宋代史實編《國朝類要》十二卷，至今都已失傳。

　　宋初作文與唐時一樣盛行駢體。雖經歐陽修等提倡散文，風氣一變，但朝廷的詔令制誥和士大夫的表啓箋札，仍然通行駢四儷六的對偶，會寫散文的也要會寫四六，這就非熟悉典故、詞藻不可。因此，宋代士大夫自編的類書也不少。至今尙存而著名的如：王應麟的《玉海》；吳淑的《事類賦》；無名氏的《錦銹萬花谷》；祝穆的《事文類聚》；章如愚編、呂中增廣的《山堂考索》；謝維新的《古今合璧事類備要》；高承的《事物紀原》；孔傳的《後六帖》；陳景沂的《全芳備祖》；陳元靚的《事林廣記》等等。其中《山堂考索》也稱《山堂先生群書考索》，又稱《群書考索》。宋代類書還有葉廷珪的《海錄碎事》；潘自牧的《記纂淵海》以及《重廣會史》等（詳見表五）〔註1〕。

〔註1〕（清）永瑢等奉敕撰，《四庫全書總目提要》〈子部‧類書類〉（臺北市：臺灣商務，民國54年2月臺1版），頁2781～2811。

表五：宋代類書一覽表

書　　名	編　纂　者	卷　　　　　數							
		總集	前集	後集	續集	別集	外集	新集	遺集
太平御覽	李　昉	1000							
冊府元龜	王欽若 楊　億	1000							
太平廣記	李　昉	500							
文苑英華	李　昉	1000							
事類賦	吳　淑	30							
事物紀原	高　承	10							
錦繡萬花谷	不著撰人		40	40	40	30			
記纂淵海	潘自牧	195							
海錄碎事	葉廷珪	22							
唐宋白孔六帖	（唐）白居易 （宋）宋　傳	60							
山堂考索	章如愚		66	65	56	25			
事林廣記	陳元靚		13	13	8	8			
歲時廣記	陳元靚	4							
古今合璧事類 備要	謝維新		69	81	56	94	66		
玉海	王應麟	200							
古今事文類聚	祝　穆		60	50	28	33	36	15	15
全芳備祖	陳景沂		27	31					

資料來源：（清）永瑢等奉敕撰，《四庫全書總目提要》〈子部‧類書類〉（臺北市：臺灣商務，民國 54 年 2 月臺 1 版），頁 2781～2811。

第一節　官修類書

一、《太平御覽》一千卷　　（宋）李昉等奉撰

　　《太平御覽》是我國宋代一部門類齊全的大型綜合性類書。宋太宗下令編撰，參加編修者有李昉、扈蒙、李穆、湯悅、徐鉉等十四人。此書編始於宋太平興國二年（977），成於太平興國八年（983），歷時六年。初名《太平總類》，又稱《太平類編》、《太平編類》。據宋敏求《春明退朝錄》載：「《太平編類》寫成以後，呈進修文殿，太宗每日閱覽三卷，用一年的時間把它讀完，因之賜名《太平御覽》〔註2〕。」

　　李昉（925～996），字明遠，深州饒陽（今屬河北）人，北宋文學家。五代後漢乾佑進士，歷仕後漢、後周兩朝。入宋後，加中書舍人。建隆三年（962），罷爲給事中。開寶二年（971），復拜中書舍人。未幾，直學士院。太宗即位，加昉戶部侍郎，受詔與扈蒙、李穆、郭贄、宋白同修《太祖實錄》。太平興國中，改文明殿學士。十一月，趙普出鎮，昉與宋琪俱拜平章事。未幾，加監修國史。雍熙元年（984）郊祀，命昉與琪並爲左右僕射，昉固辭，乃加中書侍郎。淳化二年（991），復以本官兼中書侍郎、平章事，監修國史。至道二年（996），臥疾數日薨，年七十。贈司徒，諡文正。

　　昉和厚多恕，不念舊惡，在位小心循謹，無赫赫稱。爲文章慕白居易，尤淺近易曉。好接賓客，江南平，士大夫歸朝者多從之遊。李昉素病心悸，數歲一發，發必彌年而後愈，蓋典誥命三十餘年，勞役思慮所致。及居相位，益加憂畏。昉自後漢、後周至宋，累官右僕射、中書侍郎平章事。參加編纂《舊五代史》，主編《太平御覽》、《太平廣記》、《文英苑華》等書，著有文集五十卷，今已失傳〔註3〕。

　　《太平御覽》是以《修文殿御覽》、《藝文類聚》、《文思博要》等書爲藍本進行編纂的，也充分利用了當時的皇家藏書，全書一千卷，目錄十卷，約五百萬字，分爲五十五部，這是根據《周易‧繫辭》所說的「凡天地之數五十有五」，以表示包羅萬象的意思。五十五部計：〔註4〕

　　　　卷一至卷十五：天部
　　　　卷十六至卷三十五：時序部

〔註2〕（宋）宋敏求撰，《春明退朝錄》卷下（北京市：中華，1980年9月），頁46。

〔註3〕（元）脫脫等編纂，《宋史》卷二六五〈列傳〉二四（臺北市：鼎文，民國67年9月），頁9135～9140。

〔註4〕（宋）李昉等撰，《太平御覽》〈目錄〉（《景印文淵閣四庫全書》第893冊，臺北市：臺灣商務，民國72～75年）。

卷三十六至卷七十五：地部

卷七十六至卷一一六：皇王部

卷一一七至卷一三四：偏霸部

卷一三五至卷一五四：皇親部

卷一五五至卷一七二：州郡部

卷一七三至卷一九七：居處部

卷一九八至卷二〇二：封建部

卷二〇三至卷二六九：職官部

卷二七〇至卷三五九：兵部

卷三六〇至卷四五七：人事部（上）

卷四五八至卷五〇〇：人事部（下）

卷五〇一至卷五一〇：逸民部

卷五一一至卷五二一：宗親部

卷五二二至卷五六二：禮儀部

卷五六三至卷五八四：樂部

卷五八五至卷六〇六：文部

卷六〇七至卷六一九：學部

卷六二〇至卷六三四：治道部

卷六三五至卷六五二：刑法部

卷六五三至卷六五八：釋部

卷六五九至卷六七九：道部

卷六八〇至卷六八三：儀式部

卷六八四至卷六九八：服章部

卷六九九至卷七一九：服用部

卷七二〇至卷七三七：方術部

卷七三八至卷七四三：疾病部

卷七四四至卷七五五：工藝部

卷七五六至卷七六五：器物部

卷七六六至卷七六七：雜物部

卷七六八至卷七七一：舟部

卷七七二至卷七七六：車部

卷七七七至卷七七九：奉使部

卷七八〇至卷八〇一：四夷部

卷八〇二至卷八一三：珍寶部

卷八一四至卷八二〇：布帛部

卷八二一至卷八三六：資產部

卷八三七至卷八四二：百谷部

卷八四三至卷八六七：飲食部

卷八六八至卷八七一：火部

卷八七二至卷八七三：休徵部

卷八七四至卷八八〇：咎徵部

卷八八一至卷八八四：神鬼部

卷八八五至卷八八八：妖異部

卷八八九至卷九一三：獸部

卷九一四至卷九二八：羽族部

卷九二九至卷九四三：鱗介部

卷九四四至卷九五一：蟲豸部

卷九五二至卷九六一：木部

卷九六二至卷九六三：竹部

卷九六四至卷九七五：果部

卷九七六至卷九八〇：菜茹部

卷九八一至卷九八三：香部

卷九八四至卷九九三：藥部

卷九九四至卷一〇〇〇：百卉部

　　每部之下又分若干類，有些類下又有子目，大小類目共計約五四七四類。其分類原則與編排方法大抵是以天、地、人、事、物為序，每類下再按經、史、子、集順序編排。確實對於天文、地理、人事等無所不包。

　　每條引證都先載書名，次錄原文，按時代先後排列，而不加己見。所採多為經史百家之言，小說與雜說引用甚少。凡一條中同引一書的，全排列在一起，於最前列書名，後面只標「又曰」。其引文體例，亦較其他類書為優，《御覽》於正文作大字，注文作雙行小字，極為清晰。其體例如卷二十五〈時序部・秋分類〉：

　　《說文》曰：「龍，春分而登天，秋分而入淵。」《易說》曰：「秋分，閶闔風至，雷始收聲，鷙鳥擊，玄鳥歸。」又曰：「兌，西方也，主秋分。」《孝經說》口：「斗指酉為秋分。」又口：「秋分，口在內衡。」《文子》曰：「陰

陽調，日夜分，故萬物春分而生，秋分而成。生與成必得和之精。故積陰不
生，積陽不化，陰陽交接，乃能成和」（此天地之氣和平，故萬物得以生成
故也。）《京房易候》曰：「虹，八月出西方，粟貴。」……《周書時訓》曰：
「秋分八月中，雷乃收聲。不收聲，即人民不安（又云：諸侯驕逸放蕩于上）。
蟄蟲坏戶。不坏戶，即邊方不寧（又云：人靡有賴）。水始涸。水不涸，即
人多痼疾。」《曆日疏》曰：「秋分，八月之中氣也。秋分之時，日出于卯，
入于酉，分天之中、陰、陽氣等。晝五十刻，夜五十刻，一晝一夜，二氣中
分，故謂之秋分也。」

這一條先取字書《說文》對「秋分」的解釋，然後列舉事類，集中了有關的
引證，括號內為原文雙行小注。

此書證引的古籍相當豐富，在卷首所列〈太平御覽經史圖書綱目〉中可見到
所引的書為一六九○種，而不包括古律詩、古賦、銘、雜書等類在內。但所引之
書，不一定錄自原書。陳振孫《直齋書錄解題》云：

> 或言國初古書多未亡，以《御覽》所引用書名故也。其實不然，特
> 因諸家類書之舊耳。以三朝國史，考之館閣及禁中書，總三萬六千餘卷，
> 而《御覽》所引書，多不著錄，蓋可見矣〔註5〕。

可見《御覽》不但是一部重要的綜合性資料工具書，而且是保存古代佚書最豐富
的類書之一。在現存古類書中保存五代以前文獻、古籍，《御覽》是最多的一種，
且引書比較完整，多錄整篇整段文字。例如：論述農業技術的《范子計然》和《范
勝之書》，早於《齊民要術》好幾百年，原書都已不見。由於《御覽》引錄，我們
才得以見到兩書的一些內容，獲知在兩千多年前有關農業生產的一些知識。

此書徵引廣博，對校勘古籍和輯集佚書有很大的幫助。向來為學術界所重視。
《四庫全書總目提要》云：

> 宋初，去古未遠，即所采類書，亦皆具有淵源，與後來鈔釘者迥別，
> 故雖蠹蝕斷爛之餘，尚可據為出典。世所傳宋以前書，可考見古籍佚文
> 者，僅六、七種：曰裴松之《三國志注》，曰酈道元《水經注》，曰劉孝
> 標《世說新語注》，曰李善《文選注》，曰歐陽洵《藝文類聚》，曰徐堅《初
> 學記》，其一即此書也。殘碑斷碣，剝蝕不完，歐陽、趙、洪諸家，尚藉
> 之以訂史傳。況四庫精華，匯于巨帙，獵山漁海，采撫靡窮，又烏可以

〔註5〕（宋）陳振孫撰，《直齋書錄解題》〈子部・類書類〉（臺北市：廣文，民國68年）。

難讀廢哉〔註6〕？

阮元甚至說：

> 存《御覽》一書，即存秦漢以來佚書千餘種矣〔註7〕。

《御覽》的文獻價值很高，但其缺點錯誤也不少。因它所引的書，並不是宋代初年都存在，而是沿襲了前代類書。因雜抄前代類書，未加細校，再加編修上的草率，所以引書方面就有重複、錯落和訛謬地方。書的部類方面，重複之處也屢見不鮮，如：同一個〈地部〉內「太白山」和「岷山」重複出現；〈居處部〉有「井」類，〈休徵部〉也有井類；兩處排「安息」，兩處的引文完全重複等等。所有這些，說明編製體例上的混亂，這都不能不說是《御覽》的缺陷。當然，如此一部大型類書，成於眾人之手，又經過近千年的傳抄版刻，內容上的疏忽在所難免，我們使用時要多加以注意。

《御覽》現存最古的本子是南宋閩刻本，此本輾轉流傳到同治年間，藏書家陸心源以白金百兩買得，藏於著名的皕宋樓，所存只有三五一卷。光緒末年，陸氏死後，其子不肖，以十萬元之代價將皕宋樓藏書盡賣給日本人，此書也隨之歸日本「靜嘉堂文庫」。另一個南宋蜀刻本，也存在日本。民國十七年（1928）近代出版家張元濟到日本訪書，獲見南宋蜀刻本，遂借以影印，蜀本所缺的，又借「靜嘉堂文庫」所藏的閩刻本殘卷和日本活字本分別補足。民國二十四年（1935）上海商務印書館影印本，通稱《四部叢刊三編本》，這就是《四部叢刊三編》影印宋刻本。民國四十八年（1959）臺北新興書局據四部叢刊本影印。民國四十九年（1960）中華書局將此影宋本縮印，裝成四大冊出版，這就是我們現在常用的本子。

民國六十六年（1977）臺北大化書局以宋蜀本為主，再補以日本現藏的幾種宋本，影印出版。卷前附有各冊的詳細目錄。民國七十二年（1983）至七十五年（1986）臺灣商務印書館影印清文淵閣四庫全書本。

（一）明隆慶間（1567～1572）閩人饒氏等銅活字本

版匡高 20.6 公分，寬 15.4 公分。四周單邊。每半葉十一行，行二十二字，註文小字雙行，字數同。版心花口，單魚尾，魚尾上方記書名，魚尾下方記卷第，再下記葉次，版心下方偶鐫「宋板校正閩游氏全板活字印一百餘部」字樣。

〔註 6〕 （清）永瑢等奉敕撰，《四庫全書總目提要》〈子部・類書類一〉（臺北市：臺灣商務，民國 54 年 2 月臺 1 版），頁 2792。

〔註 7〕 （清）阮元撰，《經籍纂詁》（臺北市：世界，民國 45 年）。

典藏者：故宮博物院圖書館

（二）明萬曆元年（1573）倪炳刊本

版匡高 20.3 公分，寬 15 公分。四周單邊。每半葉十一行，行二十二字，註文小字雙行，字數同。版心花口，單魚尾，魚尾上方記書名，魚尾下方記卷第，再下記葉次。

典藏者：國家圖書館

（三）明藍格鈔本

版匡高 20.9 公分，寬 14.8 公分。四周單邊。每半葉十一行，行二十字，註文小字雙行，字數同。版心花口，單魚尾。

典藏者：故宮博物院圖書館

（四）明烏絲闌鈔本

典藏者：故宮博物院圖書館、中研院傅斯年圖書館

（五）明水東書屋烏絲闌鈔本，存九十卷

典藏者：故宮博物院圖書館

（六）清乾隆年間寫文淵閣四庫全書本

典藏者：故宮博物院圖書館

（七）日本江戶間傳鈔宋慶元間刊本

日本喜多直寬手校並跋，森立之手書題記，朱墨藍校。

典藏者：故宮博物院圖書館

（八）日本享和三年（1803）影寫宋慶元間刊本

清光緒癸未（九年）楊守敬手書題識

典藏者：故宮博物院圖書館

（九）清吳縣黃氏士禮居傳鈔道藏本，存三卷

全幅高 22.9 公分，寬 14 公分。四周單邊。每半葉十行，行十七字，版心白口，中間記號數（如「楹二」、「楹三」、「楹四」），其下記葉次。

典藏者：故宮博物院圖書館

（十）清嘉慶十七年（1812）鮑氏仿宋刊本

扉頁刊記嘉慶十二年（1807）歙鮑氏校宋板刻十七年成。嶧卷一鈐有文安蔡崗字犢泉閣，白文長方印。

典藏者：國家圖書館、國立中央圖書館臺灣分館

（十一）清嘉慶二十二年（1817）歙縣鮑崇成刊本

典藏者：國立臺灣大學圖書館

（十二）清嘉慶二十三年（1818）歙縣鮑崇城刊本

　　典藏者：國立臺灣大學圖書館、國立政治大學圖書館

（十三）清光緒十八年（1892）學海堂仿宋刊本

　　典藏者：國立臺灣大學圖書館

（十四）民國二年（1913）涵芬樓影印本

　　匡 14 寫 10 公分

　　典藏者：國立中央圖書館臺灣分館

（十五）民國二十四年（1935）至二十五年（1936）上海商務印書館據中華
　　學藝社借照日本帝室圖書寮京都東福寺東京岩崎氏「靜嘉堂文庫」
　　藏宋刊本影印

　　典藏者：中研院文哲所圖書館、國家圖書館〔註8〕

　　此外，使用《御覽》有兩種索引，可便於檢索。一是錢亞新編的《太平御覽
索引》，民國二十三年（1934）年上海商務印書館出版。內容為篇目索引，據清鮑
崇城刻本編製，用四角號碼檢字法排列，注明卷頁數；二是聶崇崎主編的《太平
御覽引得》，民國二十四年（1935）北平哈佛燕京學社出版，民國五十五年成文出
版社影印。內容包括「篇目引得」和「引書引得」兩部分，據清鮑刻本編製，各
條目係按中國字庋擷法排列，另附筆畫及西文拼音檢字法。

二、《冊府元龜》一千卷　　（宋）王欽若、楊億等奉撰

　　《冊府元龜》是宋代四大類書之一。宋眞宗因為他的父親太宗曾敕編大部頭
的《太平廣記》、《太平御覽》、《文苑英華》等書，也希望繼承這一傳統，就在景
德二年（1005）下詔修《歷代君臣事蹟》。此年九月命資政殿學士王欽若、知制誥
楊億修書，至大中祥符六年（1013）該書才告完成〔註9〕。書成，眞宗詔題《冊府
元龜》，意為典籍的淵藪與寶物。共一千卷，另有目錄十卷，音義十卷。從該書初
名《歷代君臣事蹟》，可以發現該書以匯集上古至五代君臣事蹟為限，目的在提供
為政之鑒，正如眞宗詔書所言：

〔註8〕國家圖書館特藏組編，《國家圖書館善本書志初稿》〈子部二〉（臺北市：國家圖書
　　館，民國 87 年 6 月），頁 316～326。
　　參考《臺灣地區善本古籍聯合目錄》http://nclcc.ncl.edu.tw/ttscgi/ttsweb/
〔註9〕（清）永瑢等奉敕撰，《四庫全書總目提要》〈子部‧類書類一〉（臺北市：臺灣商
　　務，民國 54 年 2 月臺 1 版），頁 2792。

　　朕編此書，蓋取著歷代君臣美德之事，爲將來取法。至于開卷覽古，
亦頗資于學者〔註10〕。

　　王欽若（962～1025），字定國，北宋臨江軍新喻（今江西新餘）人，太宗時，
欽若擢進士甲科，爲亳州防禦推官，遷秘書省秘書郎，監廬州稅。改太常丞、判
三司理欠憑由司。帝益器重欽若，召試學士院，拜右正言、知制誥，召爲翰林學
士。蜀寇王均始平，爲西川安撫使。還，授左諫議大夫、參知政事，以郊祀恩，
加給事中。

　　景德初，契丹入寇，帝將幸澶淵。欽若自請北行，以工部侍郎、參知政事判
天雄軍，提舉河北轉運司，眞宗親宴以遣之。素與寇準不協，及還，累表願解政
事，罷爲刑部侍郎、資政殿學士。尋判尚書都省，修《冊府元龜》，或褒贊所及，
欽若自名表首以謝，即謬誤有所譴問，戒書吏但云楊億以下，其所爲多此類也。
歲中，改兵部，升大學士、知通進銀臺司兼門下封駁事。初，欽若罷，爲置資政
殿學士以寵之，準定其班在翰林學士下。欽若訴於帝，復加大字，班承旨上。以
尚書左丞知樞密院事，修國史。

　　大中祥符初，爲封禪經度制置使兼判兗州，爲天書儀衛副使。明年，爲樞密
使、檢校太傅、同中書門下平章事。七年，爲同天書刻玉使。仁宗即位，改秘書
監，起爲太常卿、知濠州，以刑部尚書知江寧府。後復拜司空、門下侍郎、同平
章事、玉清昭應宮使、昭文館大學士，監修國史。

　　帝初臨政，欽若謂平時百官敘進，皆有常法，爲遷敘圖以獻。《眞宗實錄》成，
進司徒，以郊祀恩，封冀國公。後卒，贈太師、中書令，謚文穆。所著書有《鹵
簿記》、《彤管懿範》、《天書儀制》、《聖祖事蹟》、《翊聖眞君傳》、《五嶽廣聞記》、
《列宿萬靈朝眞圖》、《羅天大醮儀》，欽若自以深達道教，多所建明，領校道書，
凡增六百餘卷。

　　欽若狀貌短小，項有附疣，時人目爲「癭相」。然智數過人，每朝廷有所興造，
委曲遷就，以中帝意。又性傾巧，敢爲矯誕。欽若歷官司空、門下侍郎、同平章
事、玉清昭應宮使、昭文館大學士，監修國史，封冀國公。於大中祥符六年（1013）
表上領銜編纂《冊府元龜》〔註11〕。

　　楊億（974～1020），字大年，北宋建州浦城（今屬福建）人，七歲能屬文，

〔註10〕（宋）王欽若、楊億等撰，《冊府元龜》〈考據〉（《景印文淵閣四庫全書》第 902
　　　　冊，臺北市：臺灣商務，民國 72～75 年）。

〔註11〕（元）脫脫等編纂，《宋史》卷二八三〈列傳〉四二（臺北市：鼎文，民國 67 年 9
　　　　月），頁 9559～9564。

對客談論，有老成風。雍熙初，年十一，即授秘書省正字，特賜袍笏。淳化中，詣闕獻文，改太常寺奉禮郎，仍令讀書祕閣。命試翰林，賜進士第，遷光祿寺丞。至道二年（996）春，遷著作佐郎，帝知其貧，屢有霑賚，嘗命爲越王生辰使。時公卿表疏，多假文於億，名稱益著。眞宗在京府，徽之爲首僚，邸中書疏，悉億草定。即位初，超拜左正言。詔錢若水修《太宗實錄》，奏億參預，凡八十卷，而億獨草五十六卷。書成，乞外補就養，知處州。眞宗稱其才長於史學，留不遣，固請，乃許之任。召還，拜左司諫、知制誥，賜金紫。

景德初，以家貧，乞典郡江左，詔令知通進、銀臺司兼門下封駁事。億以丞吏之賤，不宜任清秩，即封詔還。未幾，王太沖補外。俄判史館，會修《冊府元龜》，億與王欽若同總其事。其序次體制，皆億所定，群僚分撰篇序，詔經億竄定方用之。三年（1006），召爲翰林學士，又同修國史，凡變例多出億手。大中祥符初，加兵部員外郎、戶部郎中。五年（1012），以疾在告，求解近職，優詔不許，但權免朝直。後授太常少卿，分司西京，許就所居養療。嘗作《君可思賦》，以抒忠憤。《冊府元龜》成，進秩祕書監。七年（1014），病愈，起知汝州。會加上玉皇聖號，表求陪預，即代還，以爲參詳儀制副使，知禮儀院，判祕閣、太常寺。天禧二年多（1018），拜工部侍郎。明年（1019），權同知貢舉，坐考較差謬，降授祕書監。四年（1020），復爲翰林學士，受詔註釋御集，又兼史館修撰、判館事，權景靈宮副使。十二月，卒，年四十七。

楊億天性穎悟，自幼及終，不離翰墨。文格雄健，才思敏捷，略不凝滯，對客談笑，揮翰不輟。精密有規裁，善細字起草，一幅數千言，不加點竄，當時學者，翕然宗之。而博覽強記，尤長典章制度，時多取正。喜誨誘後進，以成名者甚眾。人有片辭可紀，必爲諷誦。手集當時之述作，爲《筆苑時文錄》數十篇。重交游，性耿介，尚名節。多周給親友，故廩祿亦隨而盡。留心釋典禪觀之舉，所著《括蒼武夷穎陰韓城退居汝陽蓬山冠鼇》等集、《內外制》、《刀筆》，共一百九十四卷〔註12〕。

楊億曾與劉筠、錢惟演等詩歌倡和，成《西昆酬唱集》，號西昆體。著作今存《武夷新集》。與王欽若同受詔修《冊府元龜》，而筆削之功爲多。各部總敘及各門小序，言簡意賅，文采煥發，即由楊億一手潤色而成。

本書體例內容，與其他類書有別。本書僅錄歷代君臣事蹟，以政治史實爲主，

〔註12〕（元）脫脫等編纂，《宋史》卷三○五〈列傳〉六四（臺北市：鼎文，民國 67 年 9 月），頁 10079～10083。

兼及其他經濟、軍事、社會、文化部門。輯錄資料，以正經正史爲主，兼及唐五代實錄、詔令、奏議，以至《國語》、《戰國策》、《管子》、《晏子春秋》、《呂氏春秋》、《韓詩外傳》、《韓非子》、《淮南子》和古代類書等。小說、雜書，一律不取。

　　該書原有正文一千卷，《目錄》十卷，《音義》十卷。《音義》是夏竦、孫奭所撰，已佚。今存正文和目錄。全書共九三九二千字。從卷數上看，本書與《太平御覽》同爲一千卷，但實際份量超出《太平御覽》一倍，成爲宋代四大類書中最大的一部。該書被收入《四庫全書》，是《四庫全書》中僅次於《佩文韻府》的第二大書。

　　全書內容分爲三十一部：〔註13〕

　　卷一至卷一八一：帝王部

　　卷一八二至卷二一八：閏位部

　　卷二一九至卷二三四：僭僞部

　　卷二三五至卷二五五：列國君部

　　卷二五六至卷二六一：儲宮部

　　卷二六二至卷二九九：宗室部

　　卷三〇〇至卷三〇七：外戚部

　　卷三〇八至卷三三九：宰輔部

　　卷三四〇至卷四五六：將帥部

　　卷四五七至卷四八二：臺省部

　　卷四八三至卷五一一：邦計部

　　卷五一二至卷五二二：憲官部

　　卷五二三至卷五四九：諫諍部

　　卷五五〇至卷五五三：詞臣部

　　卷五五四至卷五六二：國史部

　　卷五六三至卷五九六：掌禮部

　　卷五九七至卷六〇八：學校部

　　卷六〇九至卷六一九：刑法部

　　卷六二〇至卷六二五：卿監部

　　卷六二六至卷六二八：環衛部

〔註13〕　（宋）王欽若、楊億等撰，《冊府元龜》〈目錄〉（《景印文淵閣四庫全書》第902冊，臺北市：臺灣商務，民國72～75年）。

卷六二九至卷六三八：銓選部

卷六三九至卷六五一：貢舉部

卷六五二至卷六六四：奉使部

卷六六五至卷六七〇：內臣部

卷六七一至卷七〇〇：牧守部

卷七〇一至卷七〇七：令長部

卷七〇八至卷七一五：宮臣部

卷七一六至卷七三〇：幕府部

卷七三一至卷七五〇：陪臣部

卷七五一至卷九五五：總錄部

卷九五六至卷一〇〇〇：外臣部

各部下再分門類子目，總數一一〇四門。據《冊府元龜》宋眞宗序：

凡勒成一千一百四門〔註14〕。

但胡道靜先生說：

用明刊本逐門點下來，實際的門類是一千一百一十六〔註15〕。

每部都有總序，評述這部事蹟的沿革，實爲一篇小史，文字多或數千，少亦數百。

例如〈國史部總敘〉：

古之王者，世有史官。君舉必書，書法不隱。所以愼言行，示勸戒也。自伏義始造書契，神農之世民風尚樸，官設未備。黃軒之臣曰倉頡，取象鳥跡以作文字，記諸言行，竹冊而藏之。著爲典式，垂之來裔。申褒貶之微旨，爲懲勸之大法……〔註16〕。

從上面這段〈國史部總敘〉，我們可以認識到歷代史官設置之源流、史官之使命、史官之選拔以及〈國史部〉採錄之原則。門目又各有小序，論述這一小類的內容，有似總論，文字自數百至幾十字不等。例如〈臺省部・任選門〉小序：

夫知人則哲，能官人安民則惠，大禹之訓也。愼簡乃僚，其惟吉士，周穆之命也。蓋邦國治亂，在乎庶官。選賢任能，其來尚矣。自舜命眾職，以熙帝載。西漢之後，政歸尚書。機務所出，推擇斯妙。

〔註14〕（宋）王欽若、楊億等撰，《冊府元龜》〈宋眞宗序〉（《景印文淵閣四庫全書》第902冊，臺北市：臺灣商務，民國72～75年）。

〔註15〕胡道靜著，《中國古代的類書》（北京市：中華，民國71年）頁133～146。

〔註16〕（宋）王欽若、楊億等撰，《冊府元龜》〈國史部〉總敘（《景印文淵閣四庫全書》第902～919冊，臺北市：臺灣商務，民國72～75年）。

或以政事用，或以文學升。內則參侍左右，論思治道。外則坐曹夙夜，
修明官業。厥職尤重，其才益難。詳求遺策，鋪觀歷代，曷嘗不慎選
眾之舉，致得人之盛哉〔註17〕！

小序比總敘短小，但性質相似。《冊府元龜》的這些大小序，具有較高的學術價值。
明末曹胤昌曾輯大小序爲《冊府元龜獨制》三十卷，清初張爾岐也曾專輯三十一
門大敘爲《冊府元龜總敘》五卷。可見學者對大小序之重視。

　　小序之後，即羅列歷代人物事蹟、詔令、奏議。例如〈國史部・公正門〉首
列董狐爲晉太史，直書「趙盾弒其君」的故事；次列齊太史父子兄弟前仆後繼，
直書「崔杼弒其君」的故事。引文多照錄全篇全書，文中間有俚語，也不加刪節
改動，保存許多隋唐五代史料的本來面目。

　　《冊府元龜》篇幅，比《太平御覽》增多一倍，幾乎包括全部十七史。過去
學者有一種錯誤看法，以爲《冊府元龜》取材，多見於正史，並無新意。如《楓
窗小牘》謂：「開卷皆目所常見，無罕見異聞。」因之，遂不爲藝林所重。實際它
所據史書，都是北宋以前古本。所引事蹟，亦不以十七史爲限，兼取唐、五代各
朝實錄，所以它的內容，並不和通行本史書相同，正可以用它來彌補通行史書之
缺或正其謬誤。對專治隋唐五代史者，更爲有用。

　　本書編製體例上有一缺點，即引用資料，概不注書名出處，這是不如其他類
書的地方。所以我們閱讀此書的某一部分時，必須根據其內容、朝代、人名、事
蹟，分析上下文意，推求其出於何書何傳，再用現行書籍來核對，才能決定取捨。
這些缺點不足以掩飾本書的特殊價值。《四庫全書總目提要》評論本書說：

夫典籍至繁，勢不能遍爲摭拾，去誣存實，未可概以挂漏相繩。況
纂輯之臣皆一時淹貫之士，雖卷帙繁富、難免牴牾，而考訂明晰，亦多
可資覽古之助〔註18〕。

要之，該書是研究歷史、校勘史書、輯集佚書的資料寶庫，在中國古代類書中獨
樹一幟。

　　《冊府元龜》在北宋編成後即有刻本，但已失傳。南宋有兩次刻印，都有殘
本流傳。一爲南宋四川眉山坊刻本，今國內外殘存五七六卷。二是南宋十三行本
《新刊監本冊府元龜》，今殘存八卷，藏北京圖書館。合計兩個宋本，共得五八四

〔註17〕　（宋）王欽若、楊億等撰，《冊府元龜》〈臺省部・任選門〉序（《景印文淵閣四庫
　　　　全書》第902～919冊，臺北市：臺灣商務，民國72～75年）。
〔註18〕　（清）永瑢等奉敕撰，《四庫全書總目提要》〈子部・類書類一〉（臺北市：臺灣商
　　　　務，民國54年2月臺1版），頁2793。

卷，無重複。近人張元濟先生曾陸續在國內外借照五四六卷，並由商務印書館製版打成清樣。1990 年大陸中華書局影印出版的《宋本冊府元龜》即以商務印書館張元濟所獲殘卷紙型爲基礎，並補足國內未照三一八卷而成。宋本殘卷之外，只有明崇禎十五年（1642）黃國琦校刻本。1960 年中華書局用崇禎刻本影印問世，並用宋本殘卷校出崇禎本之脫漏一四二條，分別附於各卷之尾。宋本刊刻較早，可以補正明刻本之脫訛者甚多，但明本比宋本完整，而且黃國琦等博稽書傳，廣校眾本，其勝過宋本者也往往有之。今二本並行，自可取長補短，參互使用。另外，民國五十五年臺北清華書局據明崇禎十五年（1642）李嗣京刻本影印，民國五十六年臺灣中華書局據明刻初印本影印，民國七十二年（1983）至七十五年（1986）臺灣商務印書館據文淵閣四庫全書本影印，民國七十三年（1984）臺北大化書局據明崇禎十五年（1642）刻本影印。

（一）南宋蜀刊小字本
　　　典藏者：故宮博物院圖書館
（二）明等身書舍藍格鈔本
　　　正文卷端題熒臣王欽若等奉纂。版匡高 22 公分，寬 15.7 公分。四周雙邊。每半葉十行，行二十四字，註文小字雙行，字數同。版心白口，版心下方偏右鐫有「等身書舍藏冊府元龜」。
　　　典藏者：國家圖書館、國立中央圖書館臺灣分館
（三）明藍格鈔本
　　　正文卷端題熒臣王欽若等奉纂。版匡高 24.7 公分，寬 16.2 公分。四周雙邊。每半葉十三行，行二十五字，註文小字雙行，字數同。版心花口，單魚尾，版心上方鐫書名「冊府元龜」。
　　　典藏者：國家圖書館、故宮博物院圖書館
（四）明烏絲闌鈔本
　　　十三行，二十四字。
　　　典藏者：中研院傅斯年圖書館
（五）明崇禎十五年（1642）刻本
　　　序：崇禎壬午冬月試監察御史李嗣京撰
　　　典藏者：國立中央圖書館臺灣分館
（六）明崇禎十五年（1642）匡山黃國琦刊本
　　　半葉十行，行二十字。

　　　　典藏者：故宮博物院圖書館

（七）明崇禎十五年（1642）刊清乾隆十九年（1754）一嘯堂補刊本

　　　　十行，行二十字，單欄，花口。

　　　　典藏者：國立臺灣大學圖書館

（八）明崇禎十五年（1642）刊清康熙十一年（1672）修補本

　　　　十行，二十字，單欄，花口。

　　　　典藏者：國立臺灣大學圖書館

（九）清康熙十一年（1672）五繡堂刊本

　　　　十行，二十字。

　　　　首有文翔鳳序，明崇禎十五（壬午）年黃氏自序。

　　　　典藏者：國家圖書館、中研院傅斯年圖書館

（十）清乾隆間寫文淵閣四庫全書本

　　　　典藏者：故宮博物院圖書館〔註19〕

三、《太平廣記》五百卷　目錄十卷　（宋）李昉等編纂

　　《太平廣記》是古小說總集。北宋李昉、扈蒙、李穆、湯悅、徐鉉、宋白、張洎、王克貞、董淳、陳鄂、吳淑、呂文仲等奉宋太宗之命集體撰集的。因爲它編成于太平興國三年（978），所以定名爲《太平廣記》〔註20〕。

　　李昉爲人和善寬厚，不念舊惡；爲官謹慎小心，不以官顯自稱。曾參與編撰《舊五代史》，並監修《太平御覽》、《太平廣記》、《文苑英華》等書〔註21〕，此三書與其後楊億等編集的類書《冊府元龜》，被稱爲「宋四大類書」，保存大量古代詩文和野史小說。

　　《太平廣記》五百卷，目錄十卷，專收野史傳記和以小說家爲主的雜著。全書按類編纂，有神仙、道術、異人、知人、精察、俊辯、權幸、驍勇、豪俠、博物、文章、博戲、交友、奢侈、詭詐、諂佞、謬誤、詼諧、嘲誚、嗤鄙、無賴、酷暴、幻術、靈異、草木、禽鳥等九十二大類，又分爲一五〇多個小類，收集了

〔註19〕國家圖書館特藏組編，《國家圖書館善本書志初稿》〈子部二〉（臺北市：國家圖書館，民國87年6月），頁316～326。

　　　　參考《臺灣地區善本古籍聯合目錄》http://nclcc.ncl.edu.tw/ttscgi/ttsweb/

〔註20〕（清）永瑢等奉敕撰，《四庫全書總目提要》〈子部‧小說類〉（臺北市：臺灣商務，民國54年2月臺1版）。

〔註21〕（元）脫脫等編纂，《宋史》卷三〇五〈列傳〉六四（臺北市：鼎文，民國67年9月），頁10079～10083。

自漢至宋初的小說、野史、雜記等，既有整篇收入者，也有摘引片段者；既有一類為一卷者，也有幾十卷為一類者。書前有李昉等所上〈太平廣記表〉、〈太平廣記引用書目〉，分述此書纂集情況及所引書目〔註22〕。

《太平廣記》所引書大約四百多種，一般在每篇之末都注明了來源，但偶爾有些錯誤，造成同書異名或異書同名，因而不能根據它作出精確的統計了。現在書前有一個引用書目，共三百四十三種，可是與書中實際引出數目並不符合，大概是宋代之後的人補加的。

《太平廣記》按主題分九十二大類，下面又分一百五十多小類，例如〈畜獸部〉下又分牛、馬、駱駝、驢、犬、羊、豕等細目，查起來比較方便。從內容上看，收得最多的是小說，實際上可以說是一部宋代之前的小說的總集。其中有不少書現在已經失傳了，只能在本書中看到它的遺文。許多唐代和唐代以前的小說，就靠《太平廣記》而保存了下來。書中最值得重視的是第四八四至四九二卷，九卷雜傳記中所收的《李娃傳》、《東城老父傳》、《柳氏傳》、《長恨傳》、《無雙傳》、《霍小玉傳》、《鶯鶯傳》等，都是名篇，最早見于本書。還有收在〈器玩類〉的《古鏡記》，收在〈鬼類〉的《李章武傳》，收在〈龍類〉的《柳毅傳》，收在〈狐類〉的《任氏傳》，收在〈昆蟲類〉的《南柯太守傳》等，也都是非常有名的作品。但是《太平廣記》的分類標準並不統一，如講精怪的《東陽夜怪錄》、講龍女的《靈應傳》，都收在〈雜傳記類〉，按類別就一時不容易找到。從這裏可以了解到宋初人將一部分唐代傳奇稱作〈雜傳記〉，還沒有用「傳奇」這一名稱。

《太平廣記》引書很多，有些篇幅較小的書幾乎全部收入了，失傳的書還可以根據它重新輯錄復原，有傳本的書也可以用它校勘、輯補。例如《劇談錄》、《闕史》、《三水小牘》等書，引文和現有版本的文字略有不同，就很值得研究。研究古代小說的人都要用《太平廣記》作為基本材料。魯迅編輯《古小說鉤沉》和《唐宋傳奇集》時就充分利用了本書。

《太平廣記》的分類，的確便於檢查，也很有研究的價值。書中神怪故事佔的比重最大，如神仙五十五卷，女仙十五卷，神二十五卷，鬼四十卷，再加上道術、方士、異人、異僧、釋證和草木鳥獸的精怪等等，基本上都屬於志怪性質的故事，代表了中國文言小說的主流。直到清代《聊齋志異》系列的擬古派小說，都跳不出這個範圍。書中神仙加上女仙的故事，共計七十卷，又排在全書的開頭，

〔註22〕　（宋）李昉等奉敕撰，《太平廣記》〈目錄〉（《景印文淵閣四庫全書》第 1043 冊，臺北市：臺灣商務，民國 72～75 年）。

可以看出唐五代小說題材的重點所在，也可以看出宋初文化學術的一種傾向。唐代道教和佛教競爭很激烈，道教雖然不佔上風，然而由道士和信奉道教的文人編造出來的神仙故事卻影響很大，產生了不少優美動人的小說。例如寫方士上天入地尋找楊貴妃的《長恨歌傳》就是一篇代表作。唐代小說中的名篇如《柳毅傳》、《無雙傳》、《虯髯客傳》以及《杜子春》、《張老》、《裴航》等，也都和道教有關。晚唐五代神仙家的思想更是彌漫一時，杜光庭就是一個神仙傳記的大作家，《太平廣記》中收了不少他的著作。宋初的小說還保留著這種風氣。《太平廣記》的編者把神仙、道術放在異僧、釋證等類的前面，顯然有尊崇民族的宗教文化的意思。作為小說，宣揚佛法靈驗和因果報應的故事雖然可以誘惑一部分讀者，但藝術性實在不如神仙故事。唐代小說中往往講仙女下凡，又有靈丹度世，還有許多神奇靈異的變化，更能眩人耳目。當然，所有神仙鬼怪的故事，都是幻想的產物，一般帶有消極出世的宗教迷信的宣傳，都需要用批判的眼光來看待。唐代小說的代表作，還應該數那些寫人間現實生活的作品寫得最好，如完全不帶有神怪成分的《柳氏傳》、《鶯鶯傳》、《李娃傳》等，寫作方法更接近于現實主義的道路。

中國的小說成熟于唐代。唐代小說的絕大部分收集在《太平廣記》中，明清人編印的唐代小說集卻往往是改頭換面的偽書，所以魯迅指點讀者看唐人小說還是要看《太平廣記》。當然，《太平廣記》中收的不只是唐代作品，還有不少是漢魏六朝的作品。其中單篇流傳的唐代傳奇大多已經收入了新的選本，如魯迅編的《唐宋傳奇集》、汪闢疆編的《唐人小說》等書，比較容易見到。但不少已經散失的小說集還很少有經過認真整理的版本，我們要了解宋代之前中國古代小說的全貌，也只能通讀《太平廣記》。

《太平廣記》對後來的文學藝術的影響十分深遠。宋代以後，話本、曲藝、戲劇的編者，都從《太平廣記》中選取素材，將許多著名故事加以改編。例如演張生、崔鶯鶯故事的《西廂記》，有各種不同的劇本，這個故事差不多已經家喻戶曉了，可是最早保存在《太平廣記》中的它的素材《鶯鶯傳》，卻很少人知道。

據《宋會要》及〈進書表〉可知，《太平廣記》於宋太平興國六年（981）正月奉旨雕版印行。不久以此書非後學者所急需為由，將印板收藏在太清樓，故宋代流傳不廣。至明嘉靖四十五年（1566）無錫談愷根據鈔本重刻，流傳始廣。明清時代還有明沈氏野竹齋本，明許自昌刻本，清黃晟刻本等多種。宋刻本《太平廣記》已難覓得，僅清人昊騫舊藏一明刻本，曾經陳鱣依殘宋本校過，可見宋本大致面貌。民國七十二年（1983）至七十五年（1986）臺灣商務印書館據文淵閣四庫全書本影印。

（一）明活字本

　　十二行，行二十二字，單欄，版心花口。

　　有鈔配。

　　典藏者：國家圖書館、故宮博物院圖書館

（二）明嘉靖四十五年（1566）談愷刊本

　　十二行，行二十二字，單欄，版心白口，單魚尾。

　　有鈔配。

　　典藏者：國家圖書館、故宮博物院圖書館

（三）明嘉靖間（1522～1566）談愷等校刊本

　　（清）朱世祥手校，十二行，二十二字，單欄，白口，黑單魚尾。

　　明嘉靖四十五（丙寅）年談愷序

　　明善堂覽書畫印記印記

　　典藏者：國立臺灣大學圖書館、中研院傅斯年圖書館

（四）明長洲許自昌校刊本

　　正文卷端題爞明長洲許自昌玄祐甫校。

　　十二行，行二十四字，左右雙欄，版心花口，單魚尾。

　　典藏者：國家圖書館

（五）明天啓六年（1626）刊本

　　正文卷端題爞古吳馮夢龍評纂嶭

　　序：爞天啓六年九月重陽日楚黃友人李長庚書，爞小引，吳邑馮夢龍識。

　　十行，行二十二字，左右雙欄，版心花口，單白魚尾。

　　典藏者：國家圖書館

（六）清乾隆二十年（1755）黃氏槐蔭草堂校刊本

　　典藏者：國立臺灣大學圖書館

（七）清乾隆間寫文淵閣四庫全書本

　　存三卷。

　　八行，行二十一字，朱絲欄。

　　典藏者：國家圖書館

（八）清嘉慶元年（1796）重刊天都黃氏槐蔭草堂刊巾箱本

　　典藏者：國立臺灣大學圖書館

（九）清嘉慶五年（1800）懷德堂刊本

　　典藏者：國立臺灣大學圖書館

（十）清嘉慶六年（1801）天都黃晟重刊本

　　　寶章堂藏板

　　　典藏者：國家圖書館

（十一）民國上海進步書局石印本

　　　典藏者：國家圖書館

（十二）民國十三年（1924）上海掃葉山房石印本

　　　典藏者：國家圖書館、國立中央圖書館臺灣分館、國立臺灣大學圖

　　　書館、國立政治大學圖書館〔註23〕

　　對《太平廣記》的研究，在資料方面有一九三四年北平燕京大學哈佛燕京學

社引得編纂處編的《太平廣記篇目及引書引得》，一九八二年又有大陸中華書局根

據一九六一年新版《太平廣記》編印了〈太平廣記索引〉，包括〈引書索引〉及〈篇

目索引〉兩大部分，極便尋檢。

四、《文苑英華》一千卷　　（宋）李昉等奉撰

　　《文苑英華》是上繼《昭明文選》的一部總集。編纂者為宋朝初年的文臣

李昉、宋白、徐鉉、扈蒙、呂蒙正、楊徽之、楊礪、蘇易簡等二十餘人，奉宋

太宗之命，於太平興國七年（982）九月開始纂修，至雍熙三年（987）十二月

完成〔註24〕。

　　《文苑英華》為宋初官修《太平廣記》、《太平御覽》、系列大書之一種，其至

今最大的價值是保存了豐富的資料，為後世學術之淵藪。此書上起梁末，下迄晚

唐五代，選錄作者近二千二百人近二萬件作品。其體例約略模仿《文選》也分為

三十八類，而又名稱不盡相同，計為：賦、詩、歌行、雜文、中書制誥、翰林制

詔、策問、策、判、表、箋、狀、檄、露布、彈文、移文、啓、書、疏、序、論、

議、連珠喻對、頌、贊、銘、箴、傳、記、諡、哀冊文、諡議、誄、碑、志、墓

表、行狀、祭文。其細目則比《文選》更為煩碎，例如：

〔註23〕國家圖書館特藏組編，《國家圖書館善本書志初稿》〈子部二〉（臺北市：國家圖書
　　　館，民國87年6月），頁316～326。
　　　參考《臺灣地區善本古籍聯合目錄》http://nclcc.ncl.edu.tw/ttscgi/ttsweb/
〔註24〕（清）永瑢等奉敕撰，《四庫全書總目提要》〈集部·總集類〉（臺北市：臺灣商務，
　　　民國54年2月臺1版）。

賦　分為四十二目：

天象	歲時	地類	水	帝德	京都	邑居
宮室	苑圃	朝會	禋祀	行幸	諷諭	儒學
軍旅	治道	耕籍	樂	鐘鼓	雜伎	飲食
符瑞	人事	志	射	博奕	工藝	器用
服章	圖畫	寶	絲帛	舟車	薪火	畋獵
道釋	紀行	遊覽	哀傷	鳥獸	蟲魚	草目

詩　分為二十五子目：

天部	地部	帝德	應制	應令	省試	朝省
樂府	音樂	人事	釋門	道門	隱逸	寺院
酬和	寄贈	送行	留別	行邁	軍旅	悲悼
居處	郊祀	花木	禽獸			

歌行　分為二十一子目：

天	四時	仙道	紀功	征戍	音樂	酒
草木	書	雜贈	送行	山	石	隱逸
佛寺	獸	禽	愁怨	服用	博戲	雜歌

雜文　分為十九子目：

問答	騷	帝道	明道	雜說	辯論	贈送
箴誡	諫刺	雜說	喔述	辯論（說）	諷諭	論事
雜制	征伐	識行	雜制作	紀事		

中書制誥　分為十八子目：

北省	翰苑	南省	憲台	卿寺	諸監	館殿
環衛	東宮	京府	諸使	郡牧	幕府	上佐
宰邑	加階	內官	命婦			

翰林制誥　分為十子目：〔註 25〕

敕書	德音	冊文	制書	詔敕	批答	蕃書
鐵券文	青詞	嘆文				

〔註25〕（宋）李昉等奉敕撰，《文苑英華》〈目錄〉（《景印文淵閣四庫全書》第 1333 冊，臺北市：臺灣商務，民國 72～75 年）。

　　以下各類所分子目多寡不等，文繁，不具錄。子目中有的又細分爲若干次子目，如此煩碎，當是文章體用日益增多，《文選》分類已不敷應用和涵蓋，根據內容、對象等，隨文立目，大而全，雜而亂，並非文章形式體裁有這麼多分別；《文苑英華》一書子目分類明顯受到唐代類書的影響，與《太平御覽》殊致而同途，編纂人員原本就是李昉、扈蒙這些主要的文官，所以不足爲奇。

　　《文苑英華》編成以來，流傳不廣，利用較少。但成書在宋初，當時所見文集尙多，故所錄唐前十分之一，十分之九爲唐文。南宋以後，唐人文集傳世已稀，如李商隱《樊南集》甲乙已經散佚，南宋人只能靠《文苑英華》所載重行輯出。張說雖有集，較《文苑英華》所載已少雜文六十一篇。後世流傳文集更爲稀少，明人輯錄前人文集，也主要取資《文苑英華》。清代纂修《全唐詩》和《四庫全書》也用此書作爲參考，《全唐文》和嚴可均輯《全上古三代秦漢三國六朝文》也無不取資此書。

　　《四庫全書》所收唐人文集七十六種，其中李邕、李華、李商隱的文集就是從《文苑英華》輯出的。輯佚爲此書的第一價值。第二，書中收錄了很多詔誥、書判、表疏、碑誌，可以補充史料史傳缺漏，作爲研究資料。清人徐松《登科記考》、勞格《唐尚書省郎官石柱題名考》和《唐御史台精舍題名考》、吳廷燮《唐方鎮年表》，以及今人岑仲勉的許多有關唐史的著作，許多重要材料來源也是《文苑英華》。第三，用於文字校勘。宋人編訂唐人文集，所據材料往往與《文苑英華》不同來源，文字互有差異，可以互相比勘，訂正訛誤。此書所附夾注「集作某」、「某史作某」，正是宋本互校的記載，有很大校勘價值。

　　《文苑英華》當時既非成於一人之手，錯誤自然很多，南宋彭叔夏所撰《文苑英華辨證》十卷，非常精審，改正了不少錯誤，列出了很多重要異文，是一部研究《文苑英華》的重要著作。明人重刊本，所據既爲鈔本，成書又極爲倉促，錯訛轉多。清人勞格所作《文苑英華辨證拾遺》份量不大。今人傅湘曾據明鈔本和部分別集校勘明刊本，其校本藏北京圖書館。

　　《文苑英華》完成後，當時未即刊行。眞宗景德四年（1007）對此書做過一次整理，大中祥符二年（1009）又由石待問、張秉和陳彭年複校兩次。校完後是否刊刻，已無可考。進入南宋，宋孝宗又令專職人員校訂一次。周必大在退休後和胡柯、彭叔夏再一次校訂，將校出的錯誤用小字夾注或篇末黑地大字的形式一一標明，然後上版刊行。此種宋版《文苑英華》，南宋嘉泰四年（1204）刊行，今天能見到的宋本即此版。明嘉靖四十五年（1566），由福建巡按御史胡維新倡議，得到巡撫涂澤民和總兵戚繼光的贊助，據鈔本刻刊，隆慶元年（1567）成書。萬

曆年間又修版重印。民國七十二年（1983）至七十五年（1986）臺灣商務印書館
據文淵閣四庫全書本影印。

（一）宋刊本　存十卷

　　　蝴蝶裝。每半葉十三行，行二十二字，左右雙欄，版心白口，單魚尾。
　　　卷末有「景定元年十月廿五日裝背臣王潤照管訖」木記一行。書末附
　　　葉黏有傅增湘民國二十八（己卯）年手書題記一紙。

　　　典藏者：中研院傅斯年圖書館

（二）舊鈔本

　　　正文卷端題文苑英華卷第一葉

　　　序：纂脩文苑英華事始葉

　　　十一行，行二十字

　　　典藏者：國家圖書館

（三）明鈔本

　　　存九百零九卷，匡 21.4×15.5 公分

　　　十三行，行二十二字，四周單邊，無行欄，版心白口，朱墨筆批校。

　　　典藏者：故宮博物院圖書館

（四）明隆慶元年（1567）胡維新等福建刊本

　　　正文卷端題文苑英華卷第一葉

　　　序：刻文苑華序、隆慶元年塗澤民撰。刻文苑華序、胡維新又撰

　　　十一行，行二十二字。單欄，版心白口，單白魚尾，下方刻工名。

　　　典藏者：國家圖書館

（五）明藍格鈔本

　　　正文卷端題文苑英華卷第一葉

　　　十三行，行二十二字。單欄，版心白口，單魚尾。

　　　典藏者：國家圖書館

（六）明藍格鈔本配補宜祿堂鈔本

　　　近人傅增湘手書題記

　　　正文卷端題文苑英華卷第十一葉

　　　序：翰林學士朝請大夫中書舍人廣平縣開國男食邑三百戶上柱國紫金
　　　魚袋宋白等奉集葉

　　　十三行，行二十二字。雙欄，版心黑口，雙魚尾。

典藏者：國家圖書館

（七）明蕙花草堂藍格鈔本

十二行，行約三十六字。雙欄，版心上方記蕙花草堂。

典藏者：國家圖書館

（八）復刻明隆慶元年（1567）刊本。

十一行二十二字。

首有明隆慶元年塗澤民序，胡維新序，纂脩文苑英華事始。

卷末殘損有鈔配。

典藏者：中研院傅斯年圖書館

（九）日本烏絲欄傳鈔明隆慶元年（1567）刊本

典藏者：故宮博物院圖書館

（十）清乾隆間寫文淵閣四庫全書本

典藏者：故宮博物院圖書館〔註26〕

第二節　私修類書

一、《事類賦》三十卷　　（宋）吳淑撰

《事類賦》原名《一字題賦》，是我國以賦體的形式編輯的一部綜合性類書。宋吳淑撰，成書於淳化元年（990）至五年（994）。初進上後，宋眞宗命他附加註釋，乃自注之，擴充爲三十卷，改稱《事類賦》〔註27〕。

吳淑（947～1002），字正儀，潤州丹陽（今江蘇江寧）人。好學，多自繕寫書。淑幼俊爽，屬文敏速。韓熙載、潘佑以文章著名江左，一見淑，深加器重。自是每有滯義，難於措詞者，必命淑賦述。以校書郎直內史。

江南平，歸朝，久不得調，甚窮窘。俄以近臣延薦，試學士院，授大理評事，預修《太平御覽》、《太平廣記》、《文苑英華》，用力最勤。歷太府寺丞、著作佐郎。始置祕閣，以本官充校理。嘗獻《九絃琴五絃阮頌》，太宗賞其學問優

〔註26〕國家圖書館特藏組編，《國家圖書館善本書志初稿》〈子部二〉（臺北市：國家圖書館，民國87年6月），頁316～326。

參考《臺灣地區善本古籍聯合目錄》http://nclcc.ncl.edu.tw/ttscgi/ttsweb/

〔註27〕（宋）吳淑撰，《事類賦》〈吳淑進注事類賦狀〉《景印文淵閣四庫全書》第892冊，臺北市：臺灣商務，民國72～75年）。

博。又作《事類賦》百篇以獻，詔令註釋，淑分注成三十卷上之。遷水部員外郎。至道二年（996），兼掌起居舍人事，預修《太宗實錄》，再遷職方員外郎。咸平五年（1002），卒，年五十六。

　　吳淑性純靜好古，詞學典雅。時論多其義。有集十卷。善筆札，好篆籀，取《說文》有字義者千八百餘條，撰《說文五義》三卷。另著有《江淮異人錄》三卷、《秘閣閑談》五卷〔註28〕。

　　該書三十卷，共分十四部，一百目。前有作者〈進注事類賦狀〉一篇。分爲：〔註29〕

　　　　卷一至卷三：天部

　　　　卷四至卷五：歲時部

　　　　卷六至卷八：地部

　　　　卷九至卷十：寶貨部

　　　　卷十一：樂部

　　　　卷十二至卷十四：服用部

　　　　卷十五至卷十六：什物部

　　　　卷十七：飲食部

　　　　卷十八至卷十九：禽部

　　　　卷二十至卷二十三：獸部

　　　　卷二十四至卷二十五：草木部

　　　　卷二十六至卷二十七：果部

　　　　卷二十八至卷二十九：鱗介部

　　　　卷三十：蟲部。

　　部下詳分子目，每個子目都是一個字，如寶貨部分金、玉、珠、錦、絲、錢六目。每個子目作賦一首，敘古往之事，論天地人萬物之理。逐句引文加以註釋，詳注引用書名。其體例如天部第一首〈天〉的首數聯：

太初之始，玄黃混并。（《列子》曰：「太易者，未見氣也；太初者，氣之始也。」陳思王植《魏德論》曰：「在昔太初，玄黃混并。」）及一氣之肇判，生有形于無形。（潘岳《西征賦》曰：「化一氣而甄三才。」《列子》曰：「夫有形者，

〔註28〕（元）脫脫等編纂，《宋史》卷四四一〈列傳〉二○○〈文苑三〉（臺北市：鼎文，民國67年9月），頁13040～13042。

〔註29〕（宋）吳淑撰，《事類賦》〈目錄〉（《景印文淵閣四庫全書》第892冊，臺北市：臺灣商務，民國72～75年）。

生于無形。」）于是地居下而陽濁，（徐整《三五曆》曰：「陽清為天，陽濁為地。」）天在上而輕清。（《易乾鑿度》曰：「清輕者上為天，重濁者下為地。」）

　　前列的為賦，括號內的為原書雙行小注。賦駢、儷六體，據（明）李濂刻書序說是：「遵當時取士之制。」但是用這種體裁編撰類書，卻是新創。《四庫全書總目》說：「唐以來諸本，駢青妃白，排比對偶者，自徐堅《初學記》始；鎔鑄故實，諧以聲律者，自李嶠《單題詩》始；其聯而為賦者，則自淑始。」

　　吳淑新創的這個體例，對後世影響很大。僅清朝就有循吳氏所創的體例而擴充之者數家。如華希閔撰並自注的《廣事類賦》；吳世旃撰並自注的《廣事類賦》；王鳳喈撰並自注的《續廣事類賦》；張均撰並自注的《事類賦補遺》等等。

　　《四庫全書總目提要》評該書說：

　　　　賦既工雅，又注與賦出自一手，事無舛誤，故傳誦至今〔註30〕。

再加上它所徵引的古籍，如謝承的《後漢書》、張璠的《漢紀》、徐整的《長曆》等，原書現在都已失傳，因而具有保存往古文獻的價值。清代學者在輯佚、校勘工作中曾廣泛的利用了本書。

　　版本主要有南宋紹興十六年（1146）兩浙東路茶鹽司刻本；明嘉靖十一年（1532）無錫華麟祥刊本；嘉靖十三年（1534）開封太手守南宮白玶刊本；明萬曆十七年（1589）寧壽堂刊本；清乾隆二十九年（1764）華希宏劍光閣刊本；清乾隆五十八年（1793）繡谷周氏令德堂刊本；嘉慶六年（1801）文盛堂刊本。另外，民國七十二年至七十五年臺灣商務印書館據文淵閣四庫全書本影印；民國七十八年江蘇廣陵古籍刻印社據清刊本影印。

　（一）明嘉靖十一年（1532）錫山崇正書院刊本
　　　　版匡高 19.4 公分，寬 15.3 公分。左右雙邊。每半葉十二行，行二十字，註文小字雙行，字數同。版心白口，單魚尾，魚尾上方偏右鐫有「崇正書院」字樣，魚尾下方記書名卷第（如「事類賦卷一」），再下記葉次，版心下方署寫工名及刻工名：王輝、周慈、陸臣等。又左欄外有耳題。
　　　　典藏者：國家圖書館、故宮博物院圖書館
　（二）明嘉靖十三年（1534）開封郡齋白石岩刊本

〔註30〕（清）永瑢等奉敕撰，《四庫全書總目提要》〈子部・類書類一〉（臺北市：臺灣商務，民國 54 年 2 月臺 1 版），頁 2791。

版匡高 19.9 公分，寬 15.1 公分。四周單邊。每半葉十一行，行二十字，註文小字雙行，字數同。版心黑口，單魚尾，魚尾下方記書名卷第（如「事類賦卷一」），再下記葉次。

典藏者：國家圖書館、故宮博物院圖書館、中研院傅斯年圖書館

（三）明嘉靖十六年（1537）錫山秦汴刊本

版匡高 19.3 公分，寬 15.4 公分。左右雙邊。每半葉十二行，行二十字，註文小字雙行，字數同。版心白口，單魚尾，魚尾下方記書名卷第（如「事類賦卷一」），再下記葉次。

典藏者：國家圖書館

（四）明嘉靖間（1522～1566）覆宋刊本

版匡高 19.6 公分，寬 15.4 公分。左右雙邊。每半葉十二行，行二十字，註文小字雙行，字數同。版心線黑口，單魚尾，魚尾下方記書名卷第（如「事類賦卷一」），再下記葉次。左欄外有耳題。

典藏者：國家圖書館、故宮博物院圖書館

（五）明新安潘仕等校刊本

十二行，二十字。

宋紹興十六（丙寅）年邊悼德序，進注事類賦狀。

典藏者：國家圖書館、故宮博物院圖書館、中研院傅斯年圖書館

（六）清乾隆間寫文淵閣四庫全書本

典藏者：故宮博物院圖書館

（七）清翻刻明無錫華麟祥校刊本

典藏者：故宮博物院圖書館

（八）清劍光閣翻刊日無錫華麟祥崇正書院本

典藏者：故宮博物院圖書館〔註 31〕

二、《事物紀原》十卷　（宋）高承編撰

《事物紀原》又名《事物紀原集類》，是我國流傳下來比較早的一部考證事物起源和沿革的專門性類書。宋高承編撰。成書於北宋元豐年間（1078～1085）〔註 32〕。

〔註 31〕國家圖書館特藏組編，《國家圖書館善本書志初稿》〈子部二〉（臺北市：國家圖書館，民國 87 年 6 月），頁 316～326。

　　　　參考《臺灣地區善本古籍聯合目錄》http://nclcc.ncl.edu.tw/ttscgi/ttsweb/

〔註 32〕（清）永瑢等奉敕撰，《四庫全書總目提要》〈子部‧類書類一〉（臺北市：臺灣商

高承（生卒年不詳），開封人，生平無考，北宋元豐年間在世〔註33〕。

該書共十卷，分五十五部，但記載之事，幾種刻本說法不同。初刻本爲二一七事，惜陰軒本爲一七六四事，大概是後人續增的，已經不是初刻舊貌。此書自博奕嬉戲之微，蟲魚禽獸之類，都根據古書的記載，一一探其來源。該書以卷統部，按部隸事。共分五十五部：〔註34〕

卷一：天地生植部、正朔曆數部、帝王后妃部、嬪御命婦部、朝廷注措部、治理政體部、利源調度部。

卷二：公式姓諱部、禮祭郊祀部、崇奉褒冊部、樂舞聲歌部、輿駕習衛部。

卷三：旗旒采章部、冠冕首飾部、衣裘帶服部、學校貢舉部。

卷四：經籍藝文部、官爵封建部、勳階寄祿部、師保輔相部、法從清望部。

卷五：三省綱轄部、持憲儲闈部、九寺卿少部、秘殿掌貳部、五監總率部、環衛中貴部。

卷六：橫行武列部、東西使班部、節鉞帥漕部、撫字長民部、京邑館閣部、會府台司部。

卷七：庫務職局部、州郡方域部、眞壇淨灶部、靈宇廟貌部、道釋科教部、伎術醫卜部。

卷八：舟車帷幄部、什物器用部、歲時風俗部、宮室居處部、城市藩御部。

卷九：農業陶漁部、酒醴飲食部、吉凶典制部、博奕嬉戲部、戎容兵械部、戰陣攻守部。

卷十：軍伍名額部、律令刑罰部（附胥吏八事）、布帛雜事部、草木花果部、蟲魚禽獸部。

每部分爲若干事，如〈農業陶漁部〉之分田畝、田業、耕、種、耒耜、犁、耬犁、鉏、鐮、碓、磑、磨、碾、杵臼、舂、水車、蠶絲、機杼、織、陶、冶、漁、釣、獵、羅、網等二十六事。每一個事目下是引文。如「水車」條：「《魏略》曰：馬鈞居京都城內，有地可爲園，無水以灌之，乃作翻車，令童兒轉之，而灌水自覆。今田家有水車，天旱時引水溉田者，即此器也。詳此，則其制起自魏馬鈞也。而漢靈帝使畢嵐作翻車，設機，束以引水，灑南北郊路。又以爲自畢嵐所

務，民國 54 年 2 月臺 1 版），頁 2793。

〔註33〕臧勵龢主編，《中國人名大辭典》（臺北市：臺灣商務，民國 66 年 10 月增補臺一版），頁 880。

〔註34〕（宋）高承撰，《事物紀原》〈目錄〉（《景印文淵閣四庫全書》第 920 冊，臺北市：臺灣商務，民國 72～75 年）。

制矣。未知熟是。」此書內容豐富,《四庫全書總目提要》云:「類多排比詳贍,足資核證〔註35〕。」李果在《事物紀原序》中說:「是書誠多聞多見之捷徑,格致窮理之市蓍龜。」並不全是溢美之詞〔註36〕。

在體例上,《四庫全書總目提要》說此書有名目很雜,類屬不清之病,考證事物的起始,有的不很準確,如引《秦本紀》,認為縣的名稱自秦孝公開始,而不知宣公十一年,楚子縣陳,《杜注》已明言滅陳以為縣。但是惜陰軒本中的引文,已載有「楚莊王滅陳以為縣,縣之名自此始」等語〔註37〕。後一條大概是後人增補的,而《四庫全書總目提要》是據原本寫定的。

該書考證事物起源,雖然有不確之處,但它多是引用原書原文,保存了不少資料可供研究參考。如卷八「小車」條云:「蜀相諸葛亮之出征,始造木牛流馬以遠餉,蓋巴蜀道阻,便於登陟故耳,木牛即今小車之有前轅者,流馬即今獨推者也,而民間謂之江州車子。按《後漢郡國志》,巴郡有江州縣,是時劉備全有巴蜀之地,疑亮之創,始作之于江州縣,當時云然,故後人以為名也。」今按《三國志‧蜀志‧諸葛亮傳》云:「以木牛運」;又云:「亮性長于巧思,損益連弩,木牛流馬,皆出其意。」但至今我們還不能確考「木牛流馬」的圖形。《事物紀原》所云,可備一說。因此,該書在今天對於古代文化史的研究,仍不失為一部有價值的工具書。

該書有刪補本,如明代趙弼編的《事物紀原刪定》、清代納蘭永壽編的《事物紀原補》,可互相參證。

主要版本有:宋慶元三年(1197)建安余氏刊本;明正統十二年(1447)南昌閻敬刊本,《四庫全書總目提要》將「閻敬」誤作「簡敬」,《辭海》亦訛誤;明成化八年(1472)平陽府通判成安李果重刊閻本,並加評點;清康熙六十一年(1722)海寧陳氏刊巾箱本;清光緒二十二年(1896)三原李氏長沙重刊《惜陰軒叢書》本,較好;民國二十六年(1937)上海商務印書館據《惜陰軒叢書》鉛印《叢書集成初編》本;民國五十六年(1967)臺北藝文印書館據清道光李錫齡輯刊本影印;民國五十八年(1969)藝文印書館百部叢書集成初編影印本;民國

〔註35〕 (清)永瑢等奉敕撰,《四庫全書總目提要》〈子部‧類書類一〉(臺北市:臺灣商務,民國54年2月臺1版),頁2794。

〔註36〕 (宋)高承撰,《事物紀原》序(《景印文淵閣四庫全書》第920冊,臺北市:臺灣商務,民國72~75年)。

〔註37〕 (清)永瑢等奉敕撰,《四庫全書總目提要》〈子部‧類書類一〉(臺北市:臺灣商務,民國54年2月臺1版),頁2793。

五十八年（1969）臺北新興書局影印本；民國六十四年（1975）臺灣商務印書館
人人文庫本；民國七十二年至七十五年（1983～1986）臺灣商務印書館據文淵閣
四庫全書本影印；民國七十八年（1989）北京中華書局據《惜陰軒叢書》重印。
並由金圓、許沛藻點校。

 （一）明鈔本
   全幅高 27.7 公分，寬 16.9 公分。每半葉十行，行二十四字。中縫花口，
   上方記書名「事物紀原集類」，中間記卷第（如「卷一」），下方記葉次。
   典藏者：國家圖書館
 （二）明正統十二年（1447）南昌閣敬校刊本
   版匡高 19.3 公分，寬 13 公分。四周雙邊。每半葉十二行，行二十四字。
   版心黑口，雙魚尾（魚尾相隨），上魚尾下方簡記書名卷第（如「紀一
   卷」），下魚尾下方記葉次，另上魚尾及版心下方有：正、虫等反白字
   樣。卷五鈔配。
   典藏者：國家圖書館、故宮博物院圖書館
 （三）明正統十二年（1447）南昌閣敬校刊鈔配本
   序：爆正統十二年……南昌閣敬書。嶧
   正文卷端題爆鄉貢進士閣敬校正嶧
   十二行，行二十四字。雙欄。版心黑口。單魚尾。卷五鈔配。
   典藏者：國家圖書館
 （四）明成化八年（1472）平陽府通判李果刊本
   版匡高 19.2 公分，寬 13 公分。四周雙邊。每半葉十二行，行二十四字。
   版心黑口，雙魚尾（魚尾相隨），上魚尾下方簡記書名卷第（如「紀一」），
   下魚尾下方記葉次，文中附刻句讀。
   典藏者：國家圖書館
 （五）明萬曆間（1573～1620）錢塘胡文煥刊格致叢書本
   版匡高 19.2 公分，寬 13.7 公分。左右雙邊。每半葉十行，行二十字。
   版心花口，雙魚尾（魚尾相向），魚尾上方記書名卷第（如「事物紀原
   卷一」），下魚尾下方記葉次。
   典藏者：國家圖書館
 （六）清光緒十四年（1888）惜陰書局重刊本
   扉頁刊記：光緒十四年秋月長沙惜陰書局重刊。

　　　　典藏者：國家圖書館
　　（七）清光緒二十二年（1896）長沙胡元堂刊本
　　　　典藏者：故宮博物院圖書館
　　（八）清乾隆間（1736～1795）寫文淵閣四庫全書本。
　　　　典藏者：故宮博物院圖書館
　　（九）日本明曆二年刊本
　　　　十行，二十字。單欄。花口，白雙魚尾。
　　　　典藏者：國立臺灣大學圖書館〔註38〕

三、《錦繡萬花谷》一百五十卷　　（宋）不著撰人

　　《錦繡萬花谷》是南宋孝宗時代編纂的一部綜合性類書。不著撰人名氏。作於宋孝宗淳熙十五年（1188），據自序云：「編組成為三集，每集析為四十卷〔註39〕。」以此可知，此書原編為一百二十卷；又據清周中孚《鄭堂讀書記》中說：「別集始刻于明嘉靖，殆明人所編〔註40〕。」因此，別集可能不是原編，為後人補編。該書未著撰人姓名。據正文前的自序可知，作者為南宋孝宗淳熙年間（1174～1189）人。明人所補別集也為著作姓名。

　　該書共一百五十卷。前有作者自序，正文分四集，前集四十卷、後集四十卷、續集四十卷、別集三十卷。前後續三集共約六十多萬字，別集不知。

　　根據正文內容：

前集　分為二十九類：

天道類	天時類	地道類	植物類	帝王符瑞類
帝王陵墓類	官職戶口類	宗教關係類	婚姻類	朋友類
習學類	詩律類	科舉類	才德類	運氣類
居處類	凶兆類	墳墓類	宗教類	神仙類
古人稱號類	文房用品類	樂器類	酒類	饌食類
飛禽走獸類	相貌類	綜合類	雜記類	

〔註38〕國家圖書館特藏組編，《國家圖書館善本書志初稿》〈子部二〉（臺北市：國家圖書館，民國87年6月），頁316～326。
　　　　參考《臺灣地區善本古籍聯合目錄》http://nclcc.ncl.edu.tw/ttscgi/ttsweb/
〔註39〕（宋）不著撰人，《錦繡萬花谷》〈自序〉（《景印文淵閣四庫全書》第924冊，臺北市：臺灣商務，民國72～75年）。
〔註40〕（清）周中孚著，《鄭堂讀書志》（臺北市：世界，民國49年）。

後集　分為二十三類：

天道類	天時類	地道類	帝王皇室類	官職類
宗教關係類	婚姻宗廟類	賞賜類	經學科舉類	人品類
喪事祭文類	居處類	宗教類	凶兆類	武器類
珠寶絲帛類	音樂樂器類	詩歌類	醫術類	飲食類
冠冕綬帶類	花卉植物類	走獸飛禽類		

續集　分為七類：

| 聖事類 | 官職類 | 怪人類 | 生活用品類 | 地名類 | 動物類 | 姓氏類 |

　　別集分為一九六類，為前三集之補充。凡七六一類。每類下又分為若干個小類目，如前集天道類分為天、日、月、星、雨、雪等六個小類目。每個小類目下分為若干項，如前集〈天道類〉「星」這一小類目下又分為「五星」、「四星」、「景星」、「老人星」、「井中視星」等〔註41〕。每一項後面摘錄古籍原文，首記事物，次附錄詩文。用小字雙行注明出處；也有的在摘錄之後用小字雙行解釋摘錄語句中難解的詞語，再注明出處。如前集〈天道類〉「星」這一小類目下為：

　　五星聚東井，漢王入關；五星聚東井，秦分也，此高祖受命之符。《前本紀》
　　辨五星聚東井。崔浩集術士，校漢元以來日月五星行度以示高允，允曰：「金
　　水二星常附日而行，冬十月高帝入關時。」《高允傳》又《青箱記》

　　這裏的《前本紀》、《高允傳又青箱記》為小字雙行，注明摘文出處。又如前集天道類「月」這一小類目下有：

　　嫦娥。羿得不死之藥于西王母，嫦娥竊之奔月，遂托身月中仙。嫦娥，羿妻
　　也。服藥得仙，奔入月中，為月精。出《淮南子》。

　　這裏的「嫦娥，羿妻也。服藥得仙，奔入月中，為月精。」一句是解釋嫦娥奔月這一故事，而「出《淮南子》」則指明了摘文的出處。此外，在有些小類目之後採用《藝文類聚》的體例，附錄詩篇。

　　此書資料取材廣泛，凡古人文集，佛老異書，至於百家傳記，醫技禆官，奇諧小說，均予收錄，其中久經散佚之書，如《職林》、《齋閣雅談》、《雅言系述》、《雲林異景記》等久佚之書，大都依此書而略存一二。此書雖取材較廣，但仍能做到略其煩蕪，取其精華。而且採用《藝文類聚》體例，附錄詩篇，亦有很多逸

〔註41〕（宋）不著撰人，《錦繡萬花谷》〈目錄〉（《景印文淵閣四庫全書》第 924 冊，臺北
　　　　市：臺灣商務，民國 72～75 年）。

章勝什，爲他本所不載，亦足資考證。周中孚《鄭堂讀書記》稱其：「所引古書頗多，所載宋代軼事逸書無夥，且一一俱注出處，頗有資于考證。」但《四庫全書總目提要》云：

> 所錄抵瑣屑從碎，參錯失倫，故頗爲陳振孫所譏。其地理一門，止列偏安州郡，類姓一門，征事僅及數條，而古人稱號之類，又創立明目，博引繁稱，俱不免榛楛雜陳，有乖體要〔註42〕。

主要版本有：明弘治三年（1490）無錫華燧會通館銅活字本，此本作一百卷；明嘉靖十四年（1535）崇古書院刻本；明嘉靖十五年（1536）錫山琴氏繡石堂刻本；民國五十八年（1969）臺北新書店影印四冊本；民國七十二年至七十五年臺灣商務印書館據文淵閣四庫全書本影印。

（一）明刊白口本

　　典藏者：故宮博物院圖書館

（二）明弘正間（1488～1521）錫山華氏會通活字本

　　版匡高 15.6 公分，寬 12.2 公分。左右雙邊。每半葉七行，小字雙行，行十三字。版心上下方盡遭破壞，單魚尾，魚尾下方簡記書名卷第（如「花谷一卷」），再下記葉次。缺卷四。

　　典藏者：國家圖書館、國立中央圖書館臺灣分館

（三）明嘉靖十四年（1535）徽藩崇古書院刊本

　　版匡高 23.1 公分，寬 15.4 公分。四周雙邊。每半葉九行，每行平列，如雙行小註式，行十七字。版心白口，單魚尾，魚尾上方鐫有「敕賜崇古書院刻」字樣，魚尾下方簡記書名卷第（如「萬花谷卷一」），再下記葉次，書名則以黑質白章表之。

　　典藏者：國家圖書館

（四）明嘉靖十五年（1536）錫山秦汴繡石書堂刊本

　　版匡高 18.4 公分，寬 13.3 公分。左右雙邊。每半葉十二行，行二十一字，註文小字雙行，字數同。版心白口，單魚尾，魚尾上方鐫有「繡石書堂」字樣，魚尾下方記卷第（如「卷之一」），版心下方記葉次及集名（如「前」、「後」、「續」、「別」等）。

　　典藏者：國家圖書館、國立臺灣大學圖書館、故宮博物院圖書館、中

〔註42〕（清）永瑢等奉敕撰，《四庫全書總目提要》〈子部・類書類一〉（臺北市：臺灣商務，民國 54 年 2 月臺 1 版），頁 2800。

　　　　研院傅斯年圖書館

　　（五）清乾隆間（1736～1795）寫文淵閣四庫全書本

　　　　典藏者：故宮博物院圖書館〔註43〕

四、《記纂淵海》一百九十五卷　　（宋）潘自牧撰

　　《記纂淵海》是宋代編輯的一部特以纂言繫事的大型類書。宋潘自牧撰。自牧有感於世事不易，而言語千變萬化，遂兼採前人精粹，自成一編。成書約於南宋中後期，為類事之風極盛時期的著作。

　　潘自牧，字牧之，浙江金華人。宋寧宗慶元三年（1196）進士，與《群書考索》的作者章如愚同榜。自牧曾以恩補臺州司戶，充福州州學教授，官龍游及常山令。自牧出於儒學世家，為宋名士潘好古之孫。其父景憲，字叔度，好集異書，與呂祖謙同年而齒長，後乃服呂氏之學而游其門，著有《記纂淵源》。但此書未見諸家著錄，據推測與《記纂淵海》或有聯繫，而資料匱乏，無從考稽〔註44〕。

　　該書據潘氏自稱：「凡二十有二，為門一千二百四十有六。」而今據有關專家復考，計一九五卷，二十二部，一一九五門。其內容分為：〔註45〕

　　　　卷一至卷三六：論議部，二四九門
　　　　卷三七至卷七九：性行部，二三七門
　　　　卷八○至卷一○一：識見部，九五門
　　　　卷一○二至卷一一一：人倫部，八二門
　　　　卷一一二至卷一一五：人道部，二四門
　　　　卷一一六至卷一二一：人情部，二八門
　　　　卷一二二至卷一三五：人事部，九七門
　　　　卷一三六至一三七：人己部，二二門
　　　　卷一三八：物理部，一二門
　　　　卷一三九至卷一四五：敘述部，四○門
　　　　卷一四六至卷一四九：接物部，二二門

〔註43〕國家圖書館特藏組編，《國家圖書館善本書志初稿》〈子部二〉（臺北市：國家圖書館，民國87年6月），頁316～326。
　　　　參考《臺灣地區善本古籍聯合目錄》http://nclcc.ncl.edu.tw/ttscgi/ttsweb/
〔註44〕（清）王梓材、馮雲濠輯，《宋元學案補遺》卷七三（叢書集成續編第250冊，臺北市：新文豐，民國78年7月臺1版），頁674。
〔註45〕（宋）潘自牧撰，《記纂淵海》〈目錄〉（《景印文淵閣四庫全書》第930冊，臺北市：臺灣商務，民國72～75年）。

卷一五○至卷一五三：問學部，三○門

卷一五四至一五六：言語部，二三門

卷一五七至一五九：政事部，一六門

卷一六○至一六五：名譽部，二二門

卷一六六至一七○：著述部，八門

卷一七一至一七五：生理部，二七門

卷一七六至卷一七九：喪紀部，二○門

卷一八○至一八二：兵戎部，三一門

卷一八三至卷一八五：釋門部，三四門

卷一八六至卷一八八：仙道部，三五門

卷一八九至卷一九五：閨儀部，四二門

　　該書不主紀事，詳盡纂言，在我國古代類書中獨樹一幟，又詳大略細，特述諸言流變，分部隸事，部下設門，每門之下，用陰文黑體大字〈經〉、〈子〉、〈史〉、〈傳記〉、〈集〉、〈本朝〉標目冠首。〈經〉多採自儒學經典以明所論之旨；〈子〉取諸子百家的警句，提綱挈領；〈史〉偏重徵引史書中總貫其事的人物言行，而不是注重敘述過程史實；〈傳記〉是小說家言；〈集〉依次取宋前文集中有關論述中心的詩文；〈本朝〉是專錄宋代的人事言行詩文。其徵引各書于引文後注明出處，眉目清晰，極便利於考索查詢。如卷三五論議部三五門・青出于藍：

經：子謂仲弓曰：「犁牛之子騂且角。」（《論語》）

子：青，出于藍，而青于藍；冰，水為之，而寒于水。（《荀子・勸學》）「以涅染緇則黑，于染青則青于藍。」（《淮南子・俶真訓》）

史：孔融見書元將仲將，與其父端書曰：「不意雙珠出老蚌。」（《後漢書》）

傳記：山公大兒武帝欲見之，山公不敢辭，問兒，兒不肯行。時論乃云：勝山公。（《世說》）

集：推輪為大輅之始，大輅寧有推輪之質；增冰為積水所成，積水曾微增冰之凜。（《文選序》）

本朝：淤泥生蓮花，糞壤出菌芝。（東坡詩）

　　但並非每門之下都一例標目齊全，通常是根據各門的具體偏重及資料多少有所取捨，有的〈子〉項略去，有的〈傳記〉略去，不一而足。

　　該書是潘氏有感於世事不移，而言語千變萬化。原序云：「前輩類書，其于記事提要者詳矣，而纂言鉤元大有未滿人意，遂使觀者如循一路之跡，若守一

偶之指，拘繫牽連，往往凝滯于事實之內，而不能推移變化于言意之表〔註46〕。」于是十涉春秋，緡卷數萬，獨辟蹊徑，自成一編。于纂言繫事上尤其突出，影響後世。

　　雖然本書於內容剪裁方面有所創新，而體例上，仍基本因襲前人，並存在不少缺點。《四庫全書總目提要》認為其於「性行議論諸部子目，未免瑣碎〔註47〕。」而明萬曆中重編本，增入天文、地理、物類各部，尤顛倒次序。即所存原本各部中，亦多闕失。如論議部「憎人及胥」門下，脫去「眾口難調」一門；性門部「反覆門」下，脫去「面是背非」一門；「絕物門」下，脫去「徑直」一門；問學部「代筆門」下，脫去「醇正」一門；其生理部易為民業部等等。其每部之中脫失全文子句，尤不可稱數，同時偽誤亦不少，如李商隱詩誤為文等即是。

　　然而，該書成書較早，作者用功頗勤，所引史籍多繫古本，且有的史料而今已佚或不多見，這對於校勘訓詁亦多裨益。《四庫全書總目提要》評曰：「賅備」切中肯綮〔註48〕，其收書廣博精要，至今仍不失為一部資料豐厚、檢索便利的工具書。

　　現存有宋刊本，一九五卷，共三帙，都有殘缺；元刊本，有內閣大庫舊藏殘葉傳世；《浙采遺目》亦有一九五卷，云：「卷末署名泰定乙丑圓沙書院刊行。」係影鈔元刻本；明弘治間（1488～1505），無錫華隧會通館曾以銅活字印行，為二百卷，首尾完具，較近原本，卷次雖與宋本不同，然亦極罕見；明萬曆七年（1579）陳文燧、蔡之奇等重編為一百卷，由大名知府王嘉賓出貲刊行，刪削頗重，與原書相去甚遠；民國六十一年臺北新興書局曾據萬曆刊本影印；一九八八北京中華書局據三個宋本補抄影印出版，精裝四冊，為目前最完整的本子。另外，民國七十二年至七十五年臺灣商務印書館據文淵閣四庫全書本影印。

　　（一）明烏絲闌鈔本
　　　　典藏者：國家圖書館、故宮博物院圖書館
　　（二）明弘治十六年（1503）錫山華氏會通館銅活字本配補鈔本
　　　　卷二十一至卷二十五、卷一八五至卷一九〇，凡十一卷影鈔配。

〔註46〕（宋）潘自牧撰，《記纂淵海》〈原序〉（《景印文淵閣四庫全書》第930冊，臺北市：臺灣商務，民國72～75年）。
〔註47〕（清）永瑢等奉敕撰，《四庫全書總目提要》〈子部・類書類一〉（臺北市：臺灣商務，民國54年2月臺1版），頁2801。
〔註48〕同上註。

（清）方功惠手書題記。

典藏者：國家圖書館、國立中央圖書館臺灣分館

（三）明萬曆七年（1579）大名知府王嘉賓刊本

版匡高 19.6 公分，寬 14.3 公分。四周雙邊。每半葉十二行，行二十二字，註文小字雙行，字數同。版心花口，單魚尾，魚尾上方記書名「記纂淵海」，魚尾下方記卷第（如「卷之一」），其下方記葉次，版心下方偶署刻工名。刻工名：魁、吉、史、魯、郭、明、車等。書中有鈔補。

典藏者：國家圖書館、國立臺灣大學圖書館、故宮博物院圖書館、中研院傅斯年圖書館

（四）清乾隆間（1736～1795）寫文淵閣四庫全書本

典藏者：故宮博物院圖書館〔註49〕

五、《海錄碎事》二十二卷　　（宋）葉廷珪撰

《海錄碎事》是南宋初期葉廷珪所編集的一部中型類書。本書搜輯群書中的新鮮詞語作為標目，分門別類引據舊籍，以便讀者尋檢故實之用，頗有類於今日的詞典。因抄錄群書的範圍廣博如海；而其搜輯的事實或細碎如竹頭、木屑，故名之曰《海錄碎事》。

《海錄碎事》成書於南宋高宗紹興十九年（1149），在宋代即有刻本。雖然晁公武《郡齋讀書志》、趙希弁《附志》均未見著錄；但尤袤《遂初堂書目》及陳振孫《直齋書錄解題》均收入，可見在南宋淳熙年間（1174～1189）就已有刻本了。但宋本今已失傳。現在所能見到的《海錄碎事》的最早刻本是明萬曆二十六年（1589）長洲劉鳳與其族孫劉應廣的校刻本，萬曆末年，又有卓顯卿校刻本。其版式、行格均與劉刻本同，當同出於一源。清代未見有重刻。日本有松崎復依據其家藏的劉氏刻本重刻刊行，是為文化十五年（當於清嘉慶二十三年，1818 年）的翻刻本。由於此書流傳不廣，最近大陸上海辭書出版社乃據所藏萬曆卓顯卿本影印發行。在重印時，書末附有以字頭順序排列的詞目索引，便於讀者檢索。

葉廷珪，宋崇安（今福建崇安縣）人，字嗣宗，宋徽宗政和年間（1111～1118）進士，出知德興縣（今江西德興縣），南宋高宗紹興年間（1131～1162）為太常

〔註49〕國家圖書館特藏組編，《國家圖書館善本書志初稿》〈子部二〉（臺北市：國家圖書館，民國 87 年 6 月），頁 316～326。

參考《臺灣地區善本古籍聯合目錄》http://nclcc.ncl.edu.tw/ttscgi/ttsweb/

博士，因違忤時相秦檜，以左朝議代夫出知泉州（今福建泉州），後繼續受到迫害，晚景十分淒涼。

廷珪生平喜愛讀書，每聞士大夫家藏有異書，無不借讀，讀時則擇其感興趣之事隨手抄錄，數十年間堅持不懈，積久所錄有數十巨冊之多。後居官泉州、公事之暇，因其所錄繁冗，不易翻檢，乃分門分類加以整理，名之爲《海錄》。《海錄》共分爲六個序列，即雜事、碎事、未見事、事始、警句圖、本事詩。其中以碎事的文字最多。故先行整理問梓。故《海錄碎事》實爲葉氏《海錄》中的一個部分〔註50〕。

《海錄碎事》凡二十二卷，分爲十六部、一七五門，約十餘萬字。最初稱爲《四一錄》，即將詞目從一個字到四個字編錄下來，故稱之。後因詞目字數不限於四字，故改今名〔註51〕。其門類亦有所增加，實際上爲五八一門。其編纂體例是先列標目，標目之後，則抄錄所引群書的原文出處。其中最多的爲二個字至四個字，但也有少數在五個字以上的。如「藥有君臣佐使」爲六字；「蓬池明月池七女池」則有八字之多，這是將同一引文併列詞組合在一起以節省篇幅的緣故。

《海錄碎事》所引故書舊典範圍很廣泛，凡正史、山經、地志、花譜、藥錄、小說、雜記等等，無不在搜輯之列。所輯書籍的時代上起先秦兩漢，下迄北宋。正史方面如《史記》、兩《漢書》、《三國志》，詩文藝術方面如宋人劉攽的詩句、僧贊寧的《竹譜》等皆被採錄。由於葉氏所採群籍廣博，且多是宋代的書，或時人的寫本，其書有些在今日已經失傳，有些與今本的文字有所異同。因此，它實具有輯逸或稽考故事的作用。例如魯迅輯《會稽郡故事雜集》、《古小說鉤沉》和《嶺表異錄》就採用過本書的材料。又如本書卷二「水旱門」耕父條引《山海經》，與今本《山海經‧中山經》中的正文和注就有所不同，這就可作古書的校勘之用。再加本書卷十二「市舶門」曾引用《市舶錄》一書中的材料就有五條。唐宋時期市舶司是管理海外交通貿易的官方機構。《市舶錄》即爲記載宋代市舶事務的官書，早已失傳。本書中「獨檣舶」條引《市舶錄》說：「有獨檣舶，深五十餘肘；三木舶，深四十深（按當作「餘」字）肘；又有牛頭金睛舶，其大可載一千婆簡。方言：二十兩爲一加底，二百四十加底爲婆簡。」這就可考見宋代航行於南中國海和阿拉伯海之間的各種船舶的名稱、噸位和吃水，有補於海外交通貿易史的具體情況。故本書所引材料雖東鱗西爪，零碎、瑣屑，但卻頗爲珍貴，有補於實用。

〔註50〕（清）陸心源輯，《宋史翼》卷二七（臺北市：鼎文，民國 67 年 9 月），頁 307。
〔註51〕（宋）葉廷珪撰，《海錄碎事》〈原序〉（《景印文淵閣四庫全書》第 921 冊，臺北市：臺灣商務，民國 72～75 年）。

　　我國以前最大的一部古典詞書是清康熙年間（1162～1722）官修的《佩文韻府》，但此書在編纂時，並未充分利用《海錄碎事》。有很多詞語見於《海錄碎事》而《佩文韻府》卻未見收入；有些詞語《佩文韻府》雖已收入，但其出典文字則不及《海錄碎事》詳明。日人松崎復曾普檢宋以來的類書如《山堂考索》、《潛確居類書》、《淵鑑類函》和《佩文韻府》等書後發現：《海錄碎事》所載：「諸書多不登機，蓋諸家編摩時，不及見是書歟？此可喜也。」因此，《海錄碎事》雖是宋人的一部中型類書，但由於其成書早，流傳又不廣，少為人所稱引，故它對於古文獻學、古漢語語詞學以及歷史考證之學都具有重要價值，是一部具有實用的工具書。

（一）舊鈔本

　　　全幅高 26.3 公分，寬 18.1 公分。每半葉十二行，行二十字，註文小字雙行，字數同。中縫白口，中縫中間記書名卷第（如「海錄碎事卷一」），下方記葉次。

　　　典藏者：國家圖書館、國立中央圖書館臺灣分館

（二）墨格舊鈔本

　　　典藏者：國立中央圖書館臺灣分館

（三）烏絲闌舊鈔本

　　　版匡高 17.2 公分，寬 11 公分。四周雙邊。每半葉十一行，行二十一字，註文小字雙行。版心黑口，雙魚尾（魚尾相向），上魚尾下方記書名卷第（「海錄碎事卷一」），下魚尾上方記葉次。

　　　典藏者：國家圖書館

（四）明萬曆二十六年（1598）河南僉憲劉鳳校刊本

　　　版匡高 20.4 公分，寬 13.9 公分。左右雙邊。每半葉十二行，行二十一字，註文小字雙行，字數同。版心花口，單魚尾，魚尾上方記書名「海錄碎事」，魚尾下方記卷第（如「卷一」），再下記葉次。

　　　典藏者：國家圖書館、國立中央圖書館臺灣分館、故宮博物院圖書館、中研院傅斯年圖書館

（五）明萬曆二十七（1599）年卓顯卿校刊本

　　　典藏者：故宮博物院圖書館

（六）日文化十五年肥後松崎氏據萬曆刊本重刻

　　　匡 17，寬 12 公分。

　　　典藏者：國立中央圖書館臺灣分館

（七）清乾隆間（1736～1795）寫文淵閣四庫全書本

版匡高 20.6 公分，寬 13.8 公分。四周雙邊。每半葉八行，行二十一字，
註文小字雙行，字數同。版心花口，單魚尾，魚尾上方記「欽定四庫
全書」，魚尾下方記書名、卷第（如「海錄碎事／卷一」），再下記葉次。
卷六至卷十鈔配。

典藏者：國家圖書館、故宮博物院圖書館〔註 52〕

六、《唐宋白孔六帖》六十卷　（唐）白居易編（宋）孔傳續編

《唐宋白孔六帖》簡稱《白孔六帖》，是我國南宋末年合刻唐《白氏六帖》和
宋《孔氏六帖》而成的一部大型綜合性類書。《白氏六帖》原名《白氏六帖事類集》
或《白氏六帖類聚》，簡稱《白帖》，又名《經史事類》、《事類集要》，是唐朝中葉
著名詩人白居易為積累寫作材料而編的一部類書，相傳白居易置瓶數千，命諸生
採摘唐以前經籍中典故詞語、詩文佳句，投入瓶中，後分門別類匯輯成書。至於
「六帖」一詞，其含義為何，尚無定論。一說認為，唐代考試制度以六科取士，
試題叫「帖」，此書專供考生應試之用，故名「六帖」；一說則認為《白氏六帖》
共三十卷，合數卷為一冊，共有六冊。每冊版心標有帖一、帖二至帖六等字樣，
因此，這才是「六帖」的原意。《孔氏六帖》，原名《六帖新書》或稱《後六帖》，
簡稱「孔帖」，乃南宋初年孔子之後裔孔傳為續《白帖》而作，該書仿《白帖》之
體例，將唐、五代時的史籍、詩文中的內容，又抄錄匯輯而成，成於紹興（1131
～1162）初年，始刻於乾道二年（1166）。《白氏六帖》現有宋紹興間（1131～1162）
刻本，為傅增湘藏，難於目睹；又有 1933 年吳興張氏影傅氏藏宋刊本。《白孔六
帖》現有明嘉靖間（1522～1566）蘇州覆宋刊本，裝訂為六十冊，印製頗精，是
一個較好的本子，入《四庫全書》。

白居易（772～846），字樂天，晚年號香山居士。先世居太原（今屬山西）人，
後遷居下邽（今陝西渭南東北）。貞元進士，授秘書省校書郎。元和年間（806
～820）因得罪權貴，被貶為江州司馬。長慶初年任杭州刺史，寶曆初年任蘇州
刺史，後官至刑部尚書。在文學上積極倡導新樂府運動，《與元九書》是他詩論
的綱領，為我國文學批評史上的重要文獻。他的作品富有現實主義精神，其諷

〔註 52〕國家圖書館特藏組編，《國家圖書館善本書志初稿》〈子部二〉（臺北市：國家圖書
館，民國 87 年 6 月），頁 316～326。
參考《臺灣地區善本古籍聯合目錄》http://nclcc.ncl.edu.tw/ttscgi/ttsweb/

喻詩最爲有名。除諷喻詩外，長篇敘事詩《長恨歌》、《琵琶行》，也稱傑作。有
《白氏長慶集》〔註53〕。

孔傳，宋史無傳，原名若古，字世文，兗州人，道輔孫。博極群書，尤精易
學，操行介潔，不爲利誘勢怵。宋建炎中，隨宗子端友南渡，居于衢，率族人拜
疏于闕下，敘家門故事。紹興三年（1129），知邠州，鋤強扶貧，民咸畏服。移知
陝州，以平鼎澧，寇功進秩，改撫州，會建昌卒闋，先生單車馳至，諭以禍福一
軍帖，然進續《白氏六帖》、《文樞要記》書送祕省。晚號杉溪。有《杉溪集》及
《孔子編年》、《東家雜記》等書。官至中散大夫，贈中大夫，年七十五卒〔註54〕。

《白氏六帖》三十卷，分一三六七門。除每卷之前詳列本句的門數、門目外，
卷首前面又有總目一葉。這個總目，有時是抽舉本卷的重要門目（如卷第一），有
時則是概括爲部目（如卷二十一），措置不一。總之，不能視爲統率一三六七門的
部、類目錄。然而由於它比較能反映全書的門目內容，故錄之如下：〔註55〕

卷一：天、地、日、月、星辰、雲、雨、雷、四時、節、臘。

卷二：山、水、川澤、丘、陵、溪、洞、江、河、淮、海、泉、池、寶
　　　貨、布、帛。

卷三：京都、邑居、道路、郊、野、封疆、館驛、樓、閣、侖、庫、舟、
　　　車。

卷四：衣服、印綬、刀、劍、器物、袽褥、筆硯、紙、墨。

卷五：酤榷、飲食、酒肉、醢、醯、茶、鹽、蜜、酪、米、面、柴、草、
　　　炭。

卷六：宗親、奴婢。

卷七：人狀貌、貴賤、隱逸、雜舉措。

卷八：孝行、情性、忠、義、智謀、仁、信、貞、儉、恭慎、傲慢、勇、
　　　壯。

卷九：言語、視聽、律呂、醫、相、書、算、卜筮、圖畫、方藥、博奕。

卷十：賓、旅、干謁、朋友、推荐、離別、贈祝、慶賀、餽遺、奉使。

〔註53〕（後晉）劉昫撰，《舊唐書》卷一六六〈列傳一一六〉（臺北市：鼎文，民國67年
　　　9月），頁4340～4358。
〔註54〕（清）王梓材、馮雲濠輯，《宋元學案補遺》卷三（叢書集成續編第248冊，臺北
　　　市：新文豐，民國78年7月臺1版），頁214。
〔註55〕（唐）白居易撰、（宋）孔傳續撰，《白孔六帖》〈目錄〉（《景印文淵閣四庫全書》
　　　第891冊，臺北市：臺灣商務，民國72～75年）。

－113－

卷十一：帝德、朝會、宮苑、皇親、制詔、圖書、表奏、對見、諫爭。

卷十二：理道、清廉、貪濁、暴政、威名、俸祿、舉選。

卷十三：刑法、斷獄、拷訊、議讞、改制、贓賄、冤獄。

卷十四：賞賜、戰功、諫臣、田宅、車服、雜器物、封建、嗣蔭。

卷十五：軍旅、出征、戰陣、訓練、救援、獻捷、伏兵、險阻、戎狄。

卷十六：資糧、屯田、用兵、戎服、兵器、險固、防備。

卷十七：禮儀、享宴、冠禮、鄉飲酒、上壽、養老、致仕。

卷十八：樂、制樂、知音、六代四夷樂、雜戲、歌、舞。

卷十九：喪服、殯斂、祭奠、哭、踊、吊、葬、墳墓、忌日。

卷二十：祭祀、蒸荐、宗廟、木社、地祇、釋奠、雜祀。

卷二十一：職官。

卷二十二：戶口、徵賦、貢獻、儲蓄、均輸。

卷二十三：勸農、開墾、耕耘、收穫、農器、百谷、豐稔。

卷二十四：商賈、功（工）巧、材木、膠、皮、染練、金冶、土工。

卷二十五：畋獵、陷阱、網罟、射。

卷二十六：文、武、三教。

卷二十七：鬼神、禱祀、妖怪、變化。

卷二十八：叛亂、寇賊、諂佞、仇怨、黜辱、妖訛、咒詛。

卷二十九：鳥、獸。

卷三十：草木、雜果。

　　每目之下，採擇成語典故，或摘句，或提要，體例與《北堂書鈔》略同，但比其更為零散瑣碎，排列無時代順序，且極少注明出處。故在宋代即通行有注與無注兩種本子，據南宋晁公武《郡齋讀書記》所載，白氏原書只有正文，正文下的小注是他的曾祖晁仲衍（北宋人）加上的。

　　《孔氏六帖》三十卷，分一三七一門，體例與《白氏六帖》完全相同。陵陽韓駒在《六帖新序》中，對孔傳的著書經過有較詳的記載：「自唐至吾宋幾四百年，故事畔散不屬。東魯孔侯，宣聖之裔，中丞公之孫也。數試藝于有司，輒不售。退為《新書》，以仿白公之意。方侯著書時，士皆挾一經，不治他技，而侯獨奮不顧，自詩、頌、銘、贊、奇編、秘錄、窮探歷代，縴芥不遺，斯亦勤矣。書成而當建炎、紹興之際，主上復古救弊，士知博學。孔侯之書，如當家之儲材，棟橡楷栱，雲委山積。匠者得之，應手不窮，功用其小哉！」

　　至南宋末年，不知是誰將《白帖》與《孔帖》合刻在一起，題名為《唐宋白

孔六帖》。《白孔六帖》以《白帖》爲主，將《孔帖》各類附入其下，另析爲一百卷，子目計一三九九門，較單行的《白帖》多三十二門，單行的《孔帖》多二十八門。它是以逐個子目來合併的。每一子目，先列《白帖》，後列《孔帖》，以黑地白文的「白」字、「孔」字爲別，其形式舉卷三四《游覽》八爲例：

白以遨以游。《詩》：駕言出游，以寫我憂。《詩》：挑兮達兮，在城闕兮。（挑達，往來相見貌。）《詩》：子之湯兮，宛丘之上。（《宛丘》，刺陳幽公游蕩無度。）晉越文子。（觀于九原曰：丘哉斯丘！）可以遠眺望。（《月令》五月。）登城不指。常事曰視，非常曰觀。（《穀梁傳》。）禁屬游飲食于市者。（《周禮》。）盤游。（慢游是好。）寓目。（憑軾而觀。）縱觀。（逸游是娛。）

孔遨游林墅。（盧鈞始被召，自以當輔政。既失志，故內怨望，數移病不事事，遨游林墅，累日一還。）酣遨。（裴耀卿、蓋嘉遠詔為河西隴右節度使。嘉遠以新立功，日酣遨，未赴屯，耀傾言于帝。）召故人出游。（柳渾罷政事，免後數日，置酒召故人出游，酣肆乃還，曠然無黜免意。）

《白孔六帖》摘取古籍中一些詞語，不免瑣碎支離，不成片斷；排列無次第，注文也很簡略。但它所引，多爲唐宋以前的古籍，今多不傳。偶有一些零星材料，可供研究文學、語言的人採擇。如卷九十五《鴝鵒》二引裴啓《語林》謝尚酒後作鴝鵒舞一條，即爲其他類書所未載的佚文。在校勘古書方面，這書也有一定使用價值。例如唐書應物有《長安遇馮著》詩，《白孔六帖》卷三「春」門《孔帖》引這詩中的兩句，下注出自書詩《長安遇貧者》，題目與《書蘇州集》不同。又如杜甫《洗兵馬》有「身長九尺須眉蒼。」這對校唐詩也有一定幫助。另外，唐人類書，現存不多。《白氏六帖》亦可聊備一格，爲在探討類書內容和形式的演變時作參考。

（一）明刊本
　　序：燭陵陽韓駒子蒼嶧
　　十行，行十八字，夾註雙行字數同。左右雙欄。版心白口。單魚尾，
　　下方記刻工姓名。
　　典藏者：國家圖書館、中研院傅斯年圖書館
（二）明嘉靖間（1522～1566）刊本
　　版匡高 19.1 公分，寬 15.2 公分。左右雙邊。每半葉十行，行十八字，
　　註文小字雙行，字數同。版心白口，單魚尾，魚尾下方簡記書名卷第
　　（如「白孔六帖一」），再下記葉次，版心下方偏右署刻工名。
　　典藏者：國家圖書館

（三）明嘉靖間（1522～1566）蘇州覆宋刊本

　　版匡高 19 公分，寬 14.4 公分。

　　十行十八字。

　　典藏者：故宮博物院圖書館

（四）明天啓元年（1621）鈔本

　　朱樫之印，九丹一字淹頌等印記。

　　典藏者：中研院傅斯年圖書館

（五）清乾隆間（1736～1795）寫文淵閣四庫全書本

　　典藏者：故宮博物院圖書館〔註 56〕

七、《山堂考索》前集六十六卷　後集六十五卷　續集五十六卷　別集二十五卷　（宋）章如愚撰

　　《山堂考索》又名《群書考索》，是成書於南宋寧宗年間（1195～1224）的一部綜合性類書。章如愚撰。「山堂」是章氏的市室名。

　　章如愚，字俊卿，婺州金華（今浙江金華）人。自幼穎悟，潛心理學。南宋慶元進士，與真西山同榜。初授國子博士，改知貴州，政績大著，開禧初被召，上疏極陳時政，因觸忤權相韓侂胄罷官。結草堂山中，與士子講學，時稱「山堂先生」。史稱有文集行世，今已散佚，只有此書尚存。在這部書中，作者博採經史百家之言，論列政治制度，寄寓了作者可貴的經世治國之心和嚴謹扎實的治學態度〔註 57〕。

　　該書宋刊本為十集一百卷，元明刻本有所增補，編為前集六十六卷、後集六十五卷、續集五十六卷、別集二十五卷，共計二一二卷。各刊本所列門、類、目互有出入，根據明刊本，四集共分五十門〔註 58〕。

前集　十五門：

六經	諸子	諸經	諸子百家	韻學
字學	諸史	聖翰	文章	禮樂

〔註 56〕國家圖書館特藏組編，《國家圖書館善本書志初稿》〈子部二〉（臺北市：國家圖書館，民國 87 年 6 月），頁 316～326。
　　　　參考《臺灣地區善本古籍聯合目錄》http://nclcc.ncl.edu.tw/ttscgi/ttsweb/
〔註 57〕（清）王梓材・馮雲濠輯，《宋元學案補遺》卷七九（叢書集成續編第 251 冊，臺北市：新文豐，民國 78 年 7 月臺 1 版）。
〔註 58〕（宋）章如愚撰，《群書考索》〈目錄〉（《景印文淵閣四庫全書》第 936～938 冊，臺北市：臺灣商務，民國 72～75 年）。

禮器	律呂	曆數	天文	地理

後集　九門：

官制	官	士	兵	民（風俗田制）
財	財稅	財用	刑	

續集　十五門：

經籍	諸史	文章	翰墨	律曆
五行	禮樂	封建	官制	兵制
財用	輿地	君道	臣道	聖賢

別集　十一門：

圖書	經籍	諸史	禮樂	曆	人臣
士	財用	兵	夷狄	邊防	

　　《四庫全書總目提要》所列內府藏本「前集」將諸子、諸子百家分列諸子、百家二門，沒有明刊本的韻學、字學、禮器三門，文章門之前有書目一門，共十三門；〈後集〉分官制、學制、貢舉、兵制、食貨、財用、刑法七門，與明刊本不同；「續集」僅以「諸路」代明刊本的「輿地」，其餘與明刊本同；「別集」分圖書、經籍、諸史、文章、律曆、人臣、經藝、財用、兵制、四裔、邊防十一門，又與明刊本不盡相同〔註59〕。

　　每門之下再分若干類，每類又分若干條目，如〈六經門〉之下，分易類、書類、詩類、周禮類、禮記類、春秋類、六經總論等類。所列條目做到「言必有證，事必有據」，且每條都附有作者按語，這是一般類書體例所沒有的。本書博採諸家之言而折衷己意，詳于典章制度和文史經籍，尤其是關於政治制度方面，敘述源流更為詳備。如〈後集〉兵門先列唐府兵圖，然後云：「唐立府兵之制，頗有足稱焉。蓋古者兵法起于井田，自周衰，王制壞而不復，至于府兵始一寓于農，其居處教養蓄材待事動作休息，皆有節目，雖不能盡合古法，蓋得大意。……唐有天下二百餘年，而兵之大勢三變，其始盛時有府兵，後而為彍騎，彍騎又廢，而方鎮之兵盛矣。及其末也，強臣悍將兵布天下，而天子亦自置兵于京師，曰禁軍。其後天子弱，方鎮強，而唐遂亡滅者，措置之勢使然也。」下面分別介紹唐府兵、彍騎、方鎮之兵、禁軍之制及唐由盛而亡的過程。接著云：「宋朝兵制，藝祖深鑒

〔註59〕（清）永瑢等奉敕撰，《四庫全書總目提要》〈子部‧類書類一〉（臺北市：臺灣商務，民國54年2月臺1版），頁2804～2805。

唐末五代之弊，既平諸國，詔諸道長吏送其驍銳于關中，聚勁兵于京師，躬定軍制。」並詳細介紹了宋太祖確立的兵制及後來出現的問題以及神宗時由王安石變法而確立的募兵制度。

最後作者按語：

> 漢唐兵制未有善于斯者，奈何其莫之察也。皇朝之制，大臣平章先軍而後國，群臣出守，先軍而後州，軍曰軍資，監曰軍器，官曰參軍，務曰贍軍，其于軍事重矣，蓋亦以是加之察乎〔註60〕！

雖然這是作者的一家之言，而且因爲作者身爲宋人，各種制度的利弊尚未充分爲時人認清，具有歷史的局限性，但仍不乏精核之處，足資後世學者參考。

該書卷帙浩繁，又四集不是同時所作，門類重複未審，不免有重複抵牾之處。如前集三十三卷（依四庫內府藏本，下同），既主三年一祫，五年一禘，以爲宋制合古，別集第十四卷又專主顏達龍三年一禘，五年一祫之說。又如「經籍」、「諸史」、「禮樂」、「官制」等各門在各集中重複出現，資料有的互相補充，有的則互相矛盾。該書體例繁雜，不便檢尋，所以至今尚未得到充分利用。

但是，《四庫全書總目提要》認爲該書是：

> 宋自南渡以後，通儒尊性命而薄事功，文士尚議論而鮮考證。如愚是編，獨以考索爲名，言必有證，事必有據。博采諸家，而折衷以己意。不但淹通掌故，亦頗以經世爲心，在講學之家，尚有實際〔註61〕。

它是宋代一部比較好的類書。《四庫全書總目提要》評爲：

> 大致網羅繁富，考據亦多所心得。在宋人著述中，較《通考》雖體例稍雜，而優于釋經；較《玉海》雖博贍不及，而詳于時政；較《黃氏日鈔》則條目獨明；較呂氏《制度詳說》則源流爲備〔註62〕。

此書有宋刊本；元延祐中（1314～1320）圓沙書院刊小字巾箱本；明正德三年（1508）建陽劉洪慎獨齋刊本。

民國七十二年至七十五年臺灣商務印書館據文淵閣四庫全書本影印。

〔註60〕（宋）章如愚撰，《群書考索》〈後集・兵門〉（《景印文淵閣四庫全書》第 936～938 冊，臺北市：臺灣商務，民國 72～75 年）。

〔註61〕（清）永瑢等奉敕撰，《四庫全書總目提要》〈子部・類書類一〉（臺北市：臺灣商務，民國 54 年 2 月臺 1 版），頁 2788。

〔註62〕（清）永瑢等奉敕撰，《四庫全書總目提要》〈子部・類書類一〉（臺北市：臺灣商務，民國 54 年 2 月臺 1 版），頁 2788。

（一）元延祐七年（1320）圓沙書院刊本

版匡高 16.1 公分，寬 10.5 公分。四周雙邊。每半葉十五行，行二十四字，註文小字。版心黑口，雙魚尾（魚尾相隨），上魚尾下方簡記書名集名卷第（「考索前一」），下魚尾下方記葉次。

按：此帙紙墨清潔，字畫明晰，元建體字型，為圓沙書院原版早印本。

典藏者：國家圖書館、故宮博物院圖書館

（二）明藍格鈔本

版匡高 21.4 公分，寬 15 公分。四周單邊。每半葉十行，行二十二字，註文小字雙行，字數同。版心白口。

典藏者：國家圖書館

（三）明正德三年（1508）建陽劉氏慎獨齋刊本

序：爆正德戊辰歲莆田守素軒鄭京序。

十四行，行二十八字。雙欄，版心黑口，雙魚尾。

典藏者：國家圖書館、國立中央圖書館臺灣分館

（四）明正德三年（1508）建陽劉氏慎獨齋刊鈔補本

版匡高 19.4 公分，寬 12.9 公分。四周雙邊。每半葉十四行，行二十八字，註文小字雙行，字數同。版心花口，雙魚尾（魚尾相隨），版心上方簡記書名集名卷第（如「考索前集卷之一」），上魚尾下方記葉次。

前集卷二十三至卷二十五、卷三十六、卷三十七、後集卷四十一、卷四十八至卷五十，凡九卷鈔配。

典藏者：國家圖書館

（五）明正德十六年（1521）劉洪刊本

版匡高 19.9 公分，寬 13.2 公分。版式行款及卷端悉同「明正德三年建陽劉氏慎獨齋刊鈔補本」。

典藏者：故宮博物院圖書館、中研院傅斯年圖書館

（六）傳鈔明建陽劉氏慎獨齋刊本

全幅高 28.1 公分，寬 17.8 公分。每半葉十四行，行二十八字，註文小字雙行，字數同。

典藏者：國家圖書館

（七）清乾隆間（1736～1795）寫文淵閣四庫全書本

典藏者：故宮博物院圖書館〔註63〕

八、《事林廣記》前集十三卷　後集十三卷　續集八卷　別集八卷
（宋）陳元靚撰

　　《事林廣記》是一部日用百科全書型的古代民間類書。南宋末年陳元靚適民間所需，取便流俗而撰。本書成書於宋季，考之其內容，乃至地輿，聖賢等類之形制避諱。據《䀚宋樓藏書志》云：「是編各類所徵引至南宋亡」確爲可信〔註64〕。宋季原本今已不可見，今所見者元至順（1330～1333）間建安椿庄書院刻本，四集四十二卷，題作《新編纂圖增類群書類要事林廣記》，已有增補；元後至元六年（1340）建陽鄭氏積誠堂刻本，以天干分有十集二十卷，題作《纂圖增新群書類要事林廣記》，不著編纂人；日本元錄十二年（1699）翻刻元泰定二年（1325）刻本，各卷題名雜陳不一；明永樂十六年（1418）建陽翠岩精舍刻本，題名同後至元本，六集十二卷；明成化十四年（1478）建陽劉廷賓等刻本，四十卷，明鍾景清增補。以上諸本，以至順本最爲完整，資料豐富，錯誤較少，插圖亦較詳明。

　　陳元靚，自署廣寒仙裔，約生活在南宋寧宗，理宗時，崇安（今福建崇安）人，爲名臣陳遜的後裔。其一生無甚功名，惟隱居著書而已，多數著作是應書坊主之約，取便流俗通用而編，爲民間所喜愛。有《博聞錄》、《歲時廣記》、《事林廣記》等〔註65〕。《博聞錄》今已佚，僅從《歲時廣記》、《農桑輯要》及《永樂大典》殘存各卷的引用文字中可窺其一斑。

　　該書著者名微，而其書頗利民間日用，故各代增刪翻刻屢屢不絕。各版本之間，卷數、門類亦大相徑庭。就目前所見到的版本，有四十二卷、二十卷、十二卷之別，有十集、六集、四集之分。其中以六集的至順本爲優。此本分前集十三卷十五類，後集十三卷十八類，續集八卷三類，別集八卷七類，共計四十二卷四十三類（前集卷五「方國類」缺，卷一「兩儀圖說」、「兩曜圖說」及卷二第一六〇葉亦缺）。

〔註63〕國家圖書館特藏組編，《國家圖書館善本書志初稿》〈子部二〉（臺北市：國家圖書館，民國87年6月），頁316～326。
　　　　參考《臺灣地區善本古籍聯合目錄》http://nclcc.ncl.edu.tw/ttscgi/ttsweb/
〔註64〕（清）陸心源編撰，《䀚宋樓藏書志》（臺北市：廣文，民國57年）。
〔註65〕臧勵龢編，《中國人名大辭典》（臺北市：臺灣商務，民國66年10月增補臺一版），頁1064。

前集：

卷一天文類	卷二曆候類、節序類	卷三地輿類
卷四郡邑類	卷五方國類（缺）	卷六勝蹟類、仙境類
卷七人紀類	卷八至九人事類	卷十家禮類
卷十一儀禮類	卷十二農桑類	卷十三花果類、竹木類。

後集：

卷一帝系類	卷二紀年類、歷代類	卷三至四聖賢類
卷五先賢類	卷六宮室類、學校類	卷七文籍類、辭章類
卷八儒教類	卷九幼學類、文房類	卷十服飾類、閨妝類
卷十一器用類	卷十二音樂類、音譜類	卷十三武藝類

續集：

卷一至二道教類	卷三禪教類	卷四至八文藝類

別集：

卷一至二官制類	卷三刑法類	卷四公理類	卷五貨寶類
卷六算法類	卷七茶果類	卷八酒曲類〔註66〕	

　　該書類下有子目，每子目下黑題標目，引經史子集乃至民間俗語作詮釋。或述源流，或明構造，或辨體制，或列沿革，各應其類目，側重有所不同。有的引文注明出處，有的配以插圖。例如：後集卷十一〈器用類〉：

器用制度（略）

筵（有圖）周禮注云：「筵亦席也。在上輔陳曰筵，在下蹠籍曰席。」古人坐席之重，再重各有差。

簋（有圖）內方外圓曰簋，盛黍稷之器，有蓋象龜其中。

爵（有圖）一升曰爵，上有兩柱，取其飲不盡之意；三足如戈，形戒其過則傷也。

　　《事林廣記》在各種類書中別樹一幟。首先，它名羅萬象，保存了較多的宋元時代市井狀態和民俗生活方面的資料。例如：別集卷四〈公理類〉列各種訴狀程式，有「軍人告取封裝狀式」、「婦人夫亡無子告據改嫁狀式」等，可窺見當時

〔註66〕　（宋）陳元靚撰，《事林廣記》，明成化十四年（1478）劉廷賓等福建刊本。
　　　　　（宋）陳元靚撰，《事林廣記》（北京市：中華，1999 年）。

社會的風俗；續集卷六至卷八〈文藝類〉載有當時民間各種娛樂活動方法，有「投壺」、「雙陸」、「打馬」、「蹴氣球」、「幻術」等，細述其形式方法，圖文並茂，一目了然；別集卷六「算法類」羅列「累算數法」、「足數展省」、「省數歸足」、「九九算法」等都是當時民間習用的算法；同類中又有「魯般尺法」、「玄女尺法」、「飛白尺法」等都是過去民間營造工匠世代沿用的尺度，以往無其他文獻敘述過，這些在今天仍具有一定史料價值。如數學家李儼曾從此書中輯錄「算法源流」編入其所藏《十三、十四世紀中國民間數學》一書。日本加藤繁著《宋代都市的發展》及英國李約瑟著《中國科技史》皆得益於本書，書中所附插圖，亦來源於此。《事林廣記》為宋元時期的研究提供了不可多得的民間生活資料。

其次，開類書大量附插圖之先河。書中附載圖畫，以便讀者直觀理解。溯類書之有圖者，推源於唐仲友之《帝王經世圖譜》（1201），但其書絕大部分是譜，圖僅有地圖五幅，而無形象之圖，故而大量附載插圖之類書，始於《事林廣記》。其圖品類廣泛，既有譜表、地圖，亦有實物之圖畫。如〈曆候類〉之「律度量衡圖」、「古制蓮漏之圖」；〈儀禮類〉之「習跪圖」；〈農桑類〉之「耕穫圖」、「平糶圖」、「蠶織圖」；〈聖賢類〉之「先聖遺像」、「昭烈武成王」；〈禪教類〉之「如來演教圖」；〈文藝類〉之「夫子杏壇之圖」；〈道教類〉之「老子出關圖」及〈服飾類〉之各種觀冕衣服圖；〈器具類〉之度量衡具圖、車制圖等等，或人物事件，或器具形制，逼真形象地再現於眼前，這使我們對古代器物，古人生活狀況，有較直觀的進一步了解。儘管其圖繪制刻印頗為粗糙，亦有益於後世。從此，後代類書，如明代官修的《永樂大典》，章潢輯《圖書編》及王圻撰《三才圖會》，清代官修《古今圖書集成》等都無不受之影響，於插圖之屬備受重視。

第三、《事林廣記》徵引古籍或已散佚，或繫古本，而今不可多見，雖然其審校欠精，於比勘古籍，匡正謬誤，亦有一定價值。該書後集卷七「辭章類」引梁任昉《文章緣起》全文，此文目前流行的皆明以後版本，前代不多見。本書所引卻是南宋版本，用以校勘，發現大有善處。如「引」云凡「十五條」，今本「五」皆作「四」，核其所舉，確為：十五事；又「誥」一條，「漢司隸從事馮衍作《德誥》」，今本都脫去「德誥」二字；又篇末載洪適刻書跋結語「紹興三十年四月二日鄱陽洪適識」，今本僅作「洪適題」，《四庫全書總目提要》據此疑為偽托自《盤舟集》鈔入，查核《盤舟集》亦無年月，可知南宋流行者仍有年月而後為明刻本所失，可釋其疑；另外，後集卷十三〈武藝類〉引《射經》，此《射經》為唐人王踞所撰，諸家皆有著錄。宛委山堂本《說郛》卷一〇一及《古今圖書集成・戎政典》卷二七九皆載，以此與《事林廣記》所引者對勘，始知《說郛》、《古今圖書

集成》二者多誤將雙行夾注竄入正文。如「步射病色」一文，《事林廣記》迄「卷弦入弰」一篇止，《說郛》、《古今圖書集成》二者後多出「弓有六善」一篇。此篇抄自《夢溪筆談》卷十八技藝第六，爲後人混入甚明顯。凡此種種，可見本書於今在校勘諸方面的重要意義。

　　然而本書存在的問題也不少，校訂粗糙，引文出處不夠詳明。就其應用內容上而言，與民間日常所需也有一定距離，佈局頗不均衡，醫藥農桑等重要方面或述之過簡，或付之闕如，所以雖經不斷修訂，還是被後出的許多民間類書手冊如《居家必用事類全集》、《五車拔錦》、《文林聚寶萬卷星羅》之類的民間通用書籍所取代，這也是《事林廣記》至今流傳稀少的一個原因。

（一）元建安椿莊書院刊本
　　　典藏者：故宮博物院圖書館
（二）明成化十四年劉廷賓等福建刊本
　　　序：爅成化十四年歲次戊戌夏五月之吉… 仁和李昂文舉序。嶧
　　　十三行，行二十三字。雙欄，版心黑口，雙魚尾。
　　　典藏者：國家圖書館
（三）日本元祿十二年（1478）刊本
　　　正文卷端題爅西潁陳元靚編。
　　　扉頁題爅西潁陳元靚編事林廣記洛陽書肆鐫行。
　　　序：爅貞亨元年六月邎菴田的序。嶧
　　　十四行，行二十四字。夾註雙行字數同，單欄，版心白口，單魚尾。
　　　典藏者：國家圖書館、國立中央圖書館臺灣分館〔註67〕

九、《歲時廣記》四卷　　（宋）陳元靚撰

　　《歲時廣記》是用於查檢歲時典故的專門性類書。南宋時人陳元靚撰。陳元靚認爲一般曆書所載是：

　　　　　　時之遠于天者也，至于因某日而載某事，此時之繫于人者，非托之
　　　記述則莫能探其源委耳〔註68〕。

〔註67〕國家圖書館特藏組編，《國家圖書館善本書志初稿》〈子部二〉（臺北市：國家圖書館，民國 87 年 6 月），頁 316～326。
　　　　參考《臺灣地區善本古籍聯合目錄》http://nclcc.ncl.edu.tw/ttscgi/ttsweb/
〔註68〕（宋）陳元靚撰，《歲時廣記》序（《景印文淵閣四庫全書》第 467 冊，臺北市：臺

為彌補曆書的不足，便於人們查檢應用，作者搜集經傳以至野史異書中關於節序的內容，匯集而成此書。現有《學海類編》本（道光本、影道光本）四卷；《格致叢書》本四卷、圖說一卷；《十萬卷樓叢書》本四十卷、圖說一卷、總載一卷；《叢書集成初編》本四十卷、圖說一卷、總載一卷；《四庫全書》本四卷。另外，民國五十八年藝文印書館據光緒陸心源校刊十萬卷樓叢書本影印；民國七十二年至七十五年臺灣商務印書館據文淵閣四庫全書本影印。

該書分為四卷，錢曾《讀書敏求記》稱前列圖說，而《學海類編》本等開元圖說，大約為傳抄者佚之。書中以《月令》、《孝經緯》、《三統曆》諸書為綱，而雜以小說雜書所記關於節序的內容，按月分隸四季，每季為一卷，每卷又分若干條，各以三字為標題，共一六六條，其中：

春令　四十六條：

花信風	條達風	榆莢雨	杏花雨	凌解水	桃花水
擊春曲	踏春歌	夢春草	移春檻	探春宴	采春游
作樂車	載油幕	挂裙幄	擲金錢	駐馬飲	隨蝶幸
鬥奇花	插御花	取紅花	裝獅花	探花使	護花鈴
括花香	臥花酒	作紅啖	繫煎餅	釀梨春	賜柳圈
羹錦帶	怜草色	望杏花	看菖葉	種辰瓜	栽雜木
游蜀江	售農用	鬻蠶器	驗歲草	占雨霧	禳鬼鳥
飲雨水	去妖邪	辟官事	照百鬼		

夏令　五十條：

黃梅雨	送梅雨	濯枝雨	留客雨	香雨	暴凍雨
海颶風	落梅風	黃雀風	麥黃水	瓜蔓水	山礬水
麥熟秋	分龍節	龍生日	竹迷日	櫻筍廚	臨水宴
霹靂酒	寒筵水	壬癸席	澄水帛	冰絲裯	消涼珠
避暑犀	迎涼草	白龍皮	犀如意	洒皮扇	服丸散
環爐火	入寒泉	激涼風	沒水底	開七井	乘小駟
臥北窗	書新裙	作夏課	逐樹陰	練螢囊	頒冰雪
賜朱櫻	獻雪瓜	沈瓜李	賦杞菊	調寢餗	收蠶沙
求蛇醫	占蝗旱				

灣商務，民國 72～75 年）。

秋令　三十二條：

仙掌露	青女霜	蓼花風	裂葉風	離合風	鯉魚風
黃雀雨	豆花雨	荻苗雨	登高雨	一葉落	草木衰
警鶴鳴	石雁飛	鱖魚肥	蟋蟀吟	親燈火	圍棋局
獻菊酒	思蓴鱸	收兔毫	驗美玉	點艾杖	厭兒疾
取柏露	結絲囊	登南樓	懷故里	悲遊子	嘆謫仙
賞白蓮	水晶宮				

冬令　三十八條：

一色雲	一丈凍	千里雪	千年冰	紺碧霜	入液雨
復槽水	虀凌水	寶硯爐	暖玉鞍	暖金盒	卻寒簾
卻寒犀	御寒毯	辟寒金	辟寒香	衣狐裘	設氍㲪
捏鳳炭	置鳳木	呵牙筆	得玉馬	炷暖香	吐氣火
煮建茗	飲羔酒	作妓圍	揣妓肌	選肉陣	暖寒會
送臘粥	省燎火	溫母席	暖母枕	扣冰魚	號林筍
問歲餘	足文史〔註69〕				

　　所列條目多是記敘與節序有關的民俗、農事、氣候現象、典故等。每條之下，引群籍中相關記載敘明，現列舉如下：

　　鬥奇花《天寶遺事》：長安中，士女春時鬥花、戴插以奇花，多者為勝。皆用
　　　　千金市名花植于庭中，以備春時之鬥。

　　種辰瓜《齊民要術》：二月辰日最宜種瓜。《山谷詩》云：夏裁醉竹余千個，
　　　　春糞辰瓜滿百區。

　　海颶風《南越志》：熙安間多颶風。颶風者，具四方之風也。常以五、六月發。
　　　　未至時，雞犬為之不鳴。《國史補》云：南海有颶風，四面而至，倒屋
　　　　拔木，每數年一作。鄭熊《番禺雜記》云：颶風將發，有微風細雨，
　　　　先緩後急，謂之鏈風，又有石龍風，亦颶之類。韓文公詩云：雷威固
　　　　已加，颶勢仍相借。又云：颶風有時作，掀簸真差事。又云：峽山逢
　　　　颶風，雷電助相捽。

　　第一條記載了春季民間「鬥奇花」的習俗，第二條記載種瓜的農時，第三條

〔註69〕（宋）陳元靚撰，《歲時廣記》〈目錄〉（《景印文淵閣四庫全書》第467冊，臺北市：
　　　　臺灣商務，民國72～75年）。

則記載了南海颶風這一特殊的氣候現象。

該書大約主要為應用而做，所以按四季劃分卷次，這種體例便於人們查檢、應用。每卷開篇，先按「孟」、「仲」、「季」的順序總列與該季節序有關的記載，然後大致按氣候、農事、民俗、典故的順序分列條目，所列條目豐富、全面，有關的內容基本收錄。該書取材廣泛，引用的書目從《月令》、《孝經緯》、《三統曆》乃至小說雜書、名人詩句，無所不包。如卷一總敘「孟冬月」時，即引用了《禮記·月令》、《孝經緯》、《三統曆》、《周禮·時訓》、《晉樂志》、《夏小正》、《詩·七月》、《左傳》、《西京雜記》、《歐陽公詞》、《纂要》、《白虎通德論》、《呂氏春秋》等許多記載。所引內容能夠記錄全文，不任意刪改，準確、完整地保存了原有資料。但大約由於本書主要為一般百姓應用而做，重在通俗易懂，所以所引內容較偏重於裨官野史，而對《爾雅》、《淮南子》等較權威的記載卻多有遺缺，未予收錄。這是本書的一個缺憾。《四庫全書總目提要》因為該書對《爾雅》、《淮南子》諸書有關內容未予收錄，認為「未可以稱善本」，但「所引典故尚能備錄原文，詳記所出，未失前人遺意，與後來類書隨意刪竄者不同〔註70〕。」

> （一）清光緒年間（1875～1908）歸安陸氏刊本
> 　　　典藏者：國立臺灣大學圖書館
> （二）清道光十一年（1831）六安晁氏活字本學海類編之一
> 　　　典藏者：故宮博物院圖書館
> （三）清乾隆間（1736～1795）寫文淵閣四庫全書本
> 　　　典藏者：故宮博物院圖書館〔註71〕

十、《古今合璧事類備要》三六六卷　　（宋）謝維新、虞載編纂

《古今合璧事類備要》是一部廓匯事類流變的大型綜合性類書。南宋謝維新、虞載應其友人書坊主劉德亨之約而纂是書。寶祐五年（1256）成書，前集、後集、續集為謝維新，別集為虞載所編。行世後，覺其門目未備，虞載又編外集。有宋寶祐五年（1256）大字本，今不傳；明弘治十一年（1498）錫山華氏會通館活字

〔註70〕（宋）陳元靚撰，《歲時廣記》〈提要〉（《景印文淵閣四庫全書》第467冊，臺北市：臺灣商務，民國72～75年）。
〔註71〕國家圖書館特藏組編，《國家圖書館善本書志初稿》〈子部二〉（臺北市：國家圖書館，民國87年6月），頁316～326。
　　　　參考《臺灣地區善本古籍聯合目錄》http://nclcc.ncl.edu.tw/ttscgi/ttsweb/

本；明嘉靖三十五年（1609）錫山秦爍補刻三衢夏氏刊本；民國六十年臺北新興書局據嘉靖三十五年（1556）摹宋刻本印行；民國七十二年至七十五年臺灣商務印書館據文淵閣四庫全書本影印。

　　謝維新，字去咎，建安（今福建建甌）人，太學生，生平無考。虞載，字子厚，與維新同里，太學生，經歷不詳〔註72〕。

　　該書五集三六六卷。《四庫全書總目提要》載一一七門，經復考，多有合併、另出，實際爲一五二門。具體情況如下：〔註73〕

前集　六十九卷三十九門

　　卷一至卷四：天文門

　　卷五至卷九：地理門

　　卷十：歲時門

　　卷十一：氣候門

　　卷十二：占候門

　　卷十三至卷十四：時令門

　　卷十五至十七：節序門

　　卷十八至卷十九：祥瑞門

　　卷二十：災異門

　　卷二十一：帝屬門

　　卷二十二至卷二十五：國戚門

　　卷二十六至卷二十八：親屬門

　　卷二十九：外親屬門

　　卷三十：閫儀門

　　卷三十一至卷三十二：嗣續門

　　卷三十三：師友門

　　卷三十四：賓主門

　　卷三十五：故舊門

　　卷三十六：學校門

　　卷三十七至卷三十八：科舉門

〔註72〕臧勵龢主編，《中國人名大辭典》（臺北市：臺灣商務，民國66年10月增補臺一版），頁1683。

〔註73〕（宋）謝維新撰，《古今合璧事類備要》〈目錄〉（《景印文淵閣四庫全書》第939～941冊，臺北市：臺灣商務，民國72～75年）。

卷三十九至卷四十二：仕進門

卷四十三至卷四十四：儒業門

卷四十五：字學門

卷四十六：文房門

卷四十七至卷四十九：釋教門

卷五十至卷五十一：道教門

卷五十二：民事門

卷五十三：倡優門

卷五十四：人品門

卷五十五至卷五十七：技術門

卷五十八：壽典門

卷五十九：觀禮門

卷六十至卷六十一：婚禮門

卷六十二：國哀門

卷六十三至卷六十五：喪紀門

卷六十六：襄事門

卷六十七：墓地門

卷六十八：哀挽門

卷六十九：鬼神門

後集　八十一卷四十六門

卷一至卷五：君道門

卷六至卷十：臣道門

卷十一：三公門

卷十二：三少門

卷十三：道揆門

卷十四至卷十六：執政門

卷十七：樞屬門

卷十八：宰屬門

卷十九：左右史門

卷二十至卷二十一：給舍門

卷二十二：翰苑門

卷二十三：經筵門

卷二十四：臺諫門

卷二十五：臺官門

卷二十六至卷三十二：六部門

卷三十三至卷三十五：九卿門

卷三十六至卷三十八：三監門

卷三十九至卷四十一：三學門

卷四十二至卷四十三：史館門

卷四十四至卷四十六：東宮官門

卷四十七：大宗正門

卷四十八：王府官門

卷四十九：院轄門

卷五十：京局門

卷五十一：曆官門

卷五十二：環衛官門

卷五十三：宦官門

卷五十四：三衙門

卷五十五：閤舍門

卷五十六：殿學門

卷五十七：閣學門

卷五十八：閣職門

卷五十九：宮觀門

卷六十：節相門

卷六十一：官品門

卷六十二：文武階官門

卷六十三：節使門

卷六十四：國使門

卷六十五：師閫門

卷六十五至七十一：監司門

卷七十二至卷七十三：守臣門

卷七十四至卷七十五：將帥門

卷七十六：郡官門

卷七十七至卷七十八：州官門

卷七十九至卷八十：縣官門

卷八十一：監當門

續集　五十六卷十門

卷一至卷二：氏族門

卷三：姓名門

卷四至卷六：家世門

卷七至卷三十：類姓門

卷三十一至卷四十一：性行門

卷四十二至卷四十七、卷四十九至卷五十一：事為門

卷四十八：人事門

卷五十二至卷五十四：恩仇門

卷五十五：禍福門

卷五十六：報應門

別集　九十四卷二十一門

卷一至卷五：都邑門

卷六至卷七：橋道門

卷八至卷九：關津門

卷十：市井門

卷十一至卷十二：鄉里門

卷十三至卷十九：宮室門

卷二十至卷二十一：苑囿門

卷二十二至卷三十九：花門

卷四十至卷四十八：果門

卷四十九至卷五十三：眾木門

卷五十四竹木門

卷五十五至卷五十六：百草門

卷五十七：谷門

卷五十八：谷粟門

卷五十九至卷六十一：蔬門

卷六十二至卷六十三：五靈門

卷五十三：鏡照門

卷五十四：燈燭門

卷五十五：燈火門

卷五十六：矢門

卷五十七：刀劍門

卷五十八：舟艦門

卷五十九：器物門

卷六十：傘扇門

卷六十一：財貨門

卷六十二至卷六十三、卷六十五至卷六十六：財用門

卷六十四：錦繡門

　　門下又設目，每子目是門下有關的事類。前集四九一目，後集四一六目，續集五七〇目，別集四一〇目，外集四三〇目，共計二三一六目（後集致仕一目，有錄無書）。此書前集以天地萬物等自然現象為主；後集以典制職官為主；續集主要以姓氏稱謂為主；別集包括廓邑、花木等；外集則以日用器物為主。每類大都首冠總論，敘述此類事物的淵源，考索其演變過程，現存情形及種類區分等。或作古今源流，或作歷代沿革，或作古今總論，或作考索備要，或作格物叢話等。次為〈事類〉，序抄經史百家，羅列其中與主題有關的事物及事物別名稱代，名物山川，傳說典故，乃至聖賢人物等等，引文力求完整。再為「詩集」，輯錄詩文韻語，引書止於當代。最後有的類目還附有「樂府」，樂府即詞，通常引錄詞作全文。其引文皆用雙行小字注明出處及作者。

　　如：別集卷三十六〈花卉門・蓼花〉

格物叢話：蓼有二種，不可不之辨也。其一樹身筆直，高者丈餘……其一叢
　　　　　生，高不下二尺許……。

事類：古國號（後雙行小字，下同）霍丘一號西蓼，東蓼蓋一之夢一也。（《安
　　　豐志》）

　　　孔臧《蓼蟲賦》……（此略）

詩集：雜芳菲　蓼一一一疇（韓文）

樂府：漸蓼花明　金井先秋，梧葉飄黃，幾回惊覺夢初長，雨微燈淡，疏柳
　　　池塘，一一一一，菱花淨，藕花涼……（《訂香子》王晉卿）

　　隨具體情況，各部的輕重增刪，排列各異，如後集，續集重在源流，別集重

在詩集。事類，前集等樂府一款略去。

　　該書搜羅廣泛，各集每偏重匯集某一主題有關的事類，以詞繫事，自淵源及流變等有條不紊，清晰可辨。由此及彼，使人窺一斑而知全貌，求其一則知其二「如游元圃而取瑤寶，入武庫而繕甲兵」，補前人不善紀事「徒載首尾而不得其要，臚分門目而備失其倫」之弊，大大便益於考索。但由於此書博採廣引，收錄宏富，加之前後增刪，其門目多有混亂。如：前集寵廢妃、奴婢二門歸入人品門，吊禮門闕，歸於喪紀門；後集缺尙侍門，府屬門作宰屬門，諫官門作臺諫門，缺四轄門，作院轄門，缺雜押門，作官品門，武臣門作將帥門，幕官曹官，皆見於州官門，增郡官門；續集另出恩仇等四門；別集國都門作都邑門，另出橋道、關津等二十門，名異而實同；外集獄訟門作法令門，賦稅門、賦訟門作賦役門，徵役門作徭役門，平糶門作救荒門，禮樂、器用，珍寶諸門另出典禮、屏風等三十餘門，皆與原總目不符。又有錯訛，如：蟲豸門誤爲蟲象門等。

　　該書之分門別類，踵接前代，無甚創新。而各集之分又專務詳實，雖有零亂錯雜之處，然瑕不掩瑜，以備爲其目，以要爲其綱，內容集中而標目鮮明，提綱挈領，重點突出。後世類書，像明《永樂大典》、《唐類函》、清《古今圖書集成》、《淵鑒類函》等皆廣採其文，成爲它們資料的重要來源。其收書兼及宋代，當時有許多遺事佚詩，像蘇東坡《詠雪詩》以「富貴勢力」分四首，不見於本集，而見於本書，清厲鶚作《宋詩紀事》，多從此中輯出。另外，宋代官制頗爲冗雜，《宋史》所載往往僅存其名，不得其要，當時人詩文中所稱，今大多不知是何官，而本書後集，專論官制，條理清晰，尤可資考證。又如《歷代賦匯》之屬，宋以下各代輯佚匯編，從中得益者不在少數。其延續至今，仍不失爲一部資料宏富的百科知識大全。

（一）明嘉靖三十一年（1552）至三十五年（1556）三衢夏相校刊本
　　　序：﹝嘉靖丙辰冬晉陵顧可學譔，﹞寶祐丁巳大呂既望膠庠進士建安謝維新去咎父書。﹞
　　　跋：﹝郡人新莆田守黃叔度似道敬跋。﹞
　　　八行，行字數不一。夾註雙行，雙欄，版心白口，單魚尾，下方記刻工姓名。
　　　典藏者：國家圖書館
（二）明嘉靖三十一年（1552）至三十五年（1556）三衢夏相重刊本
　　　版匡高 19.9 公分，寬 13 公分。

八行二十四字。

卷一題：「三衢夏相重摹宋板校刻。」則是據宋本重刊也。

有「翁方綱印」「覃溪」兩印記。

典藏者：國立中央圖書館臺灣分館

（三）明嘉靖三十一年（1552）至三十五年（1556）三衢夏相仿宋刊本

首有宋寶祐五（丁巳）年謝氏自序（鈔配）及黃叔度跋本。

典藏者：故宮博物院圖書館

（四）明嘉靖三十五年刻本

匡二十，寬十四公分。

典藏者：國立中央圖書館臺灣分館

（五）清乾隆間（1736～1795）寫文淵閣四庫全書本

典藏者：故宮博物院圖書館〔註74〕

十一、《玉海》二○○卷　（宋）王應麟撰

《玉海》是宋代專爲當時知識分子應試博學宏詞科而編撰的一部綜合性類書。南宋王應麟撰。宋高宗時，爲網羅人才，設博學宏詞科。王氏深知考試之苦，又諳熟考試之道，決定編寫此書。自四十歲始，歷三十年終於完成。本書最早的本子爲元世祖至元六年（1269）慶元路儒學刊本（入明板歸南京國子監）；元至正十一年（1351）王應麟孫校補印本；明正德二年（1507）南京國子監補刊印本；明萬曆十一年（1583）南京國子監補刊印本；清康熙二十六年（1687）李振裕補刊本；清乾隆三年（1738）知江寧府事廣川張華年補刊本，此版刊於元朝，迭經明清兩朝補刊印行，故稱三朝本；清嘉慶十一年（1806）合河康氏刊本；清光緒九年浙江書局重刊本，此本以文瀾閣《四庫全書》鈔本爲底本，並校以元明諸本及原引之書重刊，後附有張大昌《校補瑣記》及《王深寧年譜》，是現存比較完成的版本，一九八七年江蘇廣陵古籍刻印社據以影印出版；民國七十二年至七十五年臺灣商務印書館據文淵閣四庫全書本影印。

王應麟（1223～1296），字伯厚，號深寧居士，先世居俊儀（今河南開封），後遷居慶元（路治今浙江鄞縣）。九歲通六經，淳祐元年（1241）舉進士。調西安

〔註74〕國家圖書館特藏組編，《國家圖書館善本書志初稿》〈子部二〉（臺北市：國家圖書館，民國87年6月），頁316～326。

參考《臺灣地區善本古籍聯合目錄》http://nclcc.ncl.edu.tw/ttscgi/ttsweb/

主簿，民以年少易視之，輸賦後時。應麟白郡守，繩以法，遂立辦。諸校欲為亂，知縣事翁甫倉皇計不知所出，應麟以禮論服之。差監平江百萬東倉。調浙西提舉常平茶鹽主管帳司，部使者鄭霖異待之。丁父憂，服除，調揚州教授。

帝御集英殿策士，召應麟覆考。考第既上，遷主管三省、樞密院架閣文字。遷國子監，進武學博士，丁大全欲致應麟，不可得。遷太常寺主簿，時大全諱言邊事，於是應麟罷。未幾，大全敗，起應麟通判台州。召為太常博士，擢秘書郎，俄兼沂靖惠王府教授。時直言者多迕權臣意，故應麟及之。遷著作佐郎。

度宗即位，攝禮部郎官，草百官表。後即授兼禮部郎官、兼直學士院。馬廷鸞知貢舉，詔應麟兼權直，俄兼崇政殿說書。遷著作郎，守軍器少監。後遷將作監，擢兼侍立修注官，升權直學士院，遷祕書少監兼侍講。以秘閣修撰主管崇禧觀。久之，起知徽州。後召為秘書監，權中書舍人，力辭，不許。兼國史編修、實錄檢討兼侍講。遷起居郎兼權吏部侍郎，後授中書舍人兼直學士院，即引疏十事，急征討、明政刑、厲廉恥、通下情、求將材、練軍實、舉實材、擇牧守、防海道，其目也。進兼同修國史、實錄院同修撰兼侍讀，遷禮部侍郎兼中書舍人。尋轉尚書兼給事中。後二十年卒。

他對經史百家、天文地理等均有研究，並熟悉掌故制度，長於考證。所著除《玉海》二百卷外，另有《深寧集》一百卷、《玉堂類稿》二十三卷、《掖垣類稿》二十二卷、《詩考》五卷、《詩地理考》五卷、《漢藝文志考證》十卷、《通鑑地理考》一百卷、《通鑑地理通釋》十六卷、《通鑑答問》四卷、《困學紀聞》二十卷、《蒙訓》七十卷、《集解踐阼篇》、《補注急就篇》六卷、《補注王會篇》、《小學紺珠》十卷、《詞學指南》四卷、《詞學題苑》四十卷、《筆海》四十卷、《姓氏急就篇》六卷、《漢制考》四卷、《六經天文編》六卷、《小學諷詠》四卷等二十三種著作〔註75〕。

該書二百卷，約一百二十萬字。分二十一部：〔註76〕

　　卷一至卷五：天文部

　　卷六至卷十三：律曆部

　　卷十四至卷二十五：地理部

　　卷二十六至二十七：帝學部

〔註75〕（元）脫脫等編纂，《宋史》卷四三八〈儒林八〉（臺北市：鼎文，民國67年9月），頁12987～12991。

〔註76〕（宋）王應麟撰，《玉海》〈目錄卷〉（《景印文淵閣四庫全書》第943冊，臺北市：臺灣商務，民國72～75年）。

卷二十八至卷三十四：聖文部

卷三十五至卷六十三：藝文部

卷六十四至六十七：詔令部

卷六十八至卷七十七：禮儀部

卷七十八至卷八十四：車服部

卷八十五至卷九十一：器用部

卷九十二至卷一○二：郊祀部

卷一○三至卷一一○：音樂部

卷一一一至卷一一三：學校部

卷一一四至卷一一八：選舉部

卷一一九至卷一三五：官制部

卷一三六至卷一五一：兵制部

卷一五二至卷一五四：朝貢部

卷一五五至卷一七五：宮室部

卷一七六至一卷一八六：食貨部

卷一八七至卷一九四：兵捷部

卷一九五至卷二○○：祥瑞部

　　每部之下，又分為若干類目，如祥瑞部又分為天瑞、地瑞、植物、動物、總瑞（瑞圖）等，全書總計二五○餘類。書末附《辭學指南》四卷，本為單獨之作，因與《玉海》性質相近，遂與此常合而不分，成為二○四卷。除《辭學指南》外，王應麟所作《詩考》、《詩地理考》、《漢藝文志考證》、《通鑑地理通釋》、《踐阼篇集解》、《急就篇補注》、《王會篇補注》、《漢制考》、《小學紺珠》、《姓氏急就篇》、《六經天文編》、《周易鄭康成注》、《通鑑答問》等十三種著作自慶元本以來，即附刻於《玉海》之後，歷代重刻本均沿舊式，《玉海》實際上已成王應麟著作的匯刻本。

　　該書每類之中，間有概述，後有以事物或圖書名稱作為標題的條目，所引資料按時代先後排列，採書引文必注書名，列於引文之前。

　　例如卷二十地理部：「戶口」

　　民數為國之本，庶事所自出，以分田里，令貢賦、造器用，制祿食，起田役，作軍旅。國以建典，家以立度。五禮用修，九刑用措。今之為政，戶口漏于國版，夫家脫于聯伍，奸心生而偽端作，嚴刑峻令不能救矣。

禹民口　周民口

《後郡國志注‧帝王世紀》:「禹平水土爲九州,民口千三百五十五萬三千九百二十三人。周公周成王⋯⋯。」

周民數

《周禮‧天官》:「小宰聽閭里以版圖,⋯⋯。」

漢提封戶口

見墾田。《郡國志注‧帝王世紀》曰:「孝惠文景⋯⋯。」

漢戶籍

⋯⋯

　　這裡「戶口」下的第一段即爲對戶口制度作用的闡述。闡述之後即按朝代順序依次列出「禹戶口」、「周戶口」、「周民數」、「漢提封戶口」、「漢戶籍」以至宋「嘉祐戶口」等歷代的戶籍制度及人口數。

　　該書徵引廣泛,自古代的經史子集以至各家的傳記、雜書,範圍很廣;於宋代典章制度、掌故,大都根據當時的《實錄》、《國史》、《日曆》、《會要》等書記敘,更加詳備。如上例,唐代以前各朝代的戶口只是按朝代大概地講述,而至宋代則按年號順序詳細記述其戶口狀況,下又細分爲:建隆版籍、至道版籍式、天禧計帳、開寶形勢版簿、寶元歷代戶籍、嘉祐戶口等六個不同的時期。宋代的許多有關資料,不但爲後來史志所未詳載,而且有些早已散佚,實屬宋史研究之第一手資料。

　　又如〈藝文部〉的書目提要,談到唐代類書《三教珠英》的主要內容,即爲宋代史志所未載;書中記事,大致按年代先後順序排列,上自伏羲、下至宋代,條理通順,眉目清楚;輯錄資料,也不像其他類書那樣僅僅是分類抄錄資料,而且多用提要、概述的形式撮述事實,並常常略作考證;介紹有關材料,見於舊類書的,就只書題目,不抄原文,不像其他類書那樣一味堆積,以多爲勝;另外,其編排也比較特殊,每類之下按隸屬關係以事物或圖書名字列若干小標目,類目間有時還「參見」。因此,它雖然卷帙浩大,卻並不繁雜凌亂,向來被文人學士所推崇,此從其被多次刊印即可略見一斑。元人胡助稱讚它是「天下奇書」,清人熊本認爲它「大有裨經濟實學」。《四庫全書總目提要》也這樣評謂:

　　　　應麟尤爲博洽。其作此書,即爲詞科應用而設。故臚列條目,率巨典鴻章;其採錄故實,亦皆吉祥善事,與他類書迥殊。然所引自經史子集、百家傳記,無不賅具。而宋一代之掌故,率本諸實錄、國史、日曆,

尤多後來史志所未詳。其貫穿奧博，唐宋諸大類書未有能過之者〔註77〕。
然意在適應朝廷旨意，故所採多屬「吉祥善事」，選材範圍受到一定限制。

明人劉鴻訓鑒於此書部頭太大，攜帶查找不便，在原書基礎上，摘編成二
十二卷，名之爲《玉海纂》，有清金閶王允明刊本，光緒五年（1879）徐氏八杉
齋校刊本。

（一）元後至元六年（1269）慶元路儒學刊本
版匡高 22.1 公分，寬 13.8 公分。首載至元四年胡胡及六年李桓二序，
次至元三年浙東道宣慰使司都元帥也乞里不花等官牒。目錄後有慶元
路儒學刊造玉海書籍提調官等職名七行，及重校正監督等職名二行。
每半葉十行，行二十字，版心白口，上記字數，下記刻工。
典藏者：國家圖書館、故宮博物院圖書館

（二）元後至元六年（1269）慶元路儒學刊配補鈔本
典藏者：國家圖書館、故宮博物院圖書館

（三）元後至元六年（1269）慶元路儒學刊明正德嘉靖間（1506～1566）
修補本
版匡高 21.8 公分，寬 12.7 公分。
十行二十字。
是本有元至元三年牒文，至元六年薛元德後序。
卷內有「瀋陽陶氏藏書畫之章」「小李山房圖籍」「柯溪藏書」等印記。
典藏者：國家圖書館、故宮博物院圖書館

（四）元後至元六年（1269）慶元路儒學刊明正德（1506～1521）至清乾隆
間（1736～1795）遞次修補本
原版無存，修補版之版心上方記補刊年、版心下方則記補刊者或校者
名氏。首卷有胡助序、李桓序、乾隆三年「補刊玉海敘」、康熙二十六
年「補刊玉海序」、萬曆十七年補刊序、康熙二十七年「補刻玉海例言」、
萬曆十一年重修玉海書、府牒、正德二年南國子監監丞補刻跋及目錄。
卷末有薛元德後序、應麟自題及王厚孫跋。
典藏者：國家圖書館、故宮博物院圖書館

（五）元後至元六年（1269）慶元路儒學刊元至正十一年（1274）校修本

〔註77〕（清）永瑢等奉敕撰，《四庫全書總目提要》〈子部‧類書類一〉（臺北市：臺灣商
務，民國 54 年 2 月臺 1 版），頁 2807。

版匡高 21.8 公分，寬 13.5 公分。左右雙邊。每半葉十行，行二十字，
註文小字雙行，字數同。版心白口，雙魚尾（魚尾相向），上魚尾上方
記字數，上魚尾下方記書名卷第（如「玉海卷一」），下魚尾上方記葉
次，下魚尾下方署刻工名。左欄外偶有耳題記篇名。

典藏者：中研院傅斯年圖書館

（六）元後至元六年（1269）慶元路儒學刊元至正十一年（1274）迄明正德
嘉靖間（1506～1566）遞修本

各冊書根題書名、門類及冊次。卷首多出前部有二序，分署「至正十
一年六月初吉嘉議大夫慶元路總管阿殷圖埜堂謹序」、「至正辛卯（十
一年）七月既望儒學正王介謹識」。此本修補版較前部爲多，修補版往
往於版心上方記修補年，並署監生名。

典藏者：故宮博物院圖書館

（七）元後至元六年（1269）慶元路儒學刊明正德至康熙二十六年遞次修補本

典藏者：故宮博物院圖書館

（九）明正德二年（1507）刻本；清乾隆三年（1738）補刻本

匡 21 寯 14 公分

典藏者：國立中央圖書館臺灣分館

（十）清康熙二十六年（1687）吉水李振裕補刊明南雍本

首有清康熙二十六年李振裕補刊玉海序，元至元四年胡口序，元至正
十一年阿殷。

典藏者：中研院傅斯年圖書館

（十一）清乾隆間（1736～1795）寫文淵閣四庫全書本

典藏者：故宮博物院圖書館

（十二）清嘉慶十一年（1806）江寧康基田江寧藩署刊本

典藏者：國家圖書館〔註78〕

十二、《古今事文類聚》前集六十卷　後集五十卷　續集二十八卷 別集三十三卷　新集三十六卷　外集十五卷　遺集十五卷

（宋）祝穆（元）富大用、祝淵編纂

〔註78〕國家圖書館特藏組編，《國家圖書館善本書志初稿》〈子部二〉（臺北市：國家圖書
館，民國87年6月），頁316～326。
參考《臺灣地區善本古籍聯合目錄》http://nclcc.ncl.edu.tw/ttscgi/ttsweb/

　　《古今事文類聚》又稱《事文類聚》，是宋元時期編纂的一部綜合性類書，由宋代的祝穆、元代的富大用和祝淵分別編寫。其中，前、後、續、別四集爲祝穆所編；新、外二集爲富大用所編；祝淵鑒于新、外二集類目還有闕遺，又補編了遺集。各集經元代建陽書賈合爲一編。此書最早的版本爲元泰定三年（1326）盧陵武溪書院刻本；此外有明經廠刻本；明萬曆三十二年（1604）金溪唐富春重刻本；清乾隆二十八年（1763）積秀堂重刻七集本，此本較善；日本延寶六年（1678）紀伊國屋宗兵衛刻本，此本遺集後有雜集二卷。另有民國七十二年至七十五年臺灣商務印書館據文淵閣四庫全書本影印。

　　祝穆，初名丙，字伯和，又字和父（甫），號樟隱老人，宋代建陽（在今福建省）人。幼孤，與其弟癸同從朱熹受業。性情溫淳，刻意問學，以儒學昌其家，曾主持涵江書院。尚著有《方輿勝覽》〔註79〕。

　　富大用，字時可，元代南江（在今四川省）人。他依照祝穆的體例，增補了《古今事文類聚》部類中所未完備者，編新、外二集〔註80〕。

　　祝淵，穆之裔孫。一說「字宗禮，宋代建安（在今福建省）人，有《事文類聚遺集》」；一說「字開美，明代海寧（在今浙江省）人，崇禎舉人，會試入都，適都御史劉宗周削籍，淵未試宗周，抗逮下召獄，尋被釋，遂師事宗周，嘗有過，閉門長跪，流涕自撾。」他鑒於富大用所編新、外二集的類目還有闕遺，又補編爲遺集十五卷〔註81〕。

　　該書共二三七卷。其中前集六十卷，後集五十卷，續集二十八卷，別集三十三卷，新集三十六卷，外集十五卷，遺集十五卷。全書共一○六部。正文前後有序〔註82〕。

前集　分十三部：

| 天道 | 天時 | 地理 | 帝系 | 人道 | 仕進 | 仙佛 |
| 民業 | 技藝 | 樂生 | 嬰疾 | 神鬼 | 喪事 | |

〔註79〕（清）王梓材、馮雲濠輯，《宋元學案補遺》卷六九（叢書集成續編第 250 冊，臺北市：新文豐，民國 78 年 7 月臺 1 版），頁 504。

〔註80〕王德毅等編，《元人傳記資料索引》第三冊（臺北市：新文豐，民國 79 年 10 月），頁 1375。

〔註81〕王德毅等編，《元人傳記資料索引》第二冊（臺北市：新文豐，民國 79 年 10 月），頁 932。

〔註82〕（宋）祝穆（元）富大用、祝淵編纂，《古今事文類聚》〈目錄〉（《景印文淵閣四庫全書》第 925 冊，臺北市：臺灣商務，民國 72～75 年）。

後集　分十四部：

分人倫	娼妓	奴僕	肖貌	穀菜	林木	竹筍
果實	花卉	鱗蟲	介蟲	毛麟	羽蟲	蟲豸

續集　分十三部：

居處	香茶	燕飲	食物	燈火	朝服	冠履
衣裘	樂器	歌舞	璽印	珍寶	器用	

別集　分八部：

分儒學	文章	書法	文房四友	禮樂	性行	仕進
人事						

新集　分十三部：

三師	三公	省官	省屬	六曹	樞密院	御史臺
諸院	國史院	諸寺	諸監	殿司	諸庫局	

外集　分九部：

東宮官	睦親府	王府官	節使	統軍司	諸司使	諸提舉
路官	縣官					

遺集　分十四部：

三師	省官	諸院	東宮官	國史院	寺監	省屬
封爵	節使	殿司	府司	監司	諸提舉	路官

　　每部之下又分若干類，共一二二七類。如前集卷一〈天道部〉下分為太極、天、星、冰等四類。

　　該書是將古籍中所記載的事和文加以整理，略仿《藝文類聚》和《初學記》等類書的體例，自上古以至宋代，遵循時代次序，分門別類編纂而成。每一類下首列群書要語，或敘內容梗概，或述歷代沿革，以為總論；次輯古今事實，終錄古今文集。其中古今文集又分成雜著和古詩兩部分。

　　如前集卷一天道部・太極：

　　【群書要語】

　　　未有天地之時，混沌如雞子，溟涬始牙，鴻蒙滋蔭。（《三五曆紀》）太極，元氣函三為一，極中也，元始也。（《前律曆志》）……

　　【古今事實】

　　　夫子論太極

易有太極，是生兩儀，兩儀生四象，四象生八卦，八卦定吉凶，吉凶生太極。(《易‧繫辭上》)

莊子論太極

夫道在太極之先而不爲高，在太極之下而不爲深，先天地生而不爲久，長于上古而不爲老。……(《大宗師篇》)

【古今文集】

雜著

太極圖（周茂叔）

　無極而太極，太極動而生陽，動極而靜，靜而生陰，……

古詩

感遇二首（陳子昂）

　微月生西海，幽陽史代開。圓光正東滿，陰魂已朝凝。……

　　群書要語、古今事實皆在摘文後面直接用小字雙行指明其出處，如《三五曆紀》、《前律曆志》、《易‧繫辭》等；而古今文集則在篇名及著者之後再引全文，如《太極圖》等。

　　該書收集資料廣泛，體例較善。每集各分總部，又附以子目。書中所載古代事實和文集都是摘錄全文，可以借此補足前人遺散之書。尤宋人遺佚之篇，間有足證者。《四庫全書總目提要》稱其：

　　　　每集各分總目，而附以子目。條列件系，頗爲賅備。每類始以群書要語，次古今事實，次古今文集。蓋沿用《藝文類聚》、《初學記》之體，而略變其例。……然《錦繡萬花谷》之類所收古人著作，大抵刪摘不完，獨是書所載，必舉全文，故前賢遺佚之篇，間有借以足證者。如《束析餅賦》，張溥百三家集，僅采數語，而此備載其文，是亦其體裁之一善。

　　　　在宋代類書之中，固猶爲可資檢閱者矣〔註83〕。

然精審未備，訛誤其間，類事或缺，後人譏之。

　　（一）元泰定三年（1326）盧陵武溪書院刊本

　　　　版匡高 17.5 公分，寬 12 公分。左右雙邊。每半葉十三行，行二十四字，註文小字，字數同。版心黑口，雙魚尾（魚尾相隨），上魚尾下方簡記

〔註83〕（清）永瑢等奉敕撰，《四庫全書總目提要》〈子部‧類書類一〉（臺北市：臺灣商務，民國 54 年 2 月臺 1 版），頁 2800～2801。

書名集名卷第（如「文外一」），下魚尾下方記葉次。

首卷首行頂格題「新編古今事文類聚卷之一」，下反白題「外集」；卷末有尾題。目錄後有跨七行雙邊木記：「泰定丙寅廬陵／武溪書院新刊」。

典藏者：國家圖書館、故宮博物院圖書館

（二）元泰定三年（1326）廬陵武溪書院刊明遞修本

版匡高 17.7 公分，寬 11.8 公分。左右雙邊。每半葉十三行，行二十四字，註文小字，字數同。版心黑口，雙魚尾（魚尾相隨），上魚尾下方簡記書名卷第（如「文卷一」），下魚尾下方記葉次。後集卷十至十四乃鈔補。

首卷首行頂格題「新編古今事文類聚卷之一」，下反白題〈後集〉；第二、三行低約八格題「建安祝穆和父編／後學古曹李明重刊」；卷末有尾題。

典藏者：國家圖書館

（三）明建刊黑口本

版匡高 19.5 公分，寬 13 公分。四周雙邊。每半葉十四行，行二十八字，註文小字雙行，字數同。版心黑口，雙魚尾（魚尾相隨），上魚尾下方簡記書名集名卷第（如「事文前集卷一」），下魚尾下方記葉次。

首卷首行頂格題「新編古今事文類聚前集卷之一」，第二行低十三格題「建安祝穆和父編」；卷末有尾題。卷首有序（版心記「事文前集序」），署：「淳祐丙午（六年）臘月望日晚進祝穆伯和父謹識」，然缺第一葉上半葉。各集之前有該集總目及目錄。

典藏者：國家圖書館、故宮博物院圖書館、國立中央圖書館臺灣分館

（四）明建刊黑口本配補明建陽知縣鄒可張刊本

正文卷端題建安祝穆和父編。崦

序：淳祐丙午祝穆伯和父謹識。

十四行，行二十九字。雙欄，版心線黑口，雙魚尾。

典藏者：國家圖書館

（五）明嘉靖四十年（1561）內府刊本

典藏者：故宮博物院圖書館

（六）明嘉靖四十年（1561）書林陽歸仁重刊本

典藏者：故宮博物院圖書館

（七）明萬曆三十二年（1604）金谿唐富春重刻本

匡 21 寯 15 公分

典藏者：國立中央圖書館臺灣分館

（八）明萬曆三十二年（1604）金陵唐富春德壽堂刊本

版匡高 20.7 公分，寬 14.5 公分。四周單邊。每半葉十一行，行二十四字，註文小字雙行，字數同。版心花口，單魚尾，魚尾上方記書名集名（如「事文類聚前集」），魚尾下方記卷第（如「卷之一」），再下記葉次，版心下方鐫有「德壽堂梓」字樣。

首卷首行頂格題「新編古今事文類聚前集卷之一」，第二、三行低八格題「建安祝穆和父編／金陵唐春子和刊」；卷末有尾題。卷首有祝穆序，惜殘缺不全，末又署：「時萬曆甲辰孟春之吉金谿唐富春精校補遺重刻」。各集之前有該集總目及目錄。

典藏者：國家圖書館

（九）明萬曆三十五年（1607）鄒氏刊本

宋淳祐六（丙午）年祝氏自序。

南海譚氏藏書畫印印記。

典藏者：中研院傅斯年圖書館

（十）明正德（1506～1521）刊配補明嘉靖四十年（1561）書林陽歸仁刊本。

典藏者：故宮博物院圖書館

（十一）日本明曆二年洛陽武村氏刊本

十一行，二十四字。單欄，花口，黑魚尾，板心下刻德壽堂梓。

典藏者：國立臺灣大學圖書館

（十二）清乾隆間（1736～1795）寫文淵閣四庫全書本

典藏者：故宮博物院圖書館〔註 84〕

十三、《全芳備祖》前集二十七卷　後集三十一卷

（宋）陳景沂編纂　祝穆參訂

《全芳備祖》是宋代花譜類著作集大成性質的著作。據《中華之最》記載：「這是我國和世界上最早的一部植物學辭典〔註 85〕。」陳詠字景沂，號肥遯，又號愚

〔註 84〕國家圖書館特藏組編，《國家圖書館善本書志初稿》〈子部二〉（臺北市：國家圖書館，民國 87 年 6 月），頁 316～326。

參考《臺灣地區善本古籍聯合目錄》http://nclcc.ncl.edu.tw/ttscgi/ttsweb/

〔註 85〕許長志、張庭祥編，《中華之最》（南昌市：江西教育，1992 年 8 月），頁 458～459。

一子，天臺（今浙江天臺縣）人。曾客遊江淮，仕履未詳。其姓、字、號均據本書自署，其名則據《黃岩縣志》、《台州外書》、《台州經籍志》等文獻著錄〔註86〕。

根據本書韓境序和陳景沂自序，知此書編於理宗即位（1225）前後，其時編者約三十歲左右，故序稱是「少年之書」，其付刻時約在寶祐年間（1253～1256），編者已屆晚年，至其訂正付刻時，已瀕南宋末祚，印數無多，流行未廣，以後亦未再刻。

是書專輯植物資料。故稱「芳」。據其自序：「獨于花、果、草、木，尤全且備」，「所集凡四百餘門」，故稱「全芳」，涉及有關每一植物的「事實、賦詠、樂府，必稽其始」，故稱「備祖」，于此可知其內容輪廓和命名大意〔註87〕。

本書前後兩集，共分八部。前集為花部，著錄植物一百二十種左右；後集為果、卉、草、木、農桑、蔬、藥凡七部，著錄植物一百五十餘種〔註88〕。兩集合計，為數不足三百，自序稱「四百餘門」，是否誤計還是後來輾轉傳抄有所脫漏，難以臆斷。

書中著錄植物，分為三綱：一是事實祖，下分碎錄、紀要、雜著三目；次是賦詠祖，下分五言散句、七言散句、五言散聯、七言散聯、五言古詩、七言古詩、五言八句、七言八句、五言絕句、七言絕句凡十目；再次是樂府祖，收錄有關的詞，分別以詞牌標目。

本書對於這些植物的分類，不採用早期「本草」上、中、下「三品」區分方法，同《南方草木狀》所分的草、木、果、竹四類，也有所發展；本書依據植物形態（草、木）及其利用情況（花、卉、果、蔬、藥）分類，雖然同現代自然科學的分類標準未必都能符合，但它與同時的認識和習慣還是適應的。在南宋時期，能夠這樣薈萃數百種植物資料于一書，除了「本草」一類藥書以外，是很難見到的，就某種意義上說，應屬創例。此後《群芳譜》、《廣群芳譜》、《采芳隨筆》等書，即以本書為藍本。

是書事實祖、賦詠祖、樂府祖三部分，篇幅並不均勻，蓋略于事實而詳于賦詠、樂府，看來對於辭藻比較側重。更值得注意的是，本書輯錄和保存了不少罕

〔註86〕昌彼得等編，《宋人傳記資料索引》（臺北市：鼎文，民國90年），頁2624。
　　　　（清）厲鶚、馬曰琯輯，《宋詩紀事》卷七三（《景印文淵閣四庫全書》第 1484～1485 冊，臺北市：臺灣商務，民國 72～75 年）
〔註87〕（宋）陳景沂編纂、祝穆參訂，《全芳備祖》〈自序〉（《景印文淵閣四庫全書》第935 冊，臺北市：臺灣商務，民國 72～75 年）。
〔註88〕（宋）陳景沂編纂、祝穆參訂，《全芳備祖》〈目錄〉（《景印文淵閣四庫全書》第935 冊，臺北市：臺灣商務，民國 72～75 年）。

見或失傳的資料，可供輯佚和校勘之用，具有很高的文獻價值。梁家勉在日藏宋刻《全芳備祖》影印本序中指出本書所輯資料：

> 如丁謂《公言集》、王詵《晉卿詞》、王仲甫《冠卿集》、萬俟詠《大聲集》、汪藻《浮溪集》、俞國寶《醒庵遺珠集》、徐淵子《竹隱集》、舒亶《信道集》、鄭大惠《飯牛集》、（僧）仲殊《寶月集》，如此等等，都絕跡人間已久；有些作者無別集，亦未見收入任何總集中，如輯者陳詠、訂者祝穆以至文玨、顧卞、史可堂、洪子大、徐介軒、章耐軒、陳草閣、陳舜翁、鄭子玉等作品，除是書存其鱗爪外，就不見或罕見于其它文獻……所引《廣志》、《圖經本草》、《益州草木記》、《縉紳胜說》、《雞蹠集》、《嵐齋錄》等書已均無傳本。

可以利用此書進行輯佚。同時他還指出：

> 這一版本保存了七百年前所引材料原貌，與今天屢經輾轉傳刻的同一材料，魯魚亥豕，出入不少，亦可借此相互校勘〔註89〕。

本書所收資料，唐代以前寥寥無幾。北宋以後，特為詳備，南宋尤詳。宋代著名詞人李清照，著作多數散佚不傳，清編《四庫全書》，乃據毛晉《詩詞雜俎》本收《漱玉詞》，只收詞十七首，而《全芳備祖》各門，卻錄有李清照詞六首。《全芳備祖》為記載植物的專門類書，其所錄詩詞，收入何門，即詠何物。如李清照《醉花陰》詞，有「窗卷西風，人比黃花瘦」之句，則收入前集卷十二菊花門；《如夢令》詞有「試問卷窗人，卻道海棠依舊」之句，則收入前集卷七海棠門。在前人輯佚的基礎上，近代繼續輯得李清照詞二首、詩一首，其中《南歌子》詞一首，就是趙萬里先生從《全芳備祖》發現的。

關於《全芳備祖》的版本，長期以來，《全芳備祖》一直只有抄本流傳，而且往往殘闕不全。文淵閣入藏兩部，目下均注明「闕」字，天一閣藏本，其目只作七卷，也是不全本，《絳雲樓書目》則不題卷數。但在日本皇宮圖書寮（即今宮內廳書陵部）藏有宋刻《全芳備祖》殘卷，計存前集十四卷，後集二十七卷，共四十一卷，八〇年代後期，經吳德鐸與日本宮內廳書陵部聯繫，得到日本方面的大力支持，將宋刻《全芳備祖》殘本的全部照片（四百五十餘頁）於一九七九年十月運至北京。農業出版社十分重視《全芳備祖》的重印工作，將它列為《中國農業學珍本叢刊》的第一種。宋刻本所缺部分，配以徐乃昌積學齋抄本的過錄本，於一九八二年影印出版；民國七十二年至七十五年臺灣商務印書館據文淵閣四庫

〔註89〕（宋）陳景沂編纂、祝穆參訂，《全芳備祖》（北京市：線裝書局，2001年）。

全書本影印；民國九十年大陸線裝書局據宋刊本影印。

（一）烏絲闌舊鈔本

版匡高 17.9 公分，寬 13.2 公分。左右雙邊。每半葉十行，行十九字，
註文小字，字數同。版心黑口，單魚尾，魚尾下方記書名卷第（「全芳
備祖卷一」），再下偏右記部類名（如「花部」），再下偏右記葉次。避
玄字，不避弘字。當鈔於康雍間。

首卷首行頂格題（「全芳備祖卷一」），第二、三行低九格題「天臺陳景
沂編輯／建安祝穆訂正」；卷末有尾題。卷首有「全芳備祖序」，署「寶
祐元年癸丑中秋安陽老圃韓境序」；次有序，署「有宋寶祐丙辰孟秋江
淮肥遯愚一仔陳景沂謹識」。各集之前有目錄。

典藏者：國家圖書館、國立中央圖書館臺灣分館、中研院傅斯年圖書館

（二）舊鈔本

匡高 20.1 公分，寬 15 公分。四周雙邊。每半葉十行，行十八字，註文
小字，字數同。版心花口，版心上方記書名「全芳備祖」，再下偏右集
名卷第（如「前集卷一」），版心中間偏右記葉次，版心下方「汲古閣
／毛氏抄」。

首卷首行頂格題（「全芳備祖卷一」），下題「前集」，第二、三行低八
格題「天臺陳景沂編輯／建安祝穆訂正」；卷末有尾題。卷首有「全芳
備祖序」，署「寶祐元年癸丑中秋安陽老圃韓境序」；次有序，署「有
宋寶祐丙辰孟秋江淮肥遯愚一仔陳景沂謹識」。序後有目錄。

典藏者：故宮博物院圖書館、國家圖書館

（三）明鈔本

正文卷端題燡天臺陳景沂編輯、建安祝穆訂正。

序：燡寶祐元年癸丑中秋安陽老圃韓境序。

十行，行二十一字

典藏者：故宮博物院圖書館

（四）清乾隆間（1736～1795）寫文淵閣四庫全書本

典藏者：故宮博物院圖書館〔註90〕

〔註90〕國家圖書館特藏組編，《國家圖書館善本書志初稿》〈子部二〉（臺北市：國家圖書
館，民國 87 年 6 月），頁 316～326。
參考《臺灣地區善本古籍聯合目錄》http://nclcc.ncl.edu.tw/ttscgi/ttsweb/

第九章 宋代類書的文獻價值

宋代類書無論是在內容與體例方面，上承隋、唐類書。據祝穆撰《事文類聚》提要云：

> 每集各分總部，而附以子目，條列件繫，頗為賅備，每類始以群書
> 要語；次古今事實；次古今文集，蓋沿用《藝文類聚》、《初學記》之體，
> 而略變其例〔註1〕。

即說明《事文類聚》體例略仿《藝文類聚》、《初學記》之體。然而隨著宋代社會風尚的需求，加上印刷術發達，書籍流傳較廣，因而類書編撰於內容與體制多有突破。

宋初，館閣利用豐富的圖書館資料編了許多類書和總集，其中最為著名的是文化名臣李昉奉太宗旨主持編的《文苑英華》、《太平廣記》、《太平御覽》，王欽若和楊億奉真宗旨主編的《冊府元龜》。此四書都是赫赫巨著，號稱「宋四大書」。宋四書總的價值是保存了大量的文獻資料。當時的館閣所擁有的圖書資料遠遠超過前代任何一個朝代，故這四部大書不僅部頭遠比以往任何一部書大，而且所採書的種類也遠遠超過以前任何一部類書或總集。

由於著錄文獻方式之不同，類書所呈現的文獻價值，也就有高低之不同。一般而言，宋代類書所保存的文獻資料又有哪些具體的價值呢？

首先，是文獻的輯佚。由於類書所採的文獻，出經入史，四部皆有，十分廣博，其中不少為後世已佚的著作，後人可據以輯佚，於保存圖書文獻，貢獻顯著。輯佚可分為三種，一是輯出佚書。有許多書早已亡佚，但是這些書中的文字還大量散見於類書、總集等書，因此，可以將類書、總集等書中所引用某種佚書中的

〔註1〕（清）永瑢等編纂，《四庫全書總目提要》〈子部・類書一〉（臺北市：臺灣商務，民國54年2月臺1版），頁2800。

文字輯出編纂，使之在一定程度上還原，恢復生機。並再流傳於世，發揮其作用。二是輯出佚文。某古書本身雖沒有亡佚，只是在流傳過程中，其中的某些部分散失。書不完整，影響其總體價值。但是，這些散失的部分，還保留在類書、總集或其他書籍中，對原書而言，稱之爲佚文，可以將這些佚文從類書、總集等圖書中輯出，再編入原書中，盡量使原書完整。三是將散見於類書、總集或其他書籍中的有關資料集中在一起，再結合其他傳世的專書，編成一部新的書。宋代類書在這三種輯佚中，都具有很大的價值。

據《太平御覽》一書之提要云：

> 宋初去古未遠，即所採類書，亦皆具有淵源，與後來餖飣者迥別，故雖蠹蝕斷爛之餘，尚可據爲出典。世所傳宋以前書可考見古籍佚文者僅六、七種，曰裴松之《三國志注》，曰酈道元《水經注》，曰劉孝標《世說新語注》，曰李善《文選注》，曰歐陽詢《藝文類聚》，曰徐堅《初學記》，其一即此書也。殘碑斷碣，剝蝕不完，歐陽、趙、洪諸家，尚藉之以訂史傳，況四庫菁華匯於巨帙，獵山漁海，採摭靡窮，又烏可以難廢讀哉〔註2〕。

又據《錦繡萬花谷》一書提要云：

> 所錄大抵瑣屑叢碎，參錯失倫，故頗爲陳振孫所譏。其〈地理〉一門，止列偏安州郡；〈類姓〉一門，微事僅及數條，而古人立號之類，又創立名目，博引繁稱，俱不免榛楛雜陳，有乖體要。特其中久經散佚之書，如《職林》、《郡閣雅談》、《雅言系述》、《雲林異景記》之類，頗賴此以存崖略。又每類復用《藝文類聚》例，附錄詩篇，亦頗多逸章賸什，爲他本所不載。略其煩蕪，擷其精華，未嘗不足爲考證之資也〔註3〕。

《太平御覽》本身是百科全書，因此，幾乎輯佚整理宋初五代以前任何一類書都有必要用到它。如清馬國翰《玉函山房輯佚書》輯唐以前諸儒撰述五九三種，大量利用《太平御覽》〔註4〕。《太平廣記》收小說，故對宋初五代以前小說的輯佚整理，價值極大。魯迅《古小說鉤沉》輯周至隋小說三十六種，主要出自《太平御覽》和《太平廣記》〔註5〕；近人整體宋初五代以前古籍，特別是小說雜記，也都要據《太平廣記》和《太平御覽》加以輯佚補充。程毅中校點牛僧孺《玄怪

〔註2〕（清）永瑢等編纂，《四庫全書總目提要》〈子部・類書一〉，頁 2792。
〔註3〕（清）永瑢等編纂，《四庫全書總目提要》〈子部・類書一〉，頁 2800。
〔註4〕（清）馬國翰輯，《玉函山房輯佚書》（臺北市：文海，民國 41 年）。
〔註5〕魯迅校錄，《古小說鉤沉》（濟南：齊魯書社，1997 年）。

錄》，據《太平廣記》補十一篇，校點《續玄怪錄》，據《太平廣記》補六篇，其中還有像《延州婦人》這樣有影響的小說〔註6〕。又如，張永欽、侯志明整理唐小說《獨異志》和《宣室志》，此二書都有傳本，《獨異志》傳本爲三九二篇，張永欽、侯志明從《太平御覽》中輯得佚文一篇，《太平廣記》中輯得佚文三十四篇，《宣室志》傳本共一五五篇，張永欽、侯志明從《太平御覽》輯得佚文一篇，從《太平廣記》中輯佚文五十四篇，占全書三分之一〔註7〕。《文苑英華》所收爲詩文，在輯佚補充方面的價值，主要在詩文集方面。如朱金城《白居易集箋校》中，所收外集《詩文補遺》三卷，許多輯自《文苑英華》〔註8〕。

　　《冊府元龜》雖然沒有在每條下注明出處，也沒有在卷首列引書目錄，但它引書範圍有明確的歸定：以正史爲主，兼採經子二部著作，根據所載內容的朝代就可以推知該材料出自何史。因此，也可以用於恢復已佚書和傳本書的輯佚補充工作。只是正史已佚本極少，且人們對待正史較爲鄭重，正史在流傳過程中遺佚不多，故《冊府元龜》在這方面的價值不如其他三書，但決不是沒有。例如，用《冊府元龜》等輯《舊五代史》就是一例。《舊五代史》原名《梁唐晉漢周書》，總稱《五代史》，五代北宋間薛居正監修、盧多遜等撰，保存了大量原始材料，但蕪雜煩冗，觀點矛盾。歐陽修又編《新五代史》，《五代史》遂稱《舊五代史》，金泰和年間，朝廷詔學官只用《新五代史》，《舊五代史》遂佚。清乾隆年間（1736～1795），邵晉涵從《永樂大典》中輯《舊五代史》，再以《冊府元龜》作補充，成現行本《舊五代史》。但邵氏並未將《冊府元龜》中全部輯出，且多所竄亂。近年有人利用《冊府元龜》輯佚補充《舊五代史》，成績十分可觀，補充了大量內容。

　　在爲新編新書的輯佚方面，宋代類書中以《文苑英華》和《太平廣記》的價值爲最大。《文苑英華》是詩文總集，《太平廣記》是小說總集，都保存了大量的作品。編五代以前詩文小說的總集，捨去《文苑英華》和《太平廣記》就必不能齊備。《全上古三代秦漢三國六朝文》、《全漢三國晉南北朝詩》、《先秦漢魏晉南北朝詩》、《全唐詩》、《全唐文》等書之編纂，無不以《文苑英華》中輯出大量的別的載籍所無之詩文。近人編《全唐小說》，《太平廣記》是最主要的依據。《全唐小

〔註6〕（唐）牛僧孺編，《玄怪錄》四卷／（唐）李復言編，《續玄怪錄》四卷；程毅中校點（臺北市：文史哲，民國78年）。

〔註7〕（唐）李冗撰，《獨異志》／（唐）張讀撰，《宣室志》；張永欽、侯志明輯（北京市：中華，1983年）。

〔註8〕（唐）白居易著，朱金城箋校，《白居易集箋校》（上海：古籍，1988年）。

說》所收錄除行世中的小說外，其他小說，幾乎十之七八出自《太平廣記》，數量甚巨。當然，《太平御覽》中也有許多詩文小說。《冊府元龜》不採小說，但在其中也有不少文章和若干詩歌，在輯詩文方面，自然也有其價值。

例如唐代梁載言所撰的《十道四番志》十五卷一書，久佚。唐代分天下爲十道：一曰河南道，二曰關內道，三曰河東道，四曰河北道，五曰隴右道，六曰山南道，七曰劍南道，八曰淮南道，九曰江南道，十曰嶺南道。此書即以十道爲本，而以州縣圖志附列其下，實爲研究唐代地理之要籍。《遂初堂書目》猶著錄此書，而《文獻通考》則不錄，可知南宋末年已經罕見。清代王謨從《太平御覽》鈔出三百二十一條，從《太平寰宇記》輯得三十餘條，從《太平廣記》輯得三條，釐爲二卷，收在《重訂漢唐地理書鈔》。其中《太平御覽》、《太平廣記》二書，屬於宋代類書。

又如宋代淳熙四年（1177）十月，陳騤等乞編《中興館閣書目》，次年（1178）六月九日上《中興館閣書目》七十卷〈序例〉一卷，收當時存書四萬四千四百八十六卷，爲考訂南宋初年文獻之重要書目。原書久佚。近人趙士煒從諸書所引，廣爲蒐輯。計自《玉海》輯得九百餘條，自《山堂考索》輯出近二百條，從《直齋書錄解題》輯得百餘條，其餘又從《困學紀聞》、《漢書藝文志考證》、《詞學指南》、《小學紺珠》、《宋史·藝文志》等書中分別鉤稽，多者十許條，少者一、二條，去其重複，共輯得一千一十九條。其中《玉海》、《山堂考索》二書，屬於宋代類書。

此外，祝穆撰《事文類聚》，引錄詩文常舉全篇。明代張溥輯西晉《束陽平集》時未注意及此，所輯束晳《餅賦》僅七十餘字，而《事文類聚》所錄《餅賦》有四百餘字，基本完整。《四庫全書總目提要》云：

　　是書所載必舉全文，故前賢遺佚之篇，有藉以足徵者〔註9〕。
然而，《四庫全書總目提要》稱謝維新編《古今合璧事類備要》：

　　雖不及《太平御覽》、《冊府元龜》諸書，皆根柢古籍，元元本本。
　　而所採究皆宋以前書，多今日所未見。宋代遺事佚詩，如蘇軾詠雪詩，
　　以富貴勢力分四首，爲本集所不錄者，亦往往見於此書。故屬鶚作《宋
　　詩紀事》多採用之。又宋代官制，至爲冗雜：宋史不過僅存其名。當時
　　詩文所稱，今多有不知爲何官。惟此書後集，條列最明，尤可以資考證。

〔註9〕（清）永瑢等編纂，《四庫全書總目提要》〈子部·類書一〉，頁2800～2801。

在類事之家，尚爲有所取材者矣〔註10〕。

足以見證宋代類書輯佚的價值。

其次，宋代類書的價值在於校勘。類書所引古書，每有與今本不同的地方，所以可做爲校勘的依據。尤其是唐宋的類書，在校勘方面的價值，尤爲顯著。宋代以前，書刊流傳主要是靠抄寫，抄寫易致誤。後來發明了印刷，或是刻版印刷，或是活字印刷，但也難免無誤。再說，除此之外，有人還會出於種種目的故意改動原書。因此，要恢復文本的原貌，要使文本成爲善本，就不能不校勘。校勘當然一般得至少在兩個本子之間進行，一作底本，用來與底本對勘的其他本子爲異本。一般說來，底本與異本版本淵源關係越遠，校勘的意義就越大，價值就越高。宋代四大類書都是成於北宋年間（960～1127），所據無疑市當時的本子，與後世流傳的本子之間，淵源關係極遠。自宋初以下千餘年，各種古籍在其漫長的流傳過程中，文字不能無變化，四大類書都只有屈指可數的幾種版本，基本上保留了當時各種本子的原貌，正因爲如此，它們在校勘方面的價值就更大。補脫文、刪衍文，存異文、定正誤，以整理出最佳本。

《文苑英華》常用於校五代前之詩文。近代前詩文集，幾乎無不以《文苑英華》來校。如劉斯翰校注張九齡《曲江集》，瞿蛻園、朱金城《李太白集校注》、劉開楊《高適詩集編年箋注》，雍文華所校《羅隱集》等等都是如此。

《太平廣記》、《太平御覽》常用於校五代前之小說、筆記等。近代整理五代前之古小說，必用《太平廣記》或《太平御覽》爲校。如《宣室志》、《獨異志》。又如程毅中整理的《玄怪錄》、《續玄怪錄》、還有《唐語林》等等，無不如此。

輯佚與校勘並不矛盾，可以合而爲一。如《先秦漢魏晉南北朝詩》，既從《文苑英華》等得大量佚詩，又利用《文苑英華》等作校勘。如《陳詩》卷三張正見《賦得風生翠竹里應教詩》前四句云：「金風起燕觀，翠竹夾梁池，翻花疑鳳下，颭水似龍移。」從《初學記》卷一、《文苑英華》卷一五六、《詩紀》卷一〇三輯得，又相互校勘。次句「梁池」《文苑英華》作「涼池」，第四句「似」作「覺」。「涼」點明秋風，又表現出詩人的感受，「覺」體現了詩人的心理活動，二字使詩中有人在，故較用「梁」「似」爲優。魯迅編《古小說鉤沉》也是既輯佚文，亦校勘。

《冊府元龜》在校勘方面的價值，尚未引起人們的充分注意。《冊府元龜》所收以正史爲主，兼及經、子。正史經子類書籍，向爲人們所重，都經過許多次整

〔註10〕（清）永瑢等編纂，《四庫全書總目提要》〈子部・類書一〉，頁2806。

理校勘，似乎已非常完美，再沒什麼校勘的必要。但經、子也許如此，〈史部〉則未必。茲舉一例，《舊唐書‧來俊臣》云：

> （俊臣等）欲誣陷一人，即數處別告，皆是事狀不異，以感上下。……俊臣與其黨朱南山輩告《告密羅織經》一卷，皆條貫支節，布置事狀由緒。……士庶破膽，無敢言者。俊臣累坐贓，爲衛史紀履忠所告下獄。長壽二年，除殿中丞〔註11〕。

《冊府元龜》卷五二一〈官憲‧殘酷〉云：

> （俊臣等）欲誣陷一人，即數頭別告，皆是事狀不異，異口同音，以感上下。……又造《告密織經》一卷，其意皆網羅前人織成反狀。……士庶破膽，無敢言者。俊贓污滋甚，荒淫無渡，百官妻子及商人財貨，多被逼奪。御史紀履忠奏其狀，准犯當誅，則天以俊臣告事有功，特恕其死〔註12〕。

《冊府元龜》此段，雖按體例來注明出處，但出《舊唐書》無疑（時《新唐書》尚未出），二者大致相同，但互有出入。《唐書》有而《冊府元龜》所無者，或乃《唐書》在後來的流傳過程中所佚脫。由此可知，若以《冊府元龜》與正史比較，一定能發掘出許多很有價值的材料，使二者更臻完善。

宋代類書還能為語言學研究提供豐富的資料，特別是《太平御覽》、《太平廣記》二書，尤是如此。與詩文相比，小說中的語言更爲豐富、生動。我國的小說，魏晉後始興，至唐代而盛。而魏晉至唐代、五代的小說，大量收在《太平御覽》和《太平廣記》中，此二書保存了大量的研究魏晉至唐代語言的資料，故越來越受到語言專家們的重視。如蔡鏡浩《魏晉南北朝詞語例釋》，董志翹、蔡鏡浩《中古虛詞語法例釋》中，都大量引用《太平御覽》和《太平廣記》作爲研究資料。

宋代類書除了輯佚、校勘和語言研究方面的價值外，對文學研究也具有特殊的價值。一是文體研究，這方面《文苑英華》最爲突出。《文苑英華》收詩文而按文體分類，各體之中，又按時代先後排列，諸體詩文所收既多。又如此排列，明顯體現出詩文體的特點及其發展，只是寓乎其間，未加闡述而已。對我們今天研究諸文體的特點及其發展，無疑有極大的幫助。二是敘事模式和情節研究。在這方面《太平廣記》的作用最爲突出。後世小說戲曲都化用《太平廣記》所載小說

〔註11〕（後晉）劉昫等撰，《舊唐書》卷一八六上，〈列傳〉一三六上，〈酷吏上〉（臺北市：鼎文，民國67年9月），頁4873～4874。

〔註12〕（宋）王欽若、楊億等撰，《冊府元龜》卷五二一《官憲‧殘酷》（《景印文淵閣四庫全書》第902～919冊，臺北市：臺灣商務，民國72～75年）。

情節。例如，《太平廣記》三五八《龐阿》引《幽明錄》中石氏女因欽慕龐阿而離魂奔赴龐阿家與阿幽會故事，後來戲曲、小說中的「離魂」模式，就源與此。

　　如《二刻拍案驚奇》卷二三「大姊魂遊完宿愿，小妹病起續前緣」，湯顯祖《牡丹亭》、蒲松齡《聊齋》之「阿寶」都有「離魂」情節。元明清戲曲中有好幾種《倩女魂》則直接出自唐陳玄祐的《離魂記》，而《離魂記》亦見《太平廣記》，題爲《王宙》。又如「夢中富貴」也是戲曲、小說中常見的模式。如元明戲曲作家馬致遠、花季郎、李時中分別作《黃梁夢》、谷子敬有《枕中記》、車任遠有《邯鄲記》、徐霖《枕中記》、湯顯祖《邯鄲記》、蒲松齡《聊齋志異》中的《續黃梁》、沈起鳳《諧鐸》中的《續黃梁》，盡管情節各異，但其主要部分或關鍵部分都是「夢中富貴」情節。這一情節模式，出自唐沈既濟的《枕中記》，而《枕中記》、《太平廣記》和《文苑英華》均有收錄。又如明天然痴叟《石點頭》第十一卷《江都市孝婦屠身》出自《太平廣記》卷二七〇《周迪妻》；馮夢龍《喻世明言》卷五《窮馬周遭際賣鎚媼》出《太平廣記》卷一六四《馬周》；凌蒙初《初刻拍案驚奇》卷五「感神媒張德容遇虎，湊吉日裴越客乘龍」出《太平廣記》卷四二八《裴越客》。通過比較研究，我們可以看到後人是怎樣化用、改編《太平廣記》的，進而可以發現對前人作品進行再創造方面的某些藝術規律。

　　又如，《論衡‧書虛篇》說：「傳書言吳王夫差殺吳子胥。」黃暉云：「《白帖》七、《類聚》九、《御覽》六十、《事類賦》、《事文類聚》、《合璧事類》八，引《傳》並作《儒》。」按黃氏所據以校勘的《御覽》、《事類賦》、《事文類聚》、《合璧事類》都是宋代類書。

　　宋代雖已有印刷術，但是宋代去古不遠，宋刊本還能相當保存古籍的面貌。所以前人每以類書，尤其是唐宋的類書，作爲校勘的佐證。廣泛運用古類書的引文來從事校勘工作，則從清乾嘉時代開始，尤以高郵王念孫、王引之父子成績卓著。近年王叔岷《莊子校釋》、《史記斠證》、《諸子斠證》，即多用《太平御覽》、《記纂淵海》等宋代類書。

　　另外，宋代因爲社會文化發展，類書收錄的資料非常豐富，而南宋末年陳元靚編纂的《事林廣記》，除開拓類書附載插圖的體例，藉著圖行清楚掌握名物與行爲動作的環節，幫助讀者對於事物的直接理解；其次是它收錄較多的市井狀態和生活顧問的資料，保存許多社會文化面的史料，它正是反映宋代社會生活的文獻價值。以酒爲例：酒，古代稱爲「天之美祿」。《事林廣記》癸集卷二〈異釀醴醪〉中，有不少製酒方子：「藍橋風月酒」、「醉鄉奇酒」、「思堂春酒」、「瓊液酒」、「銀波酒」等，其中「銀波酒」的方子，對製酒的程序記述十分清楚，也清楚說明了

蒸餾酒在南宋城市的廣泛流行。在音樂方面,《事林廣記》收錄當時的音樂、樂譜,甚至已散失的音樂資料,如《管色指法》記錄了官笛、夏笛等九種吹奏樂器的指法,它保存不少散佚不傳的音樂資料,如「圓里圓」、「賺詞」、「鼓板棒數」、「獅子序」等,對研究我國民族音樂發展歷史頗具參考價值。

　　總之,宋代類書中保存的宋初五代以前的大量文獻資料,除了輯佚、校勘、語言研究、文學研究及社會生活等價值外,無疑對歷史、宗教、民俗等的研究,也都具有重要的價值。

第十章　結　論

　　宋代是我國類書發展的重要時期，產生了一批至今還爲人們所利用的重要類書。據現存類書和文獻記載，宋代類書的編纂取材廣泛，內容廣博，其數量與種類均超過前代，至今所存仍有三、四十種。其較著名者如官修《太平御覽》一千卷，《冊府元龜》一千卷，吳淑《事類賦》三十卷，王應麟《玉海》二百卷、《小學紺珠》十卷，祝穆《事文類聚》一百七十卷，章俊卿《山堂考索》二百一十二卷，謝維新《古今合璧事類備要》三百六十六卷，林駉《源流至論》四十卷，高承《事物紀原》十卷，孔傳《後六帖》（又名《孔氏六帖》）三十卷，劉應李《翰墨大全》一百二十五卷，劉達可《璧水群英待問會元選要》八十二卷，無名氏《錦繡萬花谷》前集、後集、續集共一百二十卷。

　　《太平御覽》、《冊府元龜》和《太平廣記》、《文苑英華》並稱宋初「四大書」。有文章總集的《文苑英華》、百科匯典式的《太平御覽》、小說類編《太平廣記》和施政鑒戒的《冊府元龜》，都是現存的廣泛使用的著名類書。

　　《太平御覽》初名《太平總覽》，由李昉等十四人奉敕修撰，輯《修文殿御覽》、《藝文類聚》、《文思博要》等類書及其它典籍而成，分五十五門，四五五八個子目。此書最大的特點以徵引廣博而見稱，因此後人多據此校勘典籍，輯佚古書、考證名物。例如古代科學家張衡創造渾天儀和地震儀的材料，原書早已失傳，但卻保存于本書卷二〈天部‧渾儀目〉內。本書卷首有〈經史圖書綱目〉，記載書中徵引書目一六九〇多種，還不包括所引雜書和詩賦等，但這個綱目編的比較粗疏，有一些錯誤和重複。《太平御覽》的內容也是典故事實與詩文併錄，其體例是在類目下按時代先後排列材料，不再區分「敘事」或「詩文」等形式，也不作摘句或概括偶句。在輯錄材料時注意保存古書的本來面目，如《藝文類聚》、《初學記》等引用它書時正文與注相連，不加分別，而《太平御覽》則正文作大字，注文作小字。

《太平廣記》五百卷，其內容主要是收漢至宋初的小說，共分九十二大類，一五○多個小類，引書五百種，該書所引，凡卷帙少者，多整書錄入。整書錄入者原書多半亡佚，藉此書保存了下來。清學者譽此書為「小說家之淵海」，對研究古小說史而言很有價值。《文苑英華》是類編的文章總集，該書一千卷，全書收錄上起南北朝，下迄晚唐五代的二千二百多名作家的作品，近二萬篇，但是《四庫全書》將其收入集部是比較正確的。但是《文苑英華》在借鑒前人編排體例上，只是增多門目。隨著時間的流逝，許多唐人的文集別集都逐漸散失，而收集在《文苑英華》中的作品卻流傳下來，成為後人對有些佚文輯補的主要材料來源。

由王欽若等人編集的《冊府元龜》是奉宋真宗之命完成的，它與唐宋其它類書的內容和體例都不相同，其內容是專輯上古至五代的君臣事蹟，按事類和人物分門編次；所取材料以「正史」為主，兼採經書、子書，不取小說和野史雜書。書中內容不僅是輯錄它書的材料，編者也有撰述。全書分三十一部，一千一百多門，每部之前編者撰有「總序」，每門之前又有「小序」，用以概括議論本部本門的內容。《冊府元龜》的卷數雖與《太平御覽》相同，但篇幅卻超過它一倍，書中幾乎概括了「二十四史」中的前十七史，此外還保存了不少實錄、詔書、奏議等史料。前人以為《冊府元龜》的內容多見于正史，故不太重視，其實，隨著正史在流傳中已出現不少闕誤，利用《冊府元龜》的內容，正可以用來補正今存史書的問題。清人劉文淇等即曾以此書校勘《舊唐書》而頗有成效，今人陳垣利用此書卷五百六十七的內容，補《魏書·樂志》整整一頁，這些都說明該書在校勘、輯佚上的作用。但是，此書引文不注出處，給讀者增加了不少困難，這是在使用時必須注意的。

宋代私人編修類書之風氣亦甚盛。這與當時的學術風氣有著密切關係。宋代與隋唐一樣，作文盛行駢體，後來雖有歐陽修大力提倡多寫散文，但朝廷的詔令制誥仍用駢四儷六對偶，這就要求會寫散文者亦須熟悉四六對偶。另外，當時科舉盛行，為應試而用的類書也開始問世。據《南朝史精語》提要云：

> 南宋最重詞科，士大夫多節錄古書，以備遣用。其排比成篇者，則有王應麟《玉海》，章俊卿《山堂考索》之流〔註1〕。

對於這些供寫作和科舉用的類書官方編修的很少，多由學者私人為之。如王應麟編的《玉海》二百卷和林駧編的《源流至論》四十卷，皆是為科舉應試用的類書。

《玉海》重點輯錄有關典章制度和吉祥善事資料，材料多取自《實錄》，按年

〔註 1〕 （宋）洪邁著，《南朝史精語》（江蘇：南京出版社，1992 年）。

代先後順序排列。其中有爭議者則一一注明，有的還加以考證。該書內容豐富，文獻價值很高，元胡助稱之爲「天下奇書」。此外，還有許多仿唐、續唐的類書，如祝穆的《事文類聚》仿《藝文類聚》，孔傳的《後六帖》仿白居易的《白氏六帖》等。另外，宋代各種具有專門用途的類書應運而生，如爲老百姓充當生活顧問的《事林廣記》、《錦繡萬花谷》；又如有專記古代農業技術的《全芳備祖》，專門時令史實典故的《歲時廣記》；還有高承撰《事物紀原》十卷，專門列舉有關事物起源的典故等。宋代類書種類繁多、體制宏大，與宋代雕版印刷術的廣泛使用和國家大力發展藏書事業有直接的關係，因此，宋代類書無論從取材範圍到文獻內容都優於前代。

宋代類書，結構又有改觀。官修類書如《太平廣記》的九十二類，有的直接羅列事目，有的先子目後事目，事目之下匯集原文，注明出處。《太平御覽》五十四部四千五百五十八類，各類之下，按時間順序徵錄材料，注明出處，所用材料多是原文，且少更改，初具工具書性質。《冊府元龜》的結構形式與唐宋其他類書大迥，每部有「總序」詳述本部事蹟的沿革，部下析門，共一千一百餘門，各門有「小序」簡論本門內容。「小序」之後，羅列所採材料，引書以經籍爲先，原文照錄，有改動必註釋其下，並取較爲系統的著述，酌取前代類書。

私撰類書，如吳淑的《事類賦注》，雖仍分部分目之舊，羅列資料卻別具一格，即將所引內容作賦，再列相關材料。高承的《事物紀原》，正如書名所指，專門搜集能夠說明子目起始的資料。潘自牧的《記纂淵海》則在子目之下，按經、史、子、集、本朝的順序匯集材料。王應麟的《玉海》標分門類與其他類書大異，部類僅限于天文、地理和典章，引書有經史子集及傳記、雜書，而于宋代典故，多據當時《實錄》、《會要》記載，兼採詩文辭藻；分類材料之外，多用提要、概述方式撮敘事實，並略作考證。

從類書的編纂目的來看，不論官修的、私人編的、書坊編的，不論它是爲了誇耀朝代的文治之盛，抑或是爲了方便查檢資料和應試的需要，以達到謀利的目的，類書的最終目的始終是爲準備、積聚好臨事檢索資料，以縮短撰寫文章、考事徵引、臨事應對時尋覓資料的時間而編的。因此，類書在古代得到官家的推崇，成爲人們習慣查檢的工具，因而得到廣泛利用、長足的發展。

因此，類書是具有百科性質和資料匯編性質的書籍，在進行學術研究中，具有重要作用。類書在爲研究工作上提供的服務有：首先，類書可以爲查找資料起索引作用。研究古代文化，必須搜集有關文獻資料。類書是按照門類或韻目編排的，便於在需要時進行查找。由於類書所輯錄的內容通常都注明出處，可以按著

出處去核對原文，這就免去了人們漫無邊際地從浩如煙海的文獻中尋找資料的辛苦，省時省力。其次，類書也可以直接提供研究工作所需的資料。有些被類書輯錄過的書籍，由於歲月流逝而失傳了，其內容依賴類書得以保存，所以，古類書所輯錄的內容就成了僅存，古類書就置代了第一手資料，直接爲研究提供了服務。

最後，類書也可以解決學術研究中的疑難問題。如蔡元培在一九一九年辭去北大校長時，曾以「殺君馬者路傍兒」爲喻，婉謝別人對他的挽留。此語何義？是怎樣一個典故？在新舊辭書中均查閱不到。然而翻檢類書，問題得到了解決。《太平御覽》八九七卷引漢應劭《風俗通》，輯錄了此典。原來此典是說，某長吏長期在廄中用豐美的飼料餵馬，使馬長得肥壯卻極少外出示人，後馬外出時因一小兒在路旁觀看而驚死。此典深寓「愛之適以害之」之意。此典後被收入《辭海》修訂本中。

由於類書彙集了許多相關的資料，故可使研究者能在最短的時間內，取得最多最完整的資料。而且類書保留了許多古代資料，有些是現今已亡佚的，故類書的文獻價值很高。除了可以查找資料、查找事物源流外，還可以校勘考證及輯錄古書；所以也是保存古代佚籍的淵藪，對於學術研究者而言，具有很大的研究價值。

當我們在使用類書時，有以下三點困難：第一、有些類書的分類不合理、不科學，大類下的子目又繁雜；類與類之間，子目與子目之間，很少有邏輯性，無一定的規律可循，如果不熟悉古籍的人，查檢目錄頗有困難。第二、有些類書的類目名稱與現在的習慣距離很大。第三、各種類書的本身只有簡單的總目，缺少完整性的目錄或索引，使用困難。民國以後，少數類書編有索引，就可供檢查了，如《太平御覽引得》、《冊府元龜引得》等。

使用類書時，應掌握兩個原則：第一、要確定自己所要查考的資料是什麼性質。根據事物的不同性質，找不同類型的類書。如查文章辭藻的，可利用《文苑英華》，如查一般事實掌故的，可利用《太平御覽》，如查事物起源的，可查找《事物紀原》。找到類書後，再依據事物的性質到不同的類別中去查，一般都能查得到。如是屬於純自然現象的，則可查〈天部〉，如屬於地理山川的，可查〈地部〉，如屬帝王后妃的，可查〈帝王部〉、〈后妃部〉。第二、要掌握的原則是瞭解類書的分類和編排方法。

先談分類，一般都是按天、地、人、事、物分類的。惟各類書的分類綱目，並不相同。有的分成六大類，有的分成五十多大類；子目有二百多的，也有六千多的，相差頗爲懸殊。如：

《太平御覽》：分五十五部，三百一十三子目。

《冊府元龜》：分三十一部，一千一百零四子目。

《玉海》：分二十一部，二百四十餘子目。

因此，使用類書時應把握這些綱目，並知各類目的排列次序。〈天部〉、〈歲時部〉、〈地部〉大部分在前面；〈學部〉、〈刑法部〉、〈工藝部〉、〈舟車部〉、〈百卉部〉等通常列在後面；〈帝王部〉、〈宗室部〉、〈外戚部〉、〈將帥部〉等均居於中間。每種類書正文前，有目次表或分類表，可參考利用。

如想在《太平御覽》內查找水稻在我國的栽培歷史，因為它屬於「物」的範疇，總是列在後面，水稻屬於農作物，可以在第八百三十八卷〈百穀部〉找到資料。

次說編排。類書各部的子目下援引各種書籍中有關的記載文字，其文字的編排，通常以經、史、子、集為序，同時照顧到朝代的先後。所以，類書是為讀者提供古代的事物、典故的參考工具。

總之，宋代類書從編寫動機來看，是政府出於文治和培養人才的需要，但在客觀上則整理了古籍，保存了圖書，傳播了知識，為人們閱讀書籍，獲取知識提供了更便利的途徑。

在中古時期（宋代以前），書籍主要是憑藉抄寫和刻版印刷來流通，既辛苦又易多謬誤，而且印數不多，容易佚散，編成大型類書後，自可避免這些問題。宋代類書第一個價值就是保存了前人大量著作。如馬國翰《玉函山房輯佚書》中的《范子計然》下卷幾乎全從《太平御覽》中抄出；又如牛僧孺的《玄怪錄》早已佚失，後人從《太平廣記》重新鉤輯。可以說宋代無論是官修或私修的類書，是鉤輯佚書的淵藪。第二是它們為後人校勘古書提供參照系。後人校對漢唐之際的經、史，一般皆以宋四大書（《太平御覽》、《冊府元龜》和《太平廣記》、《文苑英華》）為校本。第三是提供原始資料。後人考證和論述宋以前的典章故事，總將它們當成資料寶庫。

無論宋代類書的編纂目的和當時的用途如何，這些典籍都起著保存古代典籍文獻，保存古代文化知識的積極作用，至今仍有較高的參考價值。利用現存類書，不僅可以按類求索有關的資料，作為探討古代歷史事實、典制沿革、學術文化以及社會習俗的依據，而且可以利用古代類書的引文，校勘、考證現存古籍的內容。有些大型類書由於整部、整篇的抄錄原著，因此還可以從中輯出亡佚古籍的全書或者部分佚文。

總之，宋代對於圖書的編纂工作非常積極而有價值，朝廷對圖書工作的重視，

不惜人力、物力地搜集、校勘、整理，並編寫目錄和大型類書，使書籍得以妥善保護和充分的利用。宋代湧現了大批飽學才子，他們興起的「宋學」爲後代所注目，成爲我國文化寶庫中一個耀眼的部分。這一切都與宋代圖書的編纂工作有密切的關係，這種重視圖書編纂的精神，值得我們來珍惜，並爲文化保存作最完整的一面。

附錄一　歷代類書一覽表

書　名	著　者	卷　數	版　本	書　旨
古今同姓名錄	梁孝元帝撰	二	函海本	是書所錄同姓名人及余寅諸家之備，但類書之存於今者莫古於是。
編珠 補遺 續編珠	舊本題隋杜公瞻撰、清高士奇輯	二 二 二	高氏刊本、嘉靖甲戌刊巾箱本。	是書原目分天地山川居處儀衛音樂器玩珍寶會繪綵酒膳黍稷菜蔬果實車馬舟楫，今所存者僅音樂以上五門而已。
藝文類聚	唐歐陽詢等撰	一○○	明嘉靖丁亥胡纘宗小字本、萬歷丁亥王元貞刊大字本、明蘭雪堂活字本、明聞人詮刊本、有馮已蒼依宋刊校本。	是書爲類四十有八，以事實居前，詩文列後，在諸類書中體例最善。
北堂書鈔	唐虞世南撰	一六○	明陳氏增改刊本、陽湖孫氏昭文張氏並有舊抄未經陳氏增改本、明刊本、粵東孔氏刊本、陶九成改此書爲古唐類苑季目有抄本、胡心耘有明抄本又名大唐類要、竹垞有抄本、丁禹生有藝海樓抄本、邵亭有明抄本。	北堂者，祕書省之後堂。此書蓋世南在隋爲祕書郎時所作，凡八百一類，多摘錄字句而不盡註所出。
龍筋鳳髓判	唐張鷟撰	四	明萬歷刊本、湖海樓叢書本、學津討原本、明沈潤卿刊本、海山仙館本、無注元刊本。	是編取備程試之用，名雖似乎法家，實則隸事之書。
初學記	唐徐堅等撰	三○	嘉靖十年錫山安國仿宋刊本、嘉靖十三年晉府刊本、萬歷丁酉陳大科刊本、萬歷丁亥徐守銘重刊安國本、明晉陵楊氏重刊安國本、古香齋刊巾箱本、嘉靖二十三年藩王刊本、馮登府有宋本、孔氏刊本。	是書分三十二部，三百一十三子目，其例前爲敘事，次爲事對，次爲詩文。其所採摭皆隋以前古書，而去取謹嚴，多可應用。
元和姓纂	唐林寶撰	一八	嘉慶七年孫星衍洪瑩刊十卷本、抄十卷本。	是書以唐韻二百六部排比諸姓，各載受氏之源與諸家之譜系。
白孔六帖	唐白居易、宋孔傳合編	一○○	明嘉靖刊本、天祿後目有宋刊孔帖三十卷本、王蘭泉有宋刊白帖三十卷本、張氏適園有宋刊白帖三十卷。	唐制帖經以得六爲通，此六帖之名所由起。是書雜採成語故實，足備詞藻之用。
小名錄	唐陸龜蒙撰	二	裨海本	是書所載皆古人小名，始於秦終於南北朝。

蒙求集註	晉李瀚撰	二	明萬歷初吳門顧氏刊本、學津討原本、金三俊補注四卷本、乾隆癸卯今雨堂刊本、日本佚存叢書李氏原注本、分三卷本、姚若有永樂間張權刊三卷本、明翻宋本、明辨齋本。	是書取古人事蹟爲爲四字韻語以便記誦，皆以對偶成文。
事類賦	宋吳淑撰	三〇	嘉靖壬辰趙鷺洲刊於郡齋據華家宋本、校嘉靖中俞安期仿宋刊本、乾隆甲申華氏劍光閣並廣事類賦刊本、瞿氏有校本、明常州崇正書院刊本、宋刊大字本、元刊黑口本。	是書皆隱括故實，以一題爲一賦，分子目一百篇。
太平御覽	宋李昉等撰	一〇〇〇	萬歷元年黃正色活字本、浙人倪炳文續定刊本、嘉慶九年常熟張氏仿宋本、嘉慶十二年歙鮑氏刊本、嘉慶丙寅揚州汪氏活字本、許氏有景抄本、吳門黃氏有宋刊小字本、周錫瓚有明文淵閣殘本三百六十卷、黃丕烈有明本。	是書分五十五門，所採書一千六百九十種。徵引至爲浩博。
冊府元龜	宋王欽若等撰	一〇〇〇	明黃國琦刊本、康熙中刊本、陽湖孫氏有舊抄本、昭文張氏有舊抄北宋本。	是書惟取六經子史，不錄小說，中分三十一部，有總序，又子目一千一百四門。門有小序。
太平廣記	宋李昉等撰	五〇〇	宋刊本、明嘉靖中許自昌刊大字本、又談氏刊大字本、天都黃氏刊小字本、翻刻小字本、江西袖珍、明活字本。	是編凡分五十五部、所採書三百四十五種，古來軼聞瑣事僻笈遺文咸在焉。
文苑英華	宋李昉等編	一〇〇〇	明隆慶中刊本、明會通館活字本、平津館有影鈔宋嘉泰刊本、勞平甫有影宋本、謂明刊不足道，又編全唐文時尚有一影宋全本、後佚。	按昭明文選迄於梁初，此書所錄起梁末而下迄於唐，蓋以上續文選，其分餘編輯體例，亦略相同。
事物紀原	宋高承撰	一〇	明正統戊辰南昌敬刊本、格致叢書本、惜陰軒叢書本、明正統中趙弼增刪二十卷本、宋閩中刊題事物紀原集類二十卷本。	是書於一事一物皆考索古書，求其緣起。所載凡一千七百六十五事。
實賓錄	宋馬永易撰 文彪續補	一四	說郛不全本	是書取莊子名者實賓之意。採古人殊名別號彙爲一編。
書敘指南	宋任廣撰	二〇	明嘉靖六年山西刊本、雍正三年金匯刊本、惜陰軒本、墨海金壺本、珠叢別錄本、柴氏十二卷本、明白石書屋刊本。	是書皆採錄經傳成語以備尺牘之用，故以書敘爲名。

海錄碎事	宋葉廷珪撰	二二	明嘉靖間劉鳳校刊本、許氏有舊抄校本。	氏聞士大夫家有異書，無不借讀，因作數十大冊，擇其可用者手抄之，名曰海錄。爲部十六，爲門五百八十有四。
古今姓氏書辨證	宋鄧名世撰	四〇	嘉慶七年洪氏刊本、守山閣以宋殘本校、附校勘二卷。	是書以韻隸姓，體例與元和姓纂相同。其複姓則以首字爲主，附見於各韻之後。
帝王經世圖譜	宋唐仲友撰	一六	季氏目有宋刊八卷本、瞿氏清吟閣刊本、金華叢書本、鳴野山房抄本。	是書分類纂言，而各系以圖譜。大路以周禮爲綱而諸經史傳以類相附，於先聖大經大法咸綜括貫串，故以帝王經世爲名。
職官分紀	宋孫逢吉撰	五〇	路小洲有抄本、許氏有抄本、丁禹生有舊抄本、十萬卷樓抄本。	是書每官先列周官典章，次敘歷代制度沿革名姓故事，根據經註，沿考史傳，搜採頗爲繁富。
歷代制度詳說	宋呂祖謙撰	一二	提要稱有元泰定三年刊本、澹生堂餘苑十卷本、路有抄本、張氏志載怡顏堂抄本、抄十五卷本。	是書蓋採輯事類以備答策，本家塾司課之本，中分十三門，每門前列制度，後爲詳說。
永嘉八面鋒	宋不著撰人名氏	一三	湖海樓本、巾箱本、明薛應旂本、都穆刊本、盧雍校刊本、弘治癸亥刊本。	是書凡提綱八十有八，每綱又各有子目，皆預擬程試答策之用。
錦繡萬花谷 　前集 　續集 　後集	宋不著撰人名氏	 四〇 四〇 四〇	明嘉靖丙申刊本、季目有宋刊前後二集八十卷本、千頃堂書目別有別集三十卷本、明刊小字本、崇文書院刊本、明錫山秦汴得宋刊重梓本。	是編前集凡二百四十二類，後集凡三百二十六類，續集凡四十七類。所引多古書及宋代軼事逸詩。
事文類聚前集 　後集 　續集 　別集 　新集 　外集 　遺集	宋祝穆撰 元富大用撰 宋祝淵撰	六〇 五〇 二八 三二 三六 一五 一五	明萬歷甲辰金谿唐氏重刊本、宋舊板無遺集本、元刊無新遺二集本、萬歷丁未刊本、日本刊本。	穆書每類皆始以群書要語次古今事蹟次古今文集略仿藝文類聚。大用與淵相繼增加，體例皆一無所改。
記纂淵海	宋潘自牧撰	一〇〇	明萬歷己卯刊本、季目有宋刊一百九十五卷本、天一閣目許氏目並有舊抄一百九十五卷本、元刊一百九十五卷本、吳門汪氏藏宋刊有抄補本。	是編分門隸事與諸家略同，惟詳近略遠詳大略細，與他家體例略異。
名賢氏族言行類稿	宋章定撰	六〇	四庫依宋坊刻本	是編以姓氏分韻排纂，各序源流於前，而以歷代名人之言行依姓分隸，蓋以譜牒傳記合爲一書者也。

群書會元截江網	宋不著撰人名氏	三五	四庫依元麻沙本、振綺堂有元刊本、明弘治十一年趙淮刊本、抄本。	是編凡分六十五門，每門間附子目，各類之中，以歷代事實宋朝事實經傳格言名臣奏議諸儒至論，分段標識，又有所謂主意事證時政警段結尾諸目，至於排偶成句亦備載焉。
雞肋	宋趙崇絢撰	一	百川本、說郛本、學海類編本、墨海金壺本、珠叢別錄本、學津討原本、景闇抄本。	是編雜採古事而名同而實異者，有相似而相反者，有一事而數見者，有事相類者，有姓名同者，各自爲條不相比附。其曰雞肋者，殆有取於食之無味棄之可惜之意歟。
小字錄	宋陳思撰	一	明萬歷己未沈宏正刊本、抄本。	是書因陸龜蒙侍兒小名錄稍加推廣，集史傳所載小字以爲一編。
全芳備祖前集 後集	宋陳景沂撰	二七 三一	路有抄本、平津館目有抄本、許氏有抄本。	是編前集爲花都，後集爲果部卉部草部木部農桑部蔬部藥部，每部分事實祖賦詠祖二類。
山堂考索前集 後集 續集 別集	宋章如愚撰	六六 六五 五六 二五	明正德中慎齋刊本、振綺堂有元延祐中圓沙書院刊本。	是編前集分十三類，後集分七類，續集分十五類，別集分十一類，門目互相出入，大抵此集所遺即彼集補苴。
古今合璧事類備要前集 後集 續集 別集 外集	宋謝維新撰	六九 八一 五六 九四 六六	嘉靖丙辰錫山秦氏刊本、嘉靖丙辰衢州夏氏刊本、弘治戊午錫山華氏刊但有前集本、明大字本。	是編每門皆前爲事實，後爲詩文，宋代軼事逸篇往往而在。
古今源流至論 前集 後集 續集 別集	宋林駉撰 宋黃履翁撰	一〇 一〇 一〇 一〇	宋嘉祐丁酉刊本、元延祐本、元大德乙未刊本、明刊本。	是書亦備程試之用，而於經史百家之異同，歷代制度之沿革，條列件繫。尚有體要。
玉海 附詞學指南	宋王應麟撰	二〇〇 四	元至元六年慶元路儒學刊附十三種本、明南京國子監正德嘉靖萬歷遞脩本、嘉慶丙寅江寧藩庫重刊本、浙局刊本。	是書爲詞科應用而作，故臚列條目，率鉅典鴻章。其採錄故實，亦皆吉祥善事，與他類書體例迥殊。
小學紺珠	宋王應麟撰	一〇	明刊本、玉海後附刊本、津逮祕書本、江寧藩庫本、日本刊本、浙局本。	是書分門隸事，與諸類書略同；而每門中，以數爲綱，以所統之目擊於數下，則與諸類書迥異。

姓氏急就篇	宋王應麟撰	二	玉海後附刊本、徐稼圃有舊刊單行本、江寧藩庫本、浙局本。	是書雖以記錄姓名爲主，而臚列名物組織典故意義融貫，亦可爲小學之資。至其體例係以姓氏排纂成章，尤便記誦。
六帖補	宋楊伯嵒撰	二〇	路小洲有抄二十四卷、宋刊本、雲間陸氏藏有仿宋抄本。	是編以增補白居易六帖孔傳續六帖所未備，凡二十類，中多割引宋人詩句。
翰苑新書前集　後集上　後集下　別集　續集	宋不著撰人名氏	七〇　二六　六　一二　四二	明萬歷辛卯金陵周日校刊本、天一閣目有抄本、（題進士劉子貫茂父著）雲閒吳氏有明館抄本、不全。	是編皆爲應酬而作，於宋代典故文章足資考證。
韻府群玉	元陰時夫撰	二〇	元大德刊黑口本、明初刊本、明嘉靖乙丑劉氏刊本、明萬歷中王元貞增修刊本、天順葉氏刊本、康熙中刊韻玉定本。（河間守徐可先之妾謝瑛所刪非陰氏之舊）	昔顏眞卿編韻海鏡源爲以韻隸事之祖，然其書不傳，傳於今者以是書爲最古。
純正蒙求	元胡炳文撰	三	明刊本、朱伯修云有嘉靖刊本、四庫依鮑氏本、汲古閣有精抄本、日本刊本。	是編採集古人嘉言善行，各以四字屬對成文，而自註其出處於下。所載皆有裨幼學之事。
排韻增廣事類氏族大全	元不著撰人名氏	二二	明刊二十八卷本、日本刊本、有元刊十卷本。	是編以韻隸姓，以姓統人，與章定名賢氏族言行類槁體例相同。
名疑	明陳士元撰	四	明萬歷刊本、歸雲別集本、借月山房彙抄本、澤古齋叢抄本、湖北叢書本。	是書上自三皇，下迄元代，博採史傳及百家雜說，凡古人姓名異字及更名更字與同姓名者皆彙萃之。
荊川稗編	明唐順之撰	一二〇	明茅一相刊本	大旨欲使萬事萬物畢貫通於一書，故始之以六經，終之以六官，六經所不能盡，則條列以九流之學術；六官所不能盡，則賅括以歷代之史傳。
萬姓統譜　附氏族博考	明凌迪之撰	一四六　一四	明萬歷己卯原刊本、明刊百五十四卷本。	是書以古今姓氏分韻編次，略仿林寶元和姓纂；以歷代名人履貫事蹟按次時代分隸各姓下，有仿章定名賢氏族言行類槁。名爲姓譜，實則合譜牒傳記而共成一類事之書也。
喻林	明徐元太撰	一二〇	明萬歷乙卯刊本、刻二十八宿字樣、每頁二十行、行二十字、有摘鈔本、名喻林一葉二十四卷。	是書採摭古人設譬之詞，彙爲一編，分十門，每門又各分子目，凡五百八十餘類。其徵引古籍，具列書名，併註其篇目卷第。

經濟類編	明馮琦撰	一〇〇	明萬歷甲辰刊本	是編爲琦手錄之槁，粗分四類。琦沒之後，其弟瑗與其門人周家棟吳光儀稍爲排纂且刪其重複，定爲帝王政治等二十三類。
同姓名錄 錄補	明余寅撰 周應賓補	一二 一	抄本、明萬歷丁巳刊本。	是書上據經史，旁摭裨官，起自洪荒，迄於元代，雖地名神名樂名鳥獸蟲名同者，亦一概收錄，可謂備矣。
說略	明顧起元撰	三〇	明刊本、嬾眞草堂刊本。	是書雜採說部件繫條列，頗與曾慥類說陶宗儀說郛相近。故明史收入小說類。然考其分門編次，實同類書，但類書隸事，此則纂言耳。
天中記	明陳耀文撰	六〇	隆慶己巳初刊五十卷本、萬歷己酉重刊定本。	是編乃其類事之書，以所居近天中山，故題曰天中記。
圖書編	明章潢撰	一二七	天啓癸亥刊本	是編取左圖右書之意，凡諸書有圖可考者，皆彙輯而爲之說。
駢志	明陳禹謨撰	二〇	萬歷丙午刊本、抄本。	是書取古事之相類者，比而錄之，對偶標題，不立門目，而各註其所出於條下。
山堂肆考 補遺	明彭大翼撰	二二八 一二	萬歷己未刊本、振綺堂有熊氏刊本、又有張氏本。	是書分四十五門，門又各分子目，大致薈萃類書而成。
古儷府	明王志慶撰	一二		是書以六朝唐駢體足供詞藻之用者，採摭英華，分類編輯。
廣博物志	明董斯張撰	五〇	明萬歷刊本、乾隆辛巳重刊本。	是編爲分門隸事之書。凡分大目二十有二，子目一百六十有七。所載始於三墳，迄於隋代。其徵引諸書皆標列原名，綴於每條之下。
淵鑑類函	清康熙敕撰	四五〇	內府刊本、外覆本、古香齋巾箱本、刊本、石印本、孔氏刊本。	是書因俞安期所編唐類函。廣其條例，博採元明以前文章事蹟，臚綱列目，薈爲一編，務使遠有所稽，近有所考，源流本末，一一燦然。
駢字類編	清康熙敕撰	二四〇	內府刊本、刊本、石印本。	是編所採諸書詞藻，並括以二字，而以上一字類從，凡一千六百有四字，分隸爲十有二門。所引以經史子集爲次，與佩文韻府同。
分類字錦	清康熙敕撰	六四	內府刊本、江蘇廣東覆本。	是書皆採摭成語，裁爲駢偶，分類編輯，每類以二字三字四字爲次，各詳引原書註於條下。

子史精華	清康熙敕撰	一六〇	內府刊本、蘇州翻本、舒懷翻本、坊翻本、袖珍刊本、石印本。	是書分三十類，子目二百八十，凡言雋句，採摭靡遺。於子史兩家，誠所謂披沙而簡金，集腋而成裘矣。
佩文韻府	清康熙敕撰	四四四	內府刊本、蘇州翻刻本、廣東翻刻連拾遺本、江西翻刻本、石印本。	是編以經史子集爲次，以韻府群玉五車韻瑞所已載者列於前，而博徵典籍補所未備列於後。
韻府拾遺	清康熙敕撰	一一一	內府刊本、蘇州翻本、廣東翻本、江西翻本、石印本。	大旨在拾佩文韻府之遺，凡前編所未載者謂之補藻，其已載而增所未備者謂之補註。
格致鏡原	清陳元龍撰	一〇〇	雍正中刊本、江西翻本、蘇州翻本、封面有珊瑚印者爲最初印本佳。	是編所分三十門，皆博識之學，故曰格致，每物必窮其源委，故曰鏡原。
讀書記數略	清宮夢人撰	五四	康熙丁亥刊本、板入內府懺花庵本。	是編分類隸事，各以數爲綱。大致以小學紺珠群書拾唾爲藍本。而稍摭宋元明事附益之。
花木鳥獸集類	清吳寶芝撰	三		是書集花木鳥獸故事，分門臚列，凡一百一十目，皆採掇舊文以供詞藻之用。
別號錄	清葛萬里撰	九	路氏有抄本、許氏有抄本、抄八卷本。	是書取宋金元明人別號，以下一字分韻編輯，極便檢查。
宋裨類鈔	清潘永因撰	三六		是書以宋人詩話說部分類纂輯，凡五十九門，末附搜遺一卷，以補諸門之所未備。

資料來源：楊立誠編，《四庫目略》（臺北市：臺灣中華，民國 59 年 6 月臺一版），頁 265 ～274。

（清）永瑢等撰，《四庫全書簡明目錄》（臺北市：洪氏，民國 71 年元月），頁 513～530。

附錄二　宋代圖書編撰年表

建隆元年（960）

一月　宋太祖趙匡胤立。置有昭文、集賢、史館三館，有書萬餘卷。仍由秘書省掌管圖籍。

二月　爲避宣祖趙弘殷諱，改自唐沿襲而來之弘文館爲昭文館。

　　　是年《朝報》又稱《邸報》，在東京（今開封）創刊，由中央政府編印和發行。屬於政府公報性質。

　　　是年前後，鄭熊撰《廣中荔枝譜》，爲記載荔枝專書，載品種二十二個。今佚。

北宋年間（960～1126）

據統計，北宋時建書院三十七所。

鄱陽吳良嗣有《纂金堂書目》。大梁蔡致君有《夷門蔡氏書目序》。

田錫撰寫《麴本草》一卷。爲我國現存最早介紹麴和各種麴酒之專書。

建隆二年（961）

正月　王溥等上《唐會要》一百卷，詔藏史館。是書原分十五門，爲我國現存最早之會要體史籍。

建隆三年（962）

判監崔頌等上新校《禮記釋文》。

乾德元年（963）

二月五日　太祖命竇儀與蘇曉、陳光義等編纂宋朝刑律，是年八月二日成《宋刑統》，並付梓頒行。爲我國歷史上第一部雕刻印行的刑事法典。

二月　太祖平荊南，盡收高氏圖書，以充實三館。

四月　王處訥上《新定建隆應天曆》，太祖製序，頒行全國。

七月　監修國史王溥上新修後梁、後唐、後晉、後漢、後周《五代會要》三十卷，敘載五代典章制度共二七九事目，凡難於標目者則別爲雜錄附於各條之後。

十月　張昭上新撰《名臣事蹟》五卷，詔藏史館。

乾德年間（963～967）

《史館新定書目》撰成。

乾德四年（966）

五月　太祖遣右遺孫逢吉至成都收後蜀圖書、法物。開寶八年（975）收後蜀圖書
　　　一三千卷還，圖書付史館。

閏八月　詔求亡書。

開寶四年（971）

太祖敕高品、張從信往益州（今成都）雕大藏經版。於太平興國八年（983）板成
奉上，共一○七六部，五○四八卷，爲我國第一部雕刻印行之佛教總集。世稱「寶
藏」，亦稱「蜀藏」。

開寶四年～太平興國八年（971～983）

張從信撰〈蜀州刻藏經目錄〉（今佚）。

開寶五年（972）

詔翰林學士李昉與知制誥李穆、扈蒙校定《尚書釋文》，周惟簡與陳鄂重修，詔並
刻板頒行，名《開寶新定尚書釋文》。

開寶六年（973）

四月　知制誥王祐等上重定《神農本草》二十卷，太祖製序，摹印頒天下。又盧
　　　多遜等上《開寶通禮》二百卷，《義纂》一百卷。
　　　詔參政知事薛居正監修後梁、後唐、後晉、後漢、後周五代史。次年（974）
　　　閏十月修成奏進，計一五○卷。

十二月　命參政知事盧多遜等對時行〈長定循資格〉及有關制書重新修改。編爲
　　　　〈長定格〉、〈循資格〉、〈制敕〉、〈起請條〉，書成，頒爲永式。

開寶八年（975）

十一月　太祖平南唐。十二月初三日，命太子洗馬呂龜祥至金陵接收南唐圖書，
　　　　次年春，收其圖書二萬餘卷，悉送史館。

太平興國二年（977）

三月十七日　詔翰林學士李昉、扈蒙等十四人編撰《太平御覽》。於雍熙元年（984）
　　　　　　十二月十九日書成，共一千卷。引書二五七九種。初名《太平總覽》，
　　　　　　成書時詔更名《太平御覽》。全書分五十五門，五三六三類，大體按
　　　　　　天、地、人、事排列。爲現存古類書中保存五代以前文獻古籍最多
　　　　　　者。

太平興國三年（978）

二月　于左昇龍門東北車府地新建三館成，盡遷西館之書，分貯兩廊。以東廊爲
　　　昭文書庫，南廊爲集賢書庫，西廊分經、史、子、集四部，爲史館書庫。

三月　吳越王錢弘俶降宋，八月，其子惟治將所有圖籍和財產交知杭州范旻。圖
　　　書後充入三館。
　　　李昉等奉太宗之命，匯輯野史傳記小說諸家定稿，命名《太平廣記》，太
　　　平興國六年（981）雕版成。全書五百卷，分九十二大類，一五〇多個小
　　　類，三千多個細目，收錄漢至宋初之野史、傳記、小說等書內故事七千
　　　則，引書凡四七〇餘種，保存著許多珍貴文獻。爲我國現存最早、最大
　　　的一部文言小說總集。

太平興國四年（979）

五月　太宗平定太原（北漢），命左贊善大夫雷德源入城點檢書籍圖畫。
　　　命有司取國初以來敕條纂爲《太平興國編敕》十五卷，行於世。

太平興國五年（980）

九月　史館上《太祖實錄》五十卷。

太平興國六年（981）

十二月　詔求醫書。

太平興國七年（982）

九月　李昉、扈蒙、徐鉉、宋白等奉敕撰《文苑英華》一千卷。雍熙三年（986）
　　　十二月成書。上起南梁，下至唐末五代，選錄歷代作家二二〇〇多人，作
　　　品近二萬篇，按文體分三十八類，是一部繼《文選》之後的文史總集。

太平興國八年（983）

十一月　史館修《太平總類》將成書前，太宗詔日進三卷，供「聽政之暇」閱讀。

有故或缺，即補上。

十二月　《太平總類》撰成。

雍熙三年（986）

十一月　徐鉉等上《新定說文》三十卷。

蘇易簡寫成我國第一部較完整、系統的介紹筆、墨、紙、硯之專書《文房四譜》五卷。

雍熙四年（987）

十月　翰林學士賈黃中等上《神農普救方》一千卷，詔頒行之。

端拱元年（988）

五月　詔於崇文院中堂建秘閣。

端拱二年（989）

吳鉉等撰《雍熙廣韻》一百卷成。

淳化元年（990）

二月　太宗賜諸路印本《九經》，令長史與眾官共閱之。

淳化年間（990～994）

宋自淳化以後，歷朝皆刻書版，存國子監。

吳淑撰成《事類賦》三十卷。計分十四部，一百目。每個子目爲賦一首，子目均爲一個字，共爲百首。故原名爲《一字題賦》。

淳化三年（992）

五月　太宗命醫官集《太平聖濟方》一百卷，以印本頒天下。

詔增修秘閣，八月成，後與崇文院統稱館閣。

淳化五年（994）

四月　以秘書監李至等同修國史。張佖又請置起居院，以紀錄爲《起居注》，與《時政記》逐月送史館，以備修日曆。

咸平元年（998）

十一月　眞宗因「三館」秘閣書籍歲久不治，詔朱昂、杜鎬及劉承珪整理，編著目錄。

十二月　給事中柴成務進《新定編敕》，請刻板頒下，與《律令格式》、《刑統》同
　　　　行。

咸平二年（999）

閏三月　令三館寫四部書二本，一置禁中龍圖閣，一置後苑之太清樓，以便觀覽。
　　　　朝廷對官報實行「定本」制度。是爲我國最早之新聞檢查制度。

咸平三年（1000）

二月　朱昂等奉詔編成《咸平館閣書目》，是月呈奏。
十月　命翰林學士承旨宋白等修《續通典》，次年九月成書，共二百卷。
　　　崇文院刻《吳志》三十卷。

咸平四年（1001）

六月　舊《御覽》分門事類，田錫請鈔略四部，別爲《御覽》。眞宗善其言，詔史
　　　館以群書借之，即先上《御覽》三十卷。
　　　宋代佚名著藏文長篇多卷本英雄史詩《格薩爾王傳》三十卷，千餘萬字，
　　　係我國與世界古代最長一部詩歌。

咸平五年（1002）

四月　校定簿書。
十二月　眞宗以龍圖閣及後苑所藏尚多舛誤，命劉筠等七人于崇文院重加校刊。

咸平六年（1003）

眞宗稱龍圖閣書累經校讎，最爲精詳。分爲經典、史傳、子書、文集、天文、
圖畫六閣。

景德元年（1004）

《太清樓書目》四卷成。

景德二年（1005）

五月　眞宗以天文、地理、陰陽、術數之書，大多錯誤，乃命司天少監史序等同
　　　加編次，提取精要，依類分之，成《乾坤寶典》四一七卷。眞宗作序藏於
　　　秘閣。
九月二十二日　詔王欽若、楊億等取諸歷代君臣德美之事編撰《歷代君臣事蹟》，
　　　　　　　至大中祥符六年（1013）八月編成呈進，眞宗覽後作序，賜名《冊

府元龜》。是書一千卷，分三十一部，一一〇四門，採錄上古至五代歷朝故事，分門順序排列，所採以史籍爲主，不收說部。爲宋代最大一部類書。

景德三年（1006）

二月　命知制誥朱巽、直史館張復，取太祖、太宗兩朝史館《日曆》、《時政記》、《起居注》、《行狀》以修國史，令資政殿大學士王欽若總之。

七月　詔求遺書。

景德四年（1007）

三月　太清樓藏太宗御製及墨跡石本九三四卷，四部群書三三七二五卷。

五月　詔分內藏西庫之地以廣秘閣。

景德四年～大中祥符元年（1007～1008）

《龍圖閣書目》七卷、《玉宸殿書目》四卷成。

大中祥符元年（1008）

六月　杜鎬等校定《南華眞經》並摹刻。

十二月　詔翰林學士丁謂、李宗諤等編《大中祥符封禪記》。

大中祥符年間（1008～1016）

綜合〈太清樓書目〉、〈龍圖閣書目〉、〈玉宸殿書目〉等修成《三朝國史藝文志》。

大中祥符三年（1010）

十二月　翰林學士李宗諤等進《新修諸道圖經》一五六六卷。

大中祥符四年（1011）

八月　校勘《文苑英華》、李善注《文選》刻印。

趙安仁、楊億撰《大中祥符法寶錄》十二卷，今佚。

陳彭年奉詔修撰韻書《廣韻》成。全稱《大宋重修廣韻》。是書首修於景德四年（1007），再修於大中祥符元年（1008），歷時五載，在《切韻》基礎上增益而成。

大中祥符五年（1012）

正月　李垂上〈導河形勢圖〉三篇並圖。

四月　新印《列子沖虛眞經》成，詔賜親王輔臣各一本。

張房君奉詔主持校正秘閣道書，於是取朝廷所拔道書及蘇州、越州、合州道藏，與道士十人一同修校，至天禧三年（1019）編成《大宋天宮寶藏》四五六五卷。又撮其精要，輯成《雲笈七籤》一二二卷。

令樞密院修《時政記》，月送史館。

大中祥符六年（1013）

九月　取大理寺《十道圖》及館閣藏《天下圖經》校定新本《九域圖志》。

大中祥符九年（1016）

二月　監修國史王旦等上《兩朝國史》一百二十卷。

五月十六日　刻《金剛經》。

燕肅著成〈海潮圖〉、〈海潮論〉。

天禧二年（1018）

六月　富州（今湖北來鳳）刺史向通漢上〈玉溪地理圖〉。

天禧四年（1020）

夏　註釋《御集》一百五十卷。

冬　重編《御集》三百卷。《聖政集》一百五十卷。

建天章閣，次年成。並收藏歷代帝王畫像等。

乾興元年（1022）

五月　以大中祥符元年之後，史官失於撰集，詔先朝《日曆》、《起居注》，亟修纂之。

十月　校完《後漢書》。

天聖二年（1024）

五月二十八日　朝廷出《天和殿御覽》四十卷、《隋書》八十五卷，由秘閣鏤板。

六月　出禁中所藏《南北史》、《隋書》付崇文書院校刊。於天聖四年（一〇二六）校畢。

館閣校刊《經典釋文》。

釋慈雲撰《教藏隨函目錄》。

天聖三年（1025）

二月　詔國子監現刊印《初學記》、《六帖》、《韻對》等書，皆鈔集小說無益學者，
　　　不刊。

四月　詔三館所寫書一七六○○卷，藏太清樓。

天聖四年（1026）

十月　國子監摹印律文並疏頒行。

　　　仁宗命集賢校理晁宗愨、王舉正等校定《黃帝內經·素問》、《巢氏諸病源
　　　候論》，並於次年四月命國子監摹印頒行。

天聖五年（1027）

二月　命參知政事呂夷簡、樞密副使夏竦修眞宗國史。

　　　釋惟淨撰《天聖釋教錄》（今佚）。

天聖六年（1028）

新定《釋文》雕板。

天聖九年（1031）

十一月　遷「三館」（昭文館、史館、集賢院）於左昇龍門外，增募書吏，專事補
　　　　輯。

明道二年（1033）

正月　館閣注《御製三寶讚》。

景祐元年（1034）

閏六月　因「三館」及秘閣所藏或有謬濫不全，命翰林學士張觀、知制誥李淑、
　　　　宋祁等看詳，定其存廢，訛謬者刪去，差漏者補寫。並詔翰林學士王堯
　　　　臣、史館檢討王洙、館閣校勘歐陽修等仿開元《四部錄》體例編製新目，
　　　　後編成《崇文總目》。景祐三年（1036）補寫四部書成。

九月　詔翰林學士張觀等刊定《前漢書》、《孟子》，下國子監頒行。逾年乃上《漢
　　　書刊誤》三十卷。

　　　歐陽修撰成《洛陽牡丹記》。全書一卷，分為三篇，為我國現存最早關於牡
　　　丹之專書。

景祐二年（1035）

置校正醫書局於編修院，大校醫書，並補注《本草》、《修經圖》、《千金翼方》、《金

匱要略》、《傷寒論》等醫書，均鏤板刊行。

景祐三年（1036）

五月　購求館閣遺書。

七月　馮元、聶冠卿、宋祁等上《景祐廣樂記》。
　　　呂夷簡、宋綬撰《景祐法寶錄》（今佚）。

寶元二年（1039）

臨安進士孟琪刻姚鉉《唐文粹》一百卷。

康定元年（1040）

三月　命知樞密院事宋綬同編修《國朝會要》。

慶曆元年（1041）

十二月　翰林學士王堯臣等上新修崇文院書目六十六卷，著錄藏書三〇六六九
　　　　卷。賜名《崇文總目》（後曾改《秘書總目》）。該目將全部藏書劃分爲四
　　　　部，每書有釋（即提要），各類有序。爲當時國家目錄。

慶曆年間（1041～1048）

畢昇發明活字印刷術。活字以黏土燒製而成。

慶曆三年（1043）

九月　命王洙、余靖、歐陽修等同修《祖宗故實》。

十月　詔修兵書。

慶曆四年（1044）

四月　監修國史章得象上新修《國朝會要》一百五十卷。
　　　編修《太平故事》二十卷，凡九十六門。

慶曆五年（1045）

九月　復宋敏求爲館閣校勘。敏求輯唐代以來至哀帝事爲《續唐錄》。
　　　詔近臣考先朝正史、《實錄》爲《景德御戎圖》。

慶曆六年（1046）

京臺岳氏新雕《詩品》三卷。

皇祐元年（1049）

田況補刻《蜀石經》，刻成《左氏傳》十八～三十卷、《公羊傳》、《穀梁傳》。

陳翥撰《桐譜》一卷，為我國現存最早的關於梧桐之專書。記述了梧桐的起源、種類、分布、生物學特徵、種植、培育、砍伐、用途及雜說、詩詠等。

皇祐三年（1051）

三月　命知亳州宋祁就州修《唐書》。

　　　仁宗詔令拓印青銅文字，存諸秘閣。

至和元年（1054）

十二月　直秘閣司馬光上《古文孝經》，詔送秘閣。

嘉祐二年（1057）

八月　校正醫書局相繼刻印《靈樞》、《太素》、《脈經》和《銅人腧穴針灸圖經》

　　　等二十餘種醫學著作。

　　　建邑王氏世翰堂刻《史記索隱》三十卷。

嘉祐三年（1058）

江寧府開造《建康實錄》二十卷，次年五月畢工。

嘉祐四年（1059）

蔡襄著《荔枝譜》，分七篇，記載福州、莆田、仙遊、泉州、漳州等地種植荔枝之歷史、品種與栽培、加工、貯藏方法。書中敘述閩中荔枝為天下之最，營養極為豐富，除供應國內外，嘗大批運送北戎、西夏、新羅、日本、琉球等地。是為我國最早之荔枝專書。

嘉祐五年（1060）

七月　歐陽修、宋祁等撰成《新唐書》二百五十卷。其中《新唐書・藝文志》四

　　　卷據《古今書錄》編成。

八月　詔求遺書。

　　　中書省奉旨下杭州鏤《新唐書》二百五十卷。

嘉祐五年～建中靖國元年（1060～1101）

類書《重廣會史》一百卷撰成刊刻。凡五五三門，專取正史事蹟，分類排纂。

嘉祐六年（1061）

三月　編校秘閣新藏《兵書》。

十一月　樞密院上所編《機要文字》一一六一冊。

　　　　編《嘉祐搜訪闕書目》一卷以搜訪遺書。

　　　　歐陽修著《集古錄》成。爲我國現存最早研究金石文字。

嘉祐七年（1062）

三月　命歐陽修提舉三館、秘閣寫校書籍。

六月　秘閣上補寫御覽書籍。於《崇文總目》外，定著一四七四部，八四九四卷。校刊完畢，次年罷局。

嘉祐八年（1063）

四月　英宗即位。詔以仁宗御書御集藏於寶文閣。此閣乃慶曆年間，由原壽閣改名而來。

治平年間（1064～1067）

太原府刻《晉陽事蹟雜記》十卷。此書爲唐河節度使李璋纂，初名《太原事蹟記》，共分十四卷，後刪改爲《晉陽事蹟雜記》十卷，爲地方志。

治平二年（1065）

三月　英宗初即位，命判司天監周琮等作新曆，三年而成，賜名《明天曆》。

九月　歐陽修編纂《太常因革禮》一百卷。

治平三年（1066）

四月　命龍圖閣學士兼侍講司馬光編歷代君臣事蹟。

　　　　司馬光撰《類篇》，分五四〇部首，收字三一三一九個。

治平四年（1067）

正月　神宗即位。始爲寶文閣置學士、直學士、待制，如龍圖閣一般。英宗御書藏於閣。

七月　以三司檢法官呂惠卿編校集賢院書籍。

十月　翰林學士司馬光初進所編《通志》，賜名《資治通鑑》，神宗親製序，令候書成寫入，又賜穎邸舊書二四〇二卷。《資治通鑑》共二九四卷，又爲目錄三十卷，考異三十卷。記周烈王二十三年（前403）至五代周世宗顯德六年

（959），歷十六朝，凡一三六二年歷史，爲我國古代最大一部編年體通史。
丁度等奉敕撰《集韻》成。十卷，收字五三五二五個，分韻目二〇六個（即
二〇六部），編書體例、音韻體系與《廣韻》無大差別。

熙寧元年（1068）

二月　司馬光進讀《資治通鑑》。

八月　復行《崇天曆》。

建寧府黃三八郎書鋪刻《韓非子》二十卷。

熙寧二年（1069）

參政趙抃進新校《漢書》印本五十冊，及陳繹所著《是正文字》七卷。

兩浙東路茶鹽司刻《外臺秘要方》四十卷。

熙寧三年（1070）

十月　詔館閣校勘王存顧等同編《經武要略》，兼刪定《諸房例冊》。

熙寧六年（1073）

三月　置經義局，修《詩》、《書》、《周禮》經義，命王安石提舉，呂惠卿、王雱
同修撰。

劉攽撰《芍藥譜》一卷。爲我國現存最早關於芍藥之專書。

熙寧八年（1075）

閏四月　衛朴撰《奉元曆》成。

六月　館閣校勘曾肇刪定《九域圖志》，因此書無圖，故去掉書名中之「圖」字，
賜名《九域志》。

王安石進所撰《詩》、《書》、《周禮》義。頒於學官，號曰《三經新義》。士
子以經試於有司，必宗其說。王安石又作《字說》。

熙寧十年～元豐五年（1077～1082）

宋敏求等據《崇文總目》和崇文院新增諸種圖籍，除前志所載，刪去重複訛謬，
修成《兩朝國史藝文志》（仁宗、英宗兩朝），著錄仁宗、英宗兩朝在《三朝國史
藝文志》中未收新書一四七二部，八四九四卷。

元豐元年（1078）

十一月　龍圖閣直學士宋敏求上《朝會儀》二篇，《令式》四十篇。

元豐年間（1078～1085）

陸佃撰《埤雅》，訓詁書，二十卷。是書爲增補《爾雅》而作，專釋動植物與天文氣象名詞。可視爲專科性詞典。

高承編《事物紀原集類》十卷。類書。匯集二一七種事物起源發展資料。

元豐三年（1080）

六月　參知政事章惇上《導洛通汴記》，以《元豐導洛記》爲名，刻石於洛口廟。

八月　王安石上改定《詩》、《書》、《周禮》義誤字，詔錄送國子監修正。

　　　由沖眞、普明、咸暉等主持，於福州東祥寺開雕大藏經，至崇寧二年（1103）竣工。雕刻佛經六四三四卷，世稱《崇寧萬壽大藏》。

元豐四年（1081）

七月　詔曾鞏充史館修撰，專典史事。

元豐五年（1082）

二月　頒《三省、樞密、六曹條例》。

六月　監修國史王珪上《兩朝正史》一百二十卷。

　　　改崇文院爲秘書省，掌藏書與編校之事。昭文館、集賢院之名仍存，而撤消直館、直院之官，成立著作局，史館隸屬著作局。

元豐五年～六年（1082～1083）

唐愼微撰《經史證類備急本草》（又稱《證類備草》）二十二卷成。大觀二年（1108）命醫家修訂，定名《大觀經史證類備急本草》，由官版刊印，頒行全國。政和元年（1116）再次修訂，名《政和新修經史證類備急本草》。爲我國現存第一部最完備之藥典。

元豐七年（1084）

趙彥若校刻張邱建《算經》三卷，是爲秘書監本。

元豐八年（1085）

九月十七日　先是歐陽修以薛居正修五代史，繁猥失實，加以修定，藏於家中，死後，朝廷聞知，是日准尚書省札子，重新校定《五代史記》七十五卷。次年（元祐元年）十月，下杭州鏤版。國子監除刊行經史以外，還刻有律令、荀、楊二子，道家、農書、類書、醫書、算經、

文選等類書籍，加入南宋監本計有二百餘種，各門各類俱有，以經
書爲最，醫藥次之。

元祐元年（1086）

杭州路奉旨刻《資治通鑑》二九四卷。

元祐年間（1086～1093）

田鎬編成私人藏書目錄《田氏書目》六卷，著錄家藏圖書三萬七千卷（原書已
散亡）。

浙東豐清敏建萬卷樓，爲天一閣藏書之前身。

元祐四年（1089）

三月　蘇頌等選《邇英要覽》。其家藏書萬卷，多爲秘閣傳抄。

十月　蘇轍上《神宗御製集》九十卷。

元祐六年（1091）

十一月　頒行《天祐觀天曆》。

通理主持於河北房山刻雜經六十二部，四三一卷，石碑四〇八〇枚。

元祐七年（1092）

呂大臨撰成我國現存最早且較有系統之古器物圖錄專著《考古圖》十卷。著錄元
祐間所收藏古代銅器、玉器二二四件。

紹聖元年（1094）

六月二十五日　牒准奉旨開雕《千金翼方》、《金匱要略方》、《王氏脈經》、《補注
本草》等五部醫書出賣。以小字刊印。

紹聖二年（1095）

三月　趙宗晟藏書數萬卷，爲仁宗所嘉獎，並送與國子監藏書。

紹聖三年（1096）

廣西漕司刻王叔和《脈經》十卷。

元符元年（1098）

蘇州公使庫刻朱長文《吳郡圖經續記》三卷。

曹布、鄭洵仁各呈請建閣。詔翰林學士、中書舍人撰閣名供選擇。遂名顯謨閣，

藏神宗御集。

元符年間（1098～1100）

楊子建撰成助產學專論《十產論》，爲現存最早之助產學專著。

元符三年（1100）

秦觀所著《蠶書》一卷，爲我國亦爲世界現存最早關於養蠶之專著。

李誡寫成我國第一部最完備之建築學著作《營造法式》。全書三十六卷，三五七篇，分總例釋例、制度、功限、料例、圖樣五大部分，其細緻之規定，以爲古代官式建築之規範。

崇寧年間（1101～1125）

因神宗曾改崇文院爲秘書省，遂改《崇文總目》爲《秘書總目》。

我國現存集古器物圖錄之大成專書《宣和博古圖》（又稱博古圖）三十卷成書。舊題王輔撰，實爲王楚所撰。全書總分二十類，每器件皆摹繪圖形，注款識大小、容量、重量、並附以考記，著錄宋代王室在宣和殿所藏古銅器八三九件。

崇寧元年～四年（1102～1105）

任廣撰《書敘指南》二十卷。

崇寧二年（1103）

五月　秘閣寫成圖書二〇八二部。

崇寧三年（1104）

六月　重定元祐、元符黨籍及上書邪著者，合爲一籍，通三〇九人，刻石明堂。

置書、畫、算學。

釋惟白編《大藏經綱目指要錄》八卷成，約於同時，王左編《大藏經教法寶標目》八卷成。

劉蒙撰《菊譜》一卷，爲我國現存最早關於菊花之專著。

崇寧五年（1106）

正月　詔罷書、畫、算、醫四學。

五月　頒劉昺所造《紀元曆》。

大觀二年（1108）

年初　建徽猷閣，收藏哲宗御集。

大觀四年（1110）
修《大觀禮書》二三一卷。

政和二年（1112）
七月　訪求遺書。

政和三年（1113）
詔求道教仙經於天下，又置道官，立道學，置博士，撰《道史》。
由本明、宗監等主持，於福州開元禪寺開雕大藏經六一一七卷，至南宋乾道八年（1172）竣工，世稱《毗盧大藏》。

政和七年（1117）
十一月十四日　校書郎孫覿奏四庫書尚循《崇文總目》，訪求遺書，總目之外，凡數百家，幾萬餘卷。請撰次增入總目，合爲一卷。遂詔撰爲《秘書總目》。

重和元年（1118）
九月　頒《御注道德經》。
　　　集古今道教事爲紀志，賜名《道史》。
　　　杭州大隱坊刻《重校朱肱南陽活人書》十八卷。
　　　寇宅刻寇奭《本草衍義》二十卷。

宣和元年（1119）
錢乙撰《小兒藥證直訣》三卷刊行。爲我國最早以原本流傳之兒科專書。

宣和年間（1119～1129）
徽宗趙佶敕撰書法書目《宣和書譜》二十卷。

宣和三年（1121）
十一月　徽宗命修《道典》。

宣和四年（1122）
吉州公使庫刻歐陽修《六一居士集》五十卷，又續刻五十卷。

宣和六年（1124）

正月　置書藝所。

十二月　希麟著《續一切經音義》。

　　　　席旦、彭慥補刻「蜀石經」，刻成《孟子》。

南宋（1127～1279）

建秘書省於國史院之右，搜訪遺書，國家藏書至四四四八六卷。

是時，福建建陽麻沙鎮為書坊集中地。該地產榕樹，樹質軟，宜於雕刻，刊版易。故印書業發達，但質量較差。世稱「麻沙本」。

南宋中期至元明，臨安府（今杭州）刻印書業繁盛，棚北大街書坊林立，其書坊稱書棚，所刻各書世稱「書棚本」。

杭州貓兒橋河東岸紙馬鋪鍾家刻《文選五臣注》。

廖瑩中世彩堂刻「五經」和「韓柳集」。

高似孫撰有子書匯考目錄《子略》四卷，目錄一卷。是書據《漢志》、《隋志》、《唐志》、《子鈔》、《意林》、《通志藝文略》所記先秦至漢諸子三十八家著述，於每書下，集其諸家評論，指其真偽，頗多考證。如其書有注疏者，附列於下。

陳元靚編《事林廣記》。記市井狀態及生活之資料，且開類書附載插圖之先河。

宋元時期由宋代祝穆，元代富大用、祝淵分別撰寫《古今事文類聚》，共二三七卷，一〇六部。是一部綜合性類書。

建炎四年（1130）

四川遂寧人王灼撰成《糖霜譜》七篇，為我國現存最早總結蔗糖生產之專著。

紹興元年（1131）

七月　程俱寫成《麟臺故事》呈進。分十二門。是書系統記述了北宋時國家圖書館之歷史、職能、藏書、館職與編校圖書等實況，為我國現存第一部關於圖書館之專著。

紹興年間（1131～1162）

孔傳為續白帖而編《孔氏六帖》，共一百卷，子目一三九九門。將唐、五代時的史籍、詩文中的內容抄錄匯輯而成。

紹興二年（1132）

由王永從及弟、侄眷屬和主持僧宗監、淨梵、懷琛等主持，在湖州思溪圓覺禪院雕印大藏經五四八〇卷，世稱《思溪圓覺藏》。

詔求遺書，並校理舊書。

紹興三年（1133）

葛氏傳侵書堂刻《溫公書儀》十卷。

詔求遺書。

紹興四年（1134）

孫佑補葺元符改元蘇州公使庫刻朱長文《吳群圖經續記》三卷。

紹興五年（1135）

七月　僧寶月（史珪後裔）進兵書三十九種。

會稽藏書家諸葛行仁獻《冊府元龜》等八五四六卷，被賞以官職。

紹興九年（1139）

三月　臨安府刻《文粹》一百卷。是年又刻《議官儀》三卷、《群經音辨》七卷。

紹興府刻《毛詩正義》四十卷。

紹興十年（1140）

右文林郎臨安府觀察推官林常等刻《西漢文類》五卷。

建陽麻沙書坊刻曾慥《類說》五十卷。

建敷文閣，藏徽宗聖製。

紹興十三年（1143）

建秘書省，詔求遺書於天下。

瓊州刊行儒醫初虞世之《必用方》。

紹興十四年（1144）

五月　秘書省置補寫所，補寫朝廷缺書。又迭次求書於州郡。

井度為四川漕，命各州官尋求政和年間頒行之南北朝各朝史，並在四川眉山刊出，世稱「眉山七史」，即《宋書》一百卷、《齊書》五十九卷、《梁書》五十六卷、《陳書》三十六卷、《魏書》一百一十四卷、《北齊書》五十卷、《周書》五十卷。

秦檜初禁野史。

紹興十五年（1145）

江少虞輯《皇朝類苑》成。類書，七十八卷。是書又稱《事實類苑》、《宋朝類要》、《宋朝事實類苑》、《宋朝事寶類苑》。分二十四門，門下又分子目若干。每一引證，詳錄全文，並注明書名。記錄北宋遺事極爲浩博，散篇佚文多有保存。

平江府刻李誡《營造法式》三十四卷。

紹興十七年（1147）

四月　福建轉運司刻《太平聖惠方》一百卷。

紹興十八年（1148）

荊湖北路安撫使刻《建康實錄》二十卷。

紹興十九年（1149）

葉廷珪撰《海錄碎事》二十二卷，分十六部、一七五門。搜輯群書中的新鮮詞語作爲標目，分門別類，引據舊籍。

明州刻徐鉉《騎省集》三十卷。

錢幣學家洪遵撰成我國現存最早之錢幣學著作《泉志》。全書十五卷，收錄五代以前中外歷代貨幣計三二九種。是書匯通六朝和唐人論述，參照本人收藏之貨幣寫成，對各朝貨幣鑄造式樣、時間等均予著錄。

紹興二十一年（1151）

五月　令國子監刻刊經、史書籍，以廣流傳，刻有五經、三史。

兩浙西路茶鹽司刻《臨川王先生文集》一百卷。

著名藏書家晁公武始編《郡齋讀書志》，分爲四郡四十二類，每部有序文，共收書一四六八部。約於紹興二十七年（1157）最初由杜鵬舉在四川校刻。後有姚應績重編二十卷本。

紹興二十二年（1152）

瞿源蔡道潛宅墨寶堂刻《管子》二十四卷。

紹興二十三年（1153）

建安漕司黃仍刻其父伯思《東觀餘論》。

紹興二十五年（1155）

清渭河通直宅萬卷堂刻《漢雋》七冊。

紹興二十七年（1157）

八月　置國史院，以修神宗、哲宗、徽宗三朝正史。

昭慶軍承宣使致仕王繼先上校定《大觀證類本草》，令秘書省官修潤訖，付
國子監刊行。

紹興二十八年（1158）

沅州公使庫刻孔平仲《繼世說》十二卷。

紹興三十年（1160）

麻沙鎮水南劉仲吉宅刻《新唐書》二二五卷。

紹興三十一年（1161）

南劍州雕匠葉昌刻程俱《班左海蒙》三卷。

鄭樵《通志》二百卷成書。其中《藝文略》八卷，盡收古今目錄所著之書，分為
十二類。由是《藝文略》為其圖書分類實踐之代表作。另有《校讎略》，提出系統
目錄學理論，亦為圖書分類之理論著作。

乾道四年（1168）

洪適刻《元氏長慶集》六十卷，係兩浙東陸安撫使本。

乾道七年（1171）

建溪三峰蔡夢弼傅卿家塾刻《史記》一百三十卷。

乾道八年（1172）

吳興施元之三衢坐嘯齋刻蘇頌《新儀象法要》三卷、蘇舜欽《滄浪集》十五卷。

王撫干宅刻王灼《頤堂先生文集》五卷。

朱熹撰《通鑑綱目》成。

乾道九年（1173）

朱熹著《伊洛淵源錄》四十卷成書，為我國最早之道學思想史專著。

袁樞撰《通鑑紀事本末》四十二卷成。為我國第一部紀事本末體歷史著作。是書
以歷史事件為綱，將《資治通鑑》一三六二年紀事之原文，總括為二三九目，附
六十六目。始於戰國時「三家分晉」，終於五代「周世宗征淮南」。各篇因事立題，
每事按年代順序編寫，起迄了然。材料集中，閱讀方便。

淳熙元年（1174）

十二月　陳言撰《三因極一病源論》成。

　　　　錦溪張監稅宅刻桓寬《鹽鐵論》十卷。

　　　　羅愿撰《爾雅翼》，收字五萬餘個。

淳熙年間（1174～1189）

初，建煥章閣，藏高宗御製。

宋監本書許人自印並定價出售。

淳熙二年（1175）

嚴州府學刻袁樞《通鑑紀事本末》二九〇卷。

安吉州思溪法寶資福禪院雕印大藏經五七〇四卷，世稱《思溪資福藏》。

朱熹、呂祖謙撰《近思錄》成。

淳熙三年（1176）

四月十七日　左廊司局刻《春秋經傳集解》三十卷。

　　　　　　嚴州刻袁樞《通鑑紀事本末》四十二卷。

　　　　　　安陸郡學刻鄭獬《郎溪集》二十八卷。

　　　　　　舒州公使庫刻曾穜《大易粹言》十卷。

　　　　　　武溪游孝恭德萊登俊齋刻蜀本《三蘇文粹》六十二卷。

　　　　　　閩山阮仲猷種德堂刻《春秋經傳集解》三十卷。

淳熙四年（1177）

十月　秘書監少監陳騤編撰書目，次年六月九日上《中興館閣書目》七十卷，《序
　　　例》一卷，共五十二門，著錄藏書四四四八六。同年閏六月十日，令浙漕
　　　司摹版。後秘書丞張攀續《中興館閣書目》，又得一四九四三卷。

　　　撫州公使庫刻《禮記鄭注》二十卷，附釋文四卷。

　　　朱熹《論語集注》、《孟子集注》成。

淳熙五年（1178）

韓彥直撰《橘錄》上、中、下三卷。原名《永嘉橘錄》。爲我國最早關於柑橘之
專書。

淳熙六年（1179）

二月　孝宗令敕令所將現行敕、令、格、式，仿吏部七司條法總類，隨時分類，
　　　纂成《淳熙條法事類》。
　　　呂祖謙詮釋《聖宋文海》成編，奏上後，孝宗賜書名《文鑑》，並賜呂祖
　　　謙銀絹。
　　　浙西提刑司刻《作邑自箴》十卷。
　　　春陵郡庫刻《河南程氏文集》十卷。

淳熙七年（1180）

五月　申令禁書坊擅刻書籍。
　　　台州公使庫刻《顏氏家訓》七卷，次年刻《荀子》二卷。
　　　舒州泮宮刻蔡邕《獨斷》二卷。
　　　江東侖台刻洪適《隸續》二卷。
　　　廉台田家刻台州公使庫本《顏氏家訓》七卷。

淳熙八年（1181）

江西計台錢佃刻《荀子》（楊倞注）二十卷。

淳熙九年（1182）

溫陵州刻胡寅《讀史管見》八十卷。
信州公使庫刻李復《潏水集》十六卷。
尤袤刻荀悅《申鑒》一卷，爲江西漕台本。

淳熙十年（1183）

六月　禁道學。
　　　泉州公使庫印書局刻《司馬太師溫國文正公傳家集》八十卷。
　　　李燾《續資治通鑑長編》全書修成，歷時凡四十年。此書上起建隆，下至
　　　靖康，爲北宋一祖八宗編年史，全書共九八〇卷，舉要六十八卷。

淳熙十二年（1185）

漳州轉運使刻大字本《三國志》。
王偁撰《東都事略》一百三十卷成，因北宋都城開封舊稱東都而得名。取材於國
史實錄，旁及野史雜記，載建隆迄靖康一六〇餘年史蹟。

淳熙十三年（1186）

蔡元定撰《律呂新書》上下卷成書。上卷《律呂本原》十三卷，下卷《律呂辨正》十章。書中主要探討音律中之旋宮問題，提出了十八律理論。

淳熙十四年（1187）
鄂州公使庫刻《花間集》十卷。
吉州東岡劉宅梅溪書院刻王庭珪《廬溪先生集》五十卷。

淳熙十五年（1188）
無名氏撰類書《錦繡萬花谷》四十卷，後集四十卷，是年爲該書作序。

紹熙四年（1193）
范成大所撰《梅譜》（又稱《范林梅譜》）爲我國現存最早關於梅花之專書。

慶元元年（1195）
周必大歸里，校勘《文苑英華》。嘉泰四年（1204）十二月，彭叔夏繼周必大成《文苑英華辨證》，於宋代校勘學貢獻甚大。
汾陽博濟堂刻《十便良方》四十卷。

慶元年間（1195～1200）
寧宗頒布《慶元條法事類》。
章如愚編有類書《群書考索》（又名《山堂考索》）一百卷，分爲五十門。
潘自牧撰《記纂淵海》一百九十五卷，凡二十二部、一一九五門。是一部特以纂言繫事的大型類書。

慶元二年（1196）
建安陳彥甫家塾刻葉寶聖《宋名賢四六叢珠》一百卷。
建華文閣，藏孝宗御製。

慶元三年（1197）
梅山蔡建侯行父家塾刻《陸狀元集百家注資治通鑑詳節》一二〇卷。
咸陽書隱齋新刊《國朝二百家名賢文粹》一九七卷。

慶元六年（1200）
建安魏仲舉刻《新刊五百家注音辨昌黎先生文集》四十卷。

嘉泰年間（1201～1204）

我國最早之叢書《儒學警悟》七集四十卷由俞鼎孫、俞經編輯、校刻成書。此類著作記載宋代制度掌故、人物瑣事等。

陳元靚撰《事林廣記》，是一部日用百科全書型的古代民間類書。又撰《歲時廣記》四卷，是用於查檢歲時典故的專門性類書。

嘉泰二年（1202）

二月　禁私史。

　　　置寶謨閣，藏光宗御製。

　　　李心傳撰《建炎以來朝野雜記》甲集二十卷成。乙集二十卷於嘉定九年

　　　（1216）成。專載南宋高宗、孝宗、光宗、寧宗四朝（1127～1224）典章

　　　制度，甲集分十三門，乙集略同。

開禧元年（1205）

建安劉日新宅刻王宗傳《童溪易傳》三十卷。

開禧二年（1206）

平水晦明軒張宅刻《經史證類大觀本草》三十卷。

嘉定元年（1208）

建寧書鋪蔡琪一經堂刻《漢書》一百二十卷。

嘉定二年（1209）

吉州刻《張先生校正楊寶學易傳》二十卷。

嘉定五年（1212）

江西提刑司刻洪邁《容齋隨筆》十六卷。

吳郡學舍刻呂祖謙《大事記》十二卷，通釋三卷，解題十二卷。

嘉定八年（1215）

廣東漕司刻《新刊校定集注杜詩》三十六卷。

嘉定九年（1216）

建安余恭禮刻《活人事證方》二十卷。

嘉定十二年～十三年（1219～1220）

秘書監張攀編《中興館閣續書目》三十卷，著錄一一七八年以後收入之新書一四

九四三卷。與《中興館閣書目》合計近六萬卷。

嘉定十三年（1220）
陸子遹官建康府溧陽縣時，刻其父陸游所撰《渭南文集》五十卷。

嘉定十四年（1221）
趙珙撰《蒙韃備錄》一卷成。民族史書。

嘉定十六年（1223）
詔國子監刊正經籍，是時聘司校讎，盡取六經三傳諸本，參以子、史、字書、文集，研究異同。

寶慶元年（1225）
《諸蕃志》二卷成，趙汝適撰，又稱《諸蕃記》，海外見聞錄，記有海外國名五十餘，貨物近五十餘種。

寶慶二年（1226）
置寶章閣，藏寧宗御製。

紹定四年（1231）
江東漕院趙善湘刻衛湜《禮記集說》一百六十卷。

紹定六年（1233）
趙時庚撰成《金漳蘭譜》一書，共分五篇，為我國現存第一部關於蘭花之專書。

端平元年（1234）
大庚縣齋趙時棣刻真德秀《政經》一卷。

嘉熙元年（1237）
陳自明撰編《婦人大全良方》二十四卷。為現存第一部較完整之婦產科專著。

嘉熙二年（1238）
三月 以著作郎兼權工部郎李心傳為秘書少監、史館修撰，修高宗、孝宗、光宗、寧宗四朝國史實錄。

嘉熙三年（1239）
祝太傅刻祝穆《方輿勝覽前集》四十三卷。

淳祐元年（1241）

八月　詔求遺書。

　　　施發繪《脈跳動圖象》成。

淳祐五年（1245）

劉達可專爲太學生答策編撰《璧水群英待問會見選要》八十二卷，是年爲該書作序。

台州仙居（今浙江省仙居縣）陳仁玉撰《菌譜》一卷，爲我國現存最早關於菌之專書。

淳祐七年（1247）

宋慈著《洗冤集錄》（又稱《洗冤錄》）五卷成。是書爲我國第一部法醫學專著。

秦九韶撰《數書九章》。

淳祐八年（1248）

九月　李治著數學書《測圓海鏡》成。

淳祐九年（1249）

黎安朝命趙希弁校刻晁公武編《郡齋讀書志》四卷本，趙因就其家藏書中爲《郡齋讀書志》所未收者編爲附志一卷（實分為上下二卷），共刻成五卷，現稱《袁本》；同年，游鈞將姚應績編二十卷本《郡齋讀書志》刻於信安郡齋（南充衢州）現稱「衢本」，收書一四六一部。次年，衢本傳到袁州，黎安朝又命趙希弁將衢本中多出者計四三五種，八二四五卷編爲後志二卷，附刻於五卷之後。

淳祐十年（1250）

淮南東路轉運司刻徐積《節孝先生文集》三十卷。

淳祐十一年（1251）

六月　詔求遺書。

　　　昆山縣學刻《玉峰志》三卷，續一卷。

淳祐十二年（1252）

建陽縣齋刻《晦庵先生朱文公易說》二十三卷。

寶祐元年（1253）

建安余唐卿（稱夏淵余氏明經堂）刻《許學士類證普濟本事方》十卷；後集十卷。

寶祐五年（1257）

謝維新、虞載編纂《古今合璧事類備要》，共三六六卷，一五二門。是一部廓匯事類流變的大型綜合性類書。

陳景沂編植物類書《全芳備祖》成。全書五十八卷（前集二十七卷、後集三十一卷），匯集諸多有關花、草、樹木、谷物等故事詩賦而成。爲我國第一部植物學辭典。

開慶元年（1259）

陳思撰《海棠譜》上、中、下三卷，專門採集諸家雜錄及匯輯唐以來諸家歌詠海棠之詩句。

景定二年（1261）

金華雙桂堂刻宋伯仁《梅花喜神譜》二卷。

平陽道參幕段子成刻《史記集解》附索引一三一卷。

咸淳元年（1265）

建安府建安書院刻《晦庵先生朱文公文集》一百卷，續集十卷，別集十一卷。

李氏建安書堂刻印《皇元風雅》前集六卷，後集六卷。

置顯文閣，藏理宗御製。

咸淳五年（1269）

崇陽郡齋刻《乖崖先生文集》十二卷，附錄一卷。

咸淳九年（1273）

左圭輯我國第一部刻印之叢書《百川學海》成。分甲、乙、丙、丁至癸凡十集，一百種，一七七卷。匯輯周必大《玉堂雜記》、高似孫《子略》等著作。爲宋人匯刻書僅存於今者。

祥興年間（1278～1279）

宋末，邛州鶴山書院藏書數十萬卷。

資料來源：

一、姚名達著，《中國目錄學年表》（臺北市：臺灣商務印書館，民國 60 年 3 月臺二版），頁 45～80。

二、施金炎編著,《中國書文化要覽（古代部分）》（長沙：湖南教育出版社,1992 年 2 月），頁 120〜203。

參考書目

一、史料部分

1：（北齊）祖珽等撰，《修文殿御覽殘卷》（臺北市：文光，民63）。

2：（梁）蕭統編、（唐）李善注，《文選》（臺北縣樹林：漢京，民國72年），982頁。

3：（晉）陳壽撰，《三國志》（臺北市：鼎文，民國67年9月），全3冊。

4：（漢）司馬遷撰，《史記》（臺北市：鼎文，民國67年9月），全3冊。

5：（唐）牛僧孺編，《玄怪錄》四卷／（唐）李復言編，《續玄怪錄》四卷；程毅中校點（臺北市：文史哲，民國78年），206頁。

6：（唐）白居易著，朱金城箋校，《白居易集箋校》（上海：古籍，1988年），全6冊。

7：（唐）白居易撰、（宋）孔傳續撰，《白孔六帖》一百卷（景印文淵閣四庫全書第891～892冊，臺北市：臺灣商務，民國72～75年）。

8：（唐）白居易撰、（宋）孔傳續撰，《白孔六帖》一百卷，明嘉靖（1522～1566）刊本。

9：（唐）李冗撰，《獨異志》／（唐）張讀撰，《宣室志》；張永欽、侯志明輯（北京市：中華，1983年），全1冊。

10：（唐）房玄齡等撰，《晉書》（臺北市：鼎文，民國67年9月），全3冊。

11：（唐）虞世南撰，《北堂書鈔》（景印文淵閣四庫全書第889冊，臺北市：臺灣商務，民國72～75年）。

12：（唐）韓愈撰，《韓昌黎全集》（臺北市：新興，民45年），全2冊。

13：（唐）歐陽詢等奉敕編，《藝文類聚》（景印文淵閣四庫全書第887～888冊，臺北市：臺灣商務，民國72～75年）。

14：（唐）魏徵等撰，《隋書》（臺北市：鼎文，民國67年9月），全3冊。

15：（後晉）劉昫等撰，《舊唐書》（臺北市：鼎文，民國67年9月），全6冊。

16：（宋）不著撰人，《錦繡萬花谷》前集四十卷、後集四十卷、續集四十卷（景

印文淵閣四庫全書第 924 冊，臺北市：臺灣商務，民國 72～75 年）。

17：（宋）不著撰人，《錦繡萬花谷》前集四十卷、後集四十卷、續集四十卷，明
　　嘉靖 15 年（1536）錫山秦汴刊本。

18：（宋）王楙撰，《野客叢書》（景印文淵閣四庫全書第 852 冊，臺北市：臺灣商
　　務，民國 72～75 年）。

19：（宋）王應麟撰，《玉海》二百卷（《景印文淵閣四庫全書》第 943～948 冊，
　　臺北市：臺灣商務，民國 72～75 年）。

20：（宋）王應麟撰，《玉海》二百卷，元後至元 6 年（1340）慶元路儒學刊至正
　　11 年（1351）修本。

21：（宋）王明清撰，《揮麈錄》（臺北市：臺灣商務，民國 55 年），全 6 冊。

22：（宋）王明清撰，《揮麈前錄》四卷、《後錄》十一卷、《三錄》三卷、《餘話》
　　二卷（《景印文淵閣四庫全書第 1038 冊》）〈子部‧小說類一〉，臺北市：臺灣
　　商務，民國 72～75 年。）

23：（宋）王欽若、楊億等奉敕撰，《冊府元龜》一千卷（景印文淵閣四庫全書第
　　902～919 冊，臺北市：臺灣商務，民國 72～75 年）。

24：（宋）王欽若、楊億等奉敕撰，《冊府元龜》一千卷，明等身書舍藍格鈔本。

25：（宋）司馬光撰，《資治通鑑》（北京市：中華，1956 年），全 10 冊。

26：（宋）司馬光撰，《傳家集》（景印文淵閣四庫全書第 1094 冊，臺北市：臺灣
　　商務，民國 72～75 年）。

27：（宋）朱熹撰，《朱文公集》（四部叢刊初編縮本第 58～59 冊，臺北市：臺灣
　　商務，民國 54 年）。

28：（宋）宋敏求撰，《春明退朝錄》三卷（北京市：中華，1980 年 9 月），58 頁。

29：（宋）李昉等編撰，《太平御覽》（臺北市：大化，民國 66 年 6 月），全 4 冊。

30：（宋）李昉等編撰、鮑重城校，《太平御覽》一千卷，清嘉慶十七年鮑氏仿宋
　　刻本。

31：（宋）李昉等編撰，《太平御覽》（北京市：中華，1960 年），全 4 冊。

32：（宋）李昉等編撰，《太平御覽》一千卷，明萬曆元年（1573）倪炳刊本。

33：（宋）李昉等撰，《太平御覽》一千卷（景印文淵閣四庫全書第 893～901 冊，
　　臺北市：臺灣商務，民國 72～75 年）。

34：（宋）李昉等奉敕編，《文苑英華》一千卷（景印文淵閣四庫全書第 1333～1342
　　冊，臺北市：臺灣商務，民國 72～75 年）。

35：（宋）李昉等奉敕編，《文苑英華》一千卷，明隆慶元年（1567）胡維新等福
　　建刊本。

36：（宋）李昉等奉敕編，《文苑英華》（臺北市：新文豐，民國 68 年），全 6 冊。

37：（宋）李昉等奉敕撰，《太平廣記》五百卷（景印文淵閣四庫全書第 1043～1046
　　冊，臺北市：臺灣商務，民國 72～75 年）。

38：（宋）李昉等奉敕撰，《太平廣記》五百卷，明嘉靖 45 年談愷刊本。

39：（宋）李燾撰，《續資治通鑑長編》五百二十卷，臺北市：世界，民國 72 年 2 月四版。

40：（宋）李燾撰，《續資治通鑑長編》（景印文淵閣四庫全書第 314～322 冊，臺北市：臺灣商務，民國 72～75 年）。

41：（宋）周南著，《山房集》（景印文淵閣四庫全書第 1169 冊，臺北市：臺灣商務，民國 72～75 年）。

42：（宋）洪邁著，《容齋隨筆》（景印文淵閣四庫全書第 851 冊，臺北市：臺灣商務，民國 72～75 年）。

43：（宋）洪邁著，《南朝史精語》（江蘇：南京，1992 年），197 頁。

44：（宋）祝穆（元）富大用、祝淵編纂，《古今事文類聚》前集六十卷、後集五十卷、續集二十八卷、別集三十二卷，附新集三十六卷、外集十五卷、遺集十五卷（景印文淵閣四庫全書第 925～929 冊，臺北市：臺灣商務，民國 72～75 年）。

45：（宋）祝穆（元）富大用、祝淵編纂，《古今事文類聚》前集六十卷、後集五十卷、續集二十八卷、別集三十二卷，附新集三十六卷、外集十五卷、遺集十五卷，元泰定 3 年（1326）盧陵武溪書院刊本。

46：（宋）吳淑撰，《事類賦》三十卷（景印文淵閣四庫全書第 892 冊，臺北市：臺灣商務，民國 72～75 年）。

47：（宋）吳淑撰，《事類賦》三十卷，明嘉靖 11 年（1532）錫山崇正書院刊本。

48：（宋）高承撰，《事物紀原》十卷（景印文淵閣四庫全書第 920 冊，臺北市：臺灣商務，民國 72～75 年）。

49：（宋）高承撰，《事物紀原》十卷，明成化 8 年（1472）平陽府通判李果刊本。

50：（宋）晁公武譔，《郡齋讀書志》（臺北市：廣文，民國 56 年 12 月。），全 4 冊。

51：（宋）章如愚撰，《群書考索》前集六十六卷、後集六十五卷、續集五十六集、別集二十五卷（景印文淵閣四庫全書第 936～938 冊，臺北市：臺灣商務，民國 72～75 年）。

52：（宋）章如愚撰，《群書考索》前集六十六卷、後集六十五卷、續集五十六集、別集二十五卷，元延祐 7 年（1320）圓沙書院刊本。

53：（宋）陳元靚撰，《事林廣記》四十卷，明成化 14 年（1478）劉廷賓等福建刊本。

54：（宋）陳元靚撰，《事林廣記》（北京市：中華，1999 年），572 頁。

55：（宋）陳元靚撰，《歲時廣記》四卷（景印文淵閣四庫全書第 467 冊，臺北市：臺灣商務，民國 72～75 年）。

56：（宋）陳元靚撰，《歲時廣記》四卷，明萬曆 31 年（1603）錢塘胡氏刊本。

57：（宋）陳振孫撰，《直齋書錄解題》（臺北縣板橋市：藝文印書館，民國 55 年），全 10 冊。

58：（宋）陳景沂編纂、祝穆參訂，《全芳備祖》前集二十七卷、後集三十一卷（景印文淵閣四庫全書第 935 冊，臺北市：臺灣商務，民國 72～75 年）。

59：（宋）陳景沂編纂、祝穆參訂，《全芳備祖》前集二十七卷、後集三十一卷，烏絲蘭舊鈔本。

60：（宋）陸游撰，《老學庵筆記》（景印文淵閣四庫全書第 865 冊，臺北市：臺灣商務，民國 72～75 年）。

61：（宋）程俱撰，《麟臺故事殘本》（臺北市：臺灣商務，民國 55 年），全 1 冊。

62：（宋）程俱撰，《麟臺故事》五卷（《景印文淵閣四庫全書》第 595 冊，〈史部・職官類一〉，臺北市：臺灣商務，民國 72～75 年）。

63：（宋）葉廷珪撰，《海錄碎事》二十二卷（景印文淵閣四庫全書第 921 冊，臺北市：臺灣商務，民國 72～75 年）。

64：（宋）葉廷珪撰，《海錄碎事》二十二卷，明萬曆 26 年（1598）河南僉憲劉鳳校刊本。

65：（宋）潘自牧撰，《記纂淵海》一百卷（景印文淵閣四庫全書第 930～932 冊，臺北市：臺灣商務，民國 72～75 年）。

66：（宋）潘自牧撰，《記纂淵海》一百卷，明萬曆 7 年（1579）大名知府王嘉賓刊本。

67：（宋）歐陽修撰，《歐陽文忠公集》（臺北市：中華，民國 54 年），全 4 冊。

68：（宋）歐陽修編撰，《新唐書》（臺北市：鼎文，民國 67 年 9 月初版），全 8 冊。

69：（宋）魏了翁撰，《鶴山集》（景印文淵閣四庫全書第 1172～1173 冊，臺北市：臺灣商務，民國 72～75 年）。

70：（宋）蔡戡撰，《定齋集》（景印文淵閣四庫全書第 1157 冊，臺北市：臺灣商務，民國 72～75 年）。

71：（宋）錢明逸撰，《南部新書》（景印文淵閣四庫全書第 1036 冊，臺北市：臺灣商務，民國 72～75 年）。

72：（宋）趙彥衛撰，《雲麓漫鈔》（臺北市：世界，民國 48 年），224 頁。

73：（宋）薛居正撰，《舊五代史》（臺北市：鼎文，民國 67 年 9 月），全 3 冊。

74：（宋）蘇軾撰，《蘇東坡全集》（臺北市：世界，民國 53 年），全 2 冊。

75：（宋）謝維新撰，《古今合璧事類備要》前集六十九卷、後集八十一卷、續集五十六卷、別集九十四卷、外集六十六卷（景印文淵閣四庫全書第 939～941 冊，臺北市：臺灣商務，民國 72～75 年）。

76：（宋）謝維新撰，《古今合璧事類備要》前集六十九卷、後集八十一卷、續集五十六卷、別集九十四卷、外集六十六卷，明嘉靖 31 年（1552）至 35 年（1556）三衢夏相校刊本。

77：（元）脫脫等編纂，《宋史》四百九十六卷（臺北市：鼎文，民國 67 年 9 月初版），全 18 冊。

78：（元）賈仲明撰，《新校錄鬼簿正續編》（成都：巴蜀書社，1996 年），194 頁。

79：（明）祁承㸁撰，《澹生堂藏書目》（臺北市：新文豐，民國 77 年），全 1 冊。

80：（明）祁承㸁撰，《澹生堂藏書約》（臺北縣板橋市：藝文印書館，民國 55 年），全 1 冊。

81：（明）胡應麟撰，《少室山房筆叢》（臺北市：世界，民國 52 年 4 月），全 2 冊。

82：（明）焦竑編纂，《國史經籍志》五卷附錄一卷（臺北市：廣文，民國 61 年 7 月），全 3 冊。

83：（明）彭大翼撰，《山堂肆考》（景印文淵閣四庫全書第 974～978 冊，臺北市：臺灣商務，民國 72～75 年）。

84：（明）解縉撰、（民國）郝慶柏輯，《永樂大典書目考》四卷（臺北市：世界，民國 51 年 2 月）。

85：（清）王梓材、馮雲濠輯，《宋元學案補遺》（叢書集成續編第 247～252，臺北市：新文豐，民國 78 年 7 月臺 1 版），全 6 冊。

86：（清）王昭棟撰，《嘯亭雜錄》（臺北市：弘文館，民國 75 年），556 頁。

87：（清）永瑢等撰，《四庫總目簡明目錄》（臺北市：洪氏，民國 71 年 1 月），964 頁。

88：（清）永瑢等編纂，《四庫全書總目提要》（臺北市：臺灣商務，民國 54 年 2 月臺 1 版），全 4 冊。

89：（清）吳任臣撰，《十國春秋》（臺北市：國光，民國 51 年），全 4 冊。

90：（清）孫星衍撰，《孫氏祠堂書目》（臺北市：臺灣商務，民國 55 年），全 2 冊。

91：（清）周中孚著，《鄭堂讀書志》（臺北市：世界，民國 49 年），全 2 冊。

92：（清）周城撰，《宋東京考》（臺北市：文史哲，民國 79 年），365 頁。

93（清）阮元撰，《經籍纂詁》（臺北市：世界，民國 45 年），全 1 冊。

94：（清）汪中著，《述學》三卷・內篇・外篇・補遺・別錄，清道光光緒年間南海伍氏本。

95：（清）馬國翰輯，《玉函山房文集》（臺北市：文海，民國 63 年）。

96：（清）馬國翰輯，《玉函山房輯佚書》（臺北市：文海，民國 41 年），全 6 冊。

97：（清）徐松輯，《宋會要輯稿》（臺北市：世界，民國 66 年 5 月再版），全 16 冊。

98：（清）陳夢雷撰、蔣廷錫等奉敕重編校，《古今圖書集成》一萬卷，目錄四十卷（臺北市：鼎文，民國 66 年）。

99：（清）陸心源輯，《宋史翼》（臺北市：鼎文，民國 67 年 9 月），全 1 冊。

100：（清）陸心源編撰，《皕宋樓藏書志》（臺北市：廣文，民國 57 年），全 12 冊。

101：（清）趙翼撰，《陔餘叢考》（臺北市：世界，民國 49 年），全 1 冊。

102：（清）厲鶚、馬曰琯輯，《宋詩紀事》（景印文淵閣四庫全書第 1484～1485 冊，臺北市：臺灣商務，民國 72～75 年）

103：（清）錢大昕撰，《十駕齋養新錄》（臺北市：臺灣商務，民國 67 年），全 2 冊。

104：張舜徽著，《清人文集別錄》（臺北市：明文，民國 71 年 2 月），688 頁。

105：楊家駱編，《宋大詔令集》（臺北市：鼎文，民國 61 年），全 2 冊。

106：鍾肇鵬編，《古籍叢殘彙編》之「修文殿御覽」（北京市：北京圖書館，2001 年），全 7 冊。

二、圖書部分

1 ：上海圖書館編，《中國叢書綜錄》（北京：中華書局，民國 48 年），全 3 冊。

2 ：王余光著，《中國歷史文獻學》（臺北市：天肯文化，1955 年 5 月），506 頁。

3 ：王國良、王秋桂合編，《中國圖書文獻學論集》（臺北市：明文，民國 75 年 11 月增訂新版），1045 頁。

4 ：王錦貴主編，《中國歷史文獻目錄學》（北京市：北京大學，1994 年 12 月），317 頁。

5 ：王德毅等編，《元人傳記資料索引》（臺北市：新文豐，民國 79 年 10 月），全 5 冊。

6 ：中國大百科出版社編輯部編，《中國大百科全書-圖書館學、情報學、檔案學》（北京市：中國大百科，1993 年 1 月），679 頁。

7 ：中國典籍與文化編輯部編，《中國典籍與文化論叢》第一輯（北京市：中華，1993 年 9 月第 1 版），497 頁。

8 ：江蘇省立圖書館編，《江蘇省立國學圖書館圖書總目》（臺北市：廣文，民國 59 年），全 15 冊。

9 ：李希泌、張椒華編，《中國古代藏書與近代圖書館史料（春秋至五四前後）》（北京市：中華，1992 年 2 月），546 頁。

10：李玉安、陳傳芸編，《中國藏書家辭典》（武漢市：湖北教育，1989 年 9 月），374 頁。

11：李致忠著，《歷代刻書考述》（成都市：巴蜀書社，1990 年 4 月），408 頁。

12：來新夏等著，《中國古代圖書事業史》（上海市：上海人民，1990 年 4 月），380 頁。

13：昌彼得等編，《宋人傳記資料索引》（臺北市：鼎文，民國 90 年），全 6 冊。

14：周彥文主編，《中國文獻學》（臺北市：五南，民國 82 年 7 月），467 頁。

15：施金炎編著，《中國書文化要覽（古代部分）》（長沙：湖南教育，1992 年 2 月），420 頁。

16：姜椿芳著，《從類書到百科全書》（北京市：中國書籍，1990 年），149 頁。

17：姚名達著，《中國目錄學年表》（臺北市：臺灣商務，民國 60 年 3 月臺 2 版），175 頁。

18：姚名達著，《中國目錄學史》（臺北市：中國文化大學出版部，民國 71 年 10 月），234 頁。

19：姚瀛艇主編，《宋代文化史》（臺北縣：雲龍，1995 年 9 月），722 頁。

20：胡道靜著，《中國古代的類書》（北京市：中華，民國 71 年），154 頁。

21：袁詠秋、曾季光主編，《中國歷代國家藏書機構及名家藏讀敘傳選》（北京市：北京大學，1997 年 12 月），461 頁。

22：袁詠秋、曾季光主編，《中國歷代圖書著錄文選》（北京市：北京大學，1995 年 10 月），659 頁。

23：徐規主編，《宋史研究集刊》（杭州市：浙江古籍，1986 年 4 月），410 頁。

24：徐雁、王雁均主編，《中國歷史藏書論著讀本》（成都：四川大學，1990 年 7 月），751 頁。

25：郭伯恭著，《宋四大書考》（臺北市：臺灣商務，民國 56 年），140 頁。

26：郭聲波著，《宋朝官方文化機構研究》（成都：天地，2000 年 6 月），223 頁。

27：許世瑛編著，《中國目錄學史》（臺北市：中國文化大學出版部，民國 71 年 10 月新 1 版），234 頁。

28：張旭光編著，《文史工具書評介》（濟南：齊魯書社，1986 年 5 月），479 頁。

29：張滌華著，《類書流別》（臺北市：大立，民國 74 年），140 頁。

30：陳先行著，《打開金匱石室之門：古籍善本》（上海：上海藝文，2003 年 8 月），283 頁。

31：陳登原著，《古今典籍聚散考》（臺北市：河洛圖書，民國 68 年 5 月臺影印初版），544 頁。

32：陳威禎撰，《北宋之徵書與校理》（私立東海大學歷史研究所碩士論文，民國 69 年 4 月），126 頁。

33：戚志芬著，《中國的類書政書與叢書》（北京：商務，1991 年 12 月），81 頁。

34：國立編譯館主編，《圖書館學與資訊科學大辭典》（臺北市：漢美，民國 84 年 12 月），全 3 冊。

35：國家圖書館特藏組編，《國家圖書館善本書志初稿》〈子部二〉（臺北市：國家圖書館，民國 87 年 6 月），頁 316～326。

36：曹之著，《中國古籍編撰史》（武昌：武漢大學出版社，1999 年 11 月），636 頁。

37：馮浩菲著，《中國古籍整理體式研究》（北京：北京圖書館，1997 年 2 月），415 頁。

38：焦樹安著，《中國古代藏書史話》（臺北市：臺灣商務，1994 年 5 月），154 頁。

39：程煥文著，《中國圖書文化導論》（廣州市：中山大學，1995 年 10 月），414 頁。

40：楊渭生著，《兩宋文化史研究》（杭州：杭州大學，1998 年 2 月），940 頁。

41：楊燕起、高國抗主編，《中國歷史文獻學》（北京市：北京圖書館，1989 年 9 月），370 頁。

42：趙國璋、潘樹廣主編，《文獻學辭典》（南昌市：江西教育，1991 年 1 月第 1 版），1054 頁。

43：臺灣地區善本古籍聯合目錄　http://nclcc:ncl:edu:tw/ttscgi/ttsweb/

44：臺灣中華書局編輯部編，《中國歷代經籍典》（臺北市：臺灣中華，民國 59 年 10 月臺 1 版），全八冊。

45：魯迅校錄，《古小說鉤沉》（濟南：齊魯書社，1997 年），348 頁。

46：鄧廣銘等主編，《中國歷史大辭典‧宋史卷》（上海市：上海辭書，1984 年 12 月），543 頁。

47：臧勵龢主編，《中國人名大辭典》（臺北市：臺灣商務，民國 66 年 10 月增補臺一版），1808 頁。

48：燕京大學圖書館編，《燕京大學圖書館目錄初編‧類書之部》（北平市：編者，民國 24 年），229 頁。

49：劉兆祐著，《治學方法》（臺北市：三民，民國 88 年 9 月），341 頁。

50：劉葉秋著，《類書簡說》（上海：上海古籍，1980 年 2 月第 1 版），89 頁。

51：劉簡著，《中文古籍整理分類研究》（臺北市：文史哲，民國 72 年 2 月增訂再版），364 頁。

52：蕭東發主編，《中國編輯出版史》（瀋陽市：遼寧教育，1996 年 12 月），468 頁。

53：璩崑玉著，《古今類書纂要》（京都：中文，民國 61 年），1192 頁。

54：藤島達朗、野上俊靜編，《中日韓對照表》（臺北市：文史哲，民國 72 年 11 月），157 頁。

三、期刊論文部分

1 ：丁原基〈宋代類書的文獻價值〉，《應用語文學報》91 年第 4 期，民國 91 年 6 月，頁 29～56。

2 ：丁娟〈古代類書概說〉，《淮北煤師院學報（社會科學版）》1995 年第 1 期，頁 152～155。

3 ：于大成〈說類書〉，《幼獅月刊》第 48 卷第 2 期，民國 67 年 8 月，頁 57～62。

4 ：于翠玲〈論官修類書的編輯傳統及其終結〉，《北京師範大學學報（人文社會科學版）》2002 年第 6 期（總第 174 期），頁 118～125。

5 ：王力軍〈類書述略〉，《浙江學刊》1994 年第 1 期（總第 84 期），頁 107～110。

6 ：王同江〈古類書消亡再思考〉，《圖書與情報》2002 年第 4 期，頁 55、60～61。

7 ：王育紅、鄭建明〈中國古類書研究的思考〉，《江蘇圖書館學報》2002 年第 1 期，頁 29～31。

8：王晉德〈中國古代類書的興盛〉，《貴圖學刊》第 4 期，1991 年 12 月，頁 60
　　～63。

9：王福壽〈物以類聚：泛談類書〉，《故宮文物月刊》第 3 卷第 9 期（總 33 期），
　　頁 127～131。

10：王德保〈資治通鑑與冊府元龜〉，《南昌大學學報（人文版）》第 31 卷第 3 期，
　　2000 年 7 月，頁 65～71。

11：朱育培〈宋代四大書：類書述略〉，《圖書館學刊》1995 年第 5 期（總 82 期），
　　頁 55～57。

12：宋立民〈北宋時期的校讎機構及其制度〉，《古籍整理研究學刊》1986 年第 3
　　期，頁 110～116。

13：宋建昃〈試論白孔六帖的幾個問題〉，《河南大學學報（社會科學版）》第 41
　　卷第 1 期，2001 年 1 月，頁 21～22。

14：汪雁〈唐宋類書編纂體系述略〉，《貴圖學刊》第 4 期，1992 年 9 月，頁 47～
　　49、40。

15：杜素瓊〈類書功用述略〉，《四川師範學院學報（哲學社會科學版）》第 2 期，
　　1997 年 3 月，頁 110～113。

16：李婷〈宋代館職考略〉，《福建圖書館學刊》1997 年第 3 期，頁 50～51、22。

17：李婷〈兩宋時期的館閣藏書機構〉，《北京圖書館通訊》1989 年第 3 期，頁 71
　　～78。

18：李婷〈北宋時期館閣藏書的整理〉，《鄂州大學學報》第 9 卷第 1 期，2002 年
　　1 月，頁 51～55。

19：李峰〈中國古代類書概述〉，《江西圖書館學刊》2000 年第 2 期，頁 62～64。

20：李建民〈使用類書三部曲：範圍體例與臨題分析〉，《河南高校圖書情報工作》
　　第 1 期，1990 年 3 月，頁 50～52、47。

21：李智海〈宋四大書編輯經過及其評價〉，《內蒙古民族師院學報（哲社版）》
　　1998 年第 4 期（總第 76 期），頁 84～85。

22：李榮慧〈類書是我國古代索引不發達的主要原因〉，《高校圖書館工作》1998
　　年第 2 期，頁 39～41。

23：李樂民〈李昉的類書編纂思想及成就〉，《河南大學學報（社會科學版）》第 42
　　卷第 5 期，2002 年 9 月，頁 115～117。

24：步曉輝〈類書及其書名的由來〉，《內蒙古民族師院學報（哲社版）》1995 年第
　　2 期（總第 62 期），頁 82～85。

25：何忠禮、鄭瑾〈略論宋代類書大盛的原因〉，《浙江大學學報（人文社會科學
　　版）》第 33 卷第 1 期，2003 年 1 月，頁 31～38。

26：林琳〈北宋朝廷圖書館的管理初探〉，《前沿》2002 年第 9 期，頁 140～143。

27：吳蕙芳〈民間日用類書的淵源與發展〉，《國立政治大學歷史學報》第 18 期，

民國 90 年 5 月,頁 1～28。

28：吳蕙芳〈新社會史研究：民間日用類書的應用與展望〉,《政大史粹》第 2 期,民國 89 年 6 月,頁 1～16。

29：周少川〈略論古代類書的起源與發展〉,《殷都學刊》1996 年第 1 期,頁 50～56。

30：周美華〈淺談類書：以錦繡萬花谷為例〉,《中國語文》第 542 期,民國 91 年 8 月,頁 54～57。

31：周蜀蓉〈論古類書的現代功能〉,《四川圖書館學報》2002 年 3 期（總 127 期）,頁 78～80。

32：周駿富〈北宋館閣典校圖籍考〉,《國立臺灣大學文史哲學報》第 22 期,民國 62 年 6 月,頁 305～347。

33：胡養儒〈論冊府元龜的史學價值〉,《河南師範大學學報（哲學社會科學版）》第 21 卷第 3 期,1994 年,頁 42～44。

34：范青〈從社會文化機制角度看中國類書之發展〉,《河北圖苑》1994 年第 4 期（總 26 期）,頁 29～31。

35：姚廣宜〈試述宋代國家圖書的編纂及特點〉,《歷史教學》2000 年第 12 期,頁 48～51。

36：姚廣宜〈宋代國家藏書事業的發展〉,《河南大學學報（哲學社會科學版）》第 26 卷第 2 期（總第 104 期）,2001 年,頁 86～89。

37：高千惠〈先民智慧的結晶：談我國古代的叢書與類書〉,《故宮文物月刊》第 18 卷 10 期（214）,頁 22～27。

38：高薇薇〈類書說略〉,《天中學刊》第 11 卷第 1 期,1996 年 2 月,頁 85～88。

39：高長青〈古類書衰落探源〉,《圖書與情報》2003 年 3 期,頁 36～39。

40：凌朝棟〈文苑英華性質辨析〉,《圖書與情報》2003 年 1 期,頁 18～20。

41：袁同禮〈宋代私家藏書概論〉,《圖書館學季刊》第 2 卷第 2 期,民國 17 年 3 月,頁 179～187。

42：夏南強〈類書探源〉,《華中農業大學學報（社會科學版）》2000 年第 1 期（總 35 期）,頁 80～85。

43：夏南強〈類書分類體系的發展演變〉,《華中師範大學學報（人文社會科學版）》第 40 卷第 32 期,2001 年 3 月,頁 130～138。

44：孫書安〈論古代類書的內在成因〉,《辭書研究》1999 年第 2 期,頁 112～119。

45：馬功蘭〈當代類書的特徵〉,《情報資料工作》1997 年第 5 期,頁 47～48。

46：徐壽芝〈兩宋朝的圖書編刻與收藏〉,《鹽城師專學報（哲學社會科學版）》1999 年第 2 期,頁 122～126。

47：梁容若〈中國歷代佚亡典籍的總合觀察〉,《東海學報》第 9 卷第 2 期,民國 57 年 7 月,頁 19～30。

48：郭紹林〈歐陽詢與藝文類聚〉，《洛陽師專學報》15 卷 1 期，1996 年 2 月，頁
　　87～93。

49：曹之〈宋代書局考略〉，《河南圖書館學刊》1995 年第 3 期，頁 20～23。

50：曹之〈宋代四大書編纂考〉，《山東圖書館季刊》1995 年第 4 期，頁 8～12。

51：曹之〈宋代整理唐集考略〉，《古籍整理研究學刊》1997 年第 1 期，頁 12～17。

52：曹之〈宋代圖書編撰之成就〉，《大學圖書館學報》1999 年第 6 期，頁 63～70。

53：曹之〈略論宋代圖書事業的繁榮及其原因〉，《四川圖書館學報》2002 年 6 期
　　（總 130 期），頁 52～58。

54：梅旭〈宋代四大類書之一：冊府元龜〉，《高等函授學報（哲學社會科學版）》
　　1999 年 3 期。

55：彭調鼎〈佩文韻府與駢字類聚〉，《雲南教育學院學報》1994 年第 03 期，頁
　　87～91。

56：張天俊〈論類書之祖：皇覽〉，《南通師專學報》第 11 卷 4 期，1995 年 12 月，
　　頁 98～101。

57：張秀春〈太平御覽纂修緣起當議〉，《古籍整理研究學刊》1996 年 2 期，頁 34
　　～35。

58：張樹華〈中國古代藏書的管理制度和管理方法〉，《圖書館雜誌》1991 年第 5
　　期，頁 17～19。

59：張琴、魏曉虹〈古代類書的編纂歷程〉，《山西大學師範學院學報》2000 年 2
　　期（總 52 期），頁 63～64。

60：張恩紅〈宋代編輯出版的書史價值〉，《湖北民族學院學報（哲學社會科學版）》
　　第 17 卷 4 期，1999 年 4 月，頁 67～69。

61：張錦郎〈類書的源流及用法〉，《教育資料科學》第 19 卷 4 期，民國 71 年 6
　　月，頁 394～409。

62：陳一弘〈類書的體式、編輯作用、侷限與普遍性〉，《國立編譯館館刊》第 29
　　卷 1 期，民國 89 年 6 月，頁 285～301。

63：陳紅豔〈北宋官府校勘古籍述論〉，《津圖學刊》1993 年第 3 期，頁 125～136。

64：陸湘懷〈論宋代四大書的文獻價值〉，《圖書館學刊》1996 年 6 期（總 89 期），
　　頁 50～52。

65：陸湘懷〈論太平廣記的文學文獻價值〉，《撫州師專學報》1996 年第 4 期（總
　　51 期），頁 48～50、65。

66：賀巷超〈淺談類書產生和存在的條件〉，《圖書館理論與實踐》1993 年第 4 期，
　　頁 52～54。

67：賀修銘〈興盛與歸屬：試論類書的政治文化背景〉，《圖書館界》第 3 期，1988
　　年 9 月，頁 36～40。

68：崔文印〈高氏諸略與章氏山堂考索〉，《史學史研究》1994 年 1 期，頁 64～70、

19。

69：曾建華〈宋代刻書與藏書述略〉,《出版發行研究》1999 年第 5 期,頁 61～
64。

70：馮麗〈論類書的產生、發展和衰落〉,《青海師專學報(社會科學)》2002 年第
4 期,頁 121～123。

71：畢明友、宋來惠〈論古代類書的起源〉,《圖書館理論與實踐》1999 年第 2 期,
頁 44～46。

72：傅梅岭〈我國最大的寫本類書──《永樂大典》〉,淮北煤師院學報(哲學社
會科學版) 1995 年第 02 期,頁 152～154。

73：萬光、禹成明〈宋代圖書館事業發展初探〉,《山東圖書館季刊》1985 年第 2
期,頁 38～42。

74：趙維國〈論太平廣記纂修的文化因素〉,《河南大學學報(社會科學版)》第 41
卷第 3 期,2001 年 5 月,頁 60～65。

75：鄭誼慧〈類書資料的檢索與利用〉,《學術資料的檢索與利用》(臺北市:萬卷
樓圖書,民國 92 年 3 月),頁 121～132。

76：鄭恒雄〈我國的類書〉,《輔仁學誌:文學院之部》第 11 期,民國 71 年 6 月,
頁 1～24。

77：鄭恒雄〈類書:查考古文獻的資料庫〉,《臺北市立圖書館館訊》第 1 卷 5 期,
民國 73 年 6 月,頁 15～18。

78：劉兆祐〈中國類書中的文獻資料及其運用〉,《國立中央圖書館館刊》第 22 卷
第 2 期,民國 78 年 12 月,頁 117～128。

79：劉青〈當代類書發展試論〉,《圖書館論壇》1997 年第 4 期,頁 78～80。

80：劉培〈事類賦簡論〉,《濟南大學學報》第 11 卷第 5 期,2001 年,頁 47～49。

81：劉敦玉〈宋代圖書資源的開發與利用初探〉,《湘潭大學學報(哲學社會科學
版)》1999 年第 3 期,頁 90～93。

82：蕭魯陽〈北宋官書整理事業的特點〉,《上海師範學院學報》1982 年第 1 期,
頁 77～79、99。

83：黎世英〈宋代的圖書印刷業〉,《南昌大學學報(人文版)》第 31 卷第 3 期,
2000 年 7 月,頁 76～80。

84：戴文和〈錦繡萬花谷介紹〉,《僑光學報》第 19 期,民國 90 年 10 月,頁 247
～280。

85：薛克翹〈太平廣記的貢獻〉,《南亞研究》1999 年第 2 期,頁 72～76。

86：魏書菊〈清代第一大類書──評《古今圖書集成》〉,《中國圖書評論》2003 年
第 05 期,頁 38～40。

87：蘇華〈宋代的圖書管理〉,《信陽師範學院學報(哲學社會科學版)》第 16 卷
第 1 期,1996 年 1 月,頁 104～108。

書影一　《太平御覽》明萬曆元年（1573）倪炳刊本

太平御覽卷第一

勅纂

翰林院學士承旨正奉大夫守工部尚書知制誥兼修

國隴西縣開國伯食邑百户賜紫金魚袋臣李昉等奉

天部一

　元氣　太易　太初　太始　太素

　太極　天部上

　元氣

三五曆記曰未有天地之時混沌狀如鷄子溟涬始牙濛

—211—

書影二　　《冊府元龜》明等身書舍藍格鈔本

新刊覽本大字冊府元龜卷之一

推忠協謀同德守正佐理功臣樞密使持進行吏部尚書

檢校太尉同中書門下平章事脩國史上柱國太原郡開

國公食邑七千戶食實封貳千八百戶臣王欽若等奉勅

纂

帝王部

總序

昔洛出書九章聖人則之以為世大法其初一曰五行一曰水

二曰火三曰木四曰金五曰土帝王之趙必承其王氣太古之

世鴻荒樸畧不可得而詳焉庖犧氏之王天下也繼天之紀焉

等身書舍藏冊府元龜

書影三　《太平廣記》明嘉靖丙寅四十五年（1566）談愷刊本

太平廣記目錄卷第一

宋翰林學士中順大夫戸部尚書上柱國賜紫金魚袋李昉等編

明資善大夫都察院右都御史談愷校刊

姚安府知府泰汴德州知州強仕石東山人唐詩同校

第一

老子　　木公　　廣成子　　神仙一

黄安　　孟岐　　　　　　　神仙二

第二

周穆王　燕昭王　彭祖　　　神仙二

魏伯陽

第三

漢武帝　　　　　　　　　　神仙三

書影四　《文苑英華》明隆慶元年（1567）胡維新等福建刊本

文苑英華卷第一

天象一

天賦二首

天行健賦一首

披霧見青天賦一首

管中窺天賦二首

碧落賦一首

乾坤爲天地賦一首

錬石補天賦一首

三無私賦一首

賦一

天賦　　劉允濟

臣聞混成發粹大道含元與於物祖首自胚渾分泰階而
立極光輝魄以同等懸兩明而必照列五緯而無言驅駕
陰陽裁成風雨叶乾位而炁化建坤儀而作輔錯落九垓
卷嶤八柱燦黃道而開域關業官而爲宇橫斗柄以底⋯⋯

書影五　《事類賦》明嘉靖壬辰十一年（1532）錫山崇正書院刊本

事類賦卷之一

天部

天日月

宋博士渤海吳淑　撰註

皇明都事錫山華麟祥校刊

天

太初之始玄黃混弇 者氣之始也陳思王植魏德論

及一氣之肇判生有形於無形 潘岳西征賦曰

於是地居下而陰濁 易曰乾鑿度曰輕清者上

天在上而輕清 為天重濁者下為地

陰清為地陽濁為天

日化夫一有氣而甄三才列子於無形者生於無形

日玄黃混弁日在昔太初

蓋羣陽之精 春秋說題辭分為殊名之 積氣而成

頊洞蒼弇不可為象 淮南子曰天地日

日天積氣爾之光耀者也 辰亦氣之

崇正書院

書影六　《事物紀原》明成化八年（1472）平陽府通判李果刊本

事物紀原集類卷第一

九七部共一百七十事

鄉貢進士南昌閒■彼校正

平陽府判成安李果■批點

天地生植部第一凡二十四事

元氣

列子曰太易未見氣也太初者氣之太始也太始者形之始
也太素者質之始也形氣質具而未離故曰混沌高氏小■
曰太易氣象未分太初氣象始萌太始氣象初端太素氣形
變質太極形質已具然則元氣之始自太初也徐整三五曆
紀曰歲起攝提元氣肇始有神人号天皇道甲開山記曰廬
山氏分布元氣也

天地

書影七　《事物紀原》明成化三十一年（1603）錢塘明代刊本

新刻事物紀原卷之一　一九七部共一百七十事

　　　　　　錢唐　胡文煥　德甫　校正

天地生植部第一　一九二十四事

元氣

列子曰太易未見氣也太初者氣之太始也太始

者形之始也太素者質之始也形氣質具而未離

故曰混沌高氏小史曰太易氣象未分太初氣象

始萌太始氣象初端太素氣形變質太極形質已

具然則元氣之始自太初也徐整三五曆紀曰歲

起攝提元氣肇始有神人號天皇遂甲開山記曰

書影八　《錦繡萬花谷》明嘉靖丙申十五年（1536）錫山秦汴刊本

錦繡萬花谷前集卷之一

天

九闕虎豹九關啄害下人此重虎豹守之出楚辭
附虎豹九關言天門九

磨螢如圓蓋天地方如基局天旁轉半在地上半在
地下日月本東行天西旋入于海牽之以西如蟻行磨
上磨左旋蟻右行磨疾蟻遲蟻不得不西別天文志

銀黃左界
河漢水之精發而浮上宛轉隨流名曰天河
一日雲漢詩疏亦名銀潢謝莊月賦斜漢左界北陸南
躔亦曰銀灣出許洞詩亦曰銀浦出李賀詩

金階兩闕
神異經東北大荒中有金闕高千丈上有明
月珠徑三丈光照千里中有金階兩闕名天門注出㭢詩
通明殿
通明王帝殿名常有紅雲捧之坡詩二侍臣嘗

－218－

書影九　《記纂淵海》明萬曆七年（1579）大名知府王嘉賓刊本

記纂淵海卷之一

混元部

太極　　混沌附

經　易有太極是生兩儀䟽云老子道生一此太極是也　易

夫禮必本於太一　記

子　夫有物混成先天地生　老　太易者未見氣也太初者氣之

始也太始者形之始也太素者質之始也氣形質具而未

相離故曰渾淪子列玄牝之門是謂天地之根　並未有天地

自古以固存神鬼神帝生天生地在太極之先而不為高

在六極之下而不為深　莊　太初有無無有無名一之所起

有一而未形　儵與忽時相與遇於混沌之地混沌待之

書影十　《海錄碎事》明萬曆二十六年（1598）河南僉獻劉鳳校刊本

海錄碎事卷一

宋　泉州太守兼延珪集著

明　河南僉憲劉　鳳校刻

孫　鴻英應同校

天部上

天門

曾穹

蹀足循廣除瞬目矖曾穹 文選謝惠連詩

天閶

天閶決地垠開 楊雄作甘泉賦

紫冥

發響九皐翰飛紫冥 北史

鍊石補天

書影十一　　《唐宋白孔六帖》明嘉靖間（1522～1566）刊本

唐宋白孔六帖卷第一

天一　　地二
日三
星五　　明天文六
晨夜七　律曆八
天一
　　　月四

白
高明柔克　高明天也柔　陰隲下人　言天默定
天尊　地甲　成象　在天成象　觀天之道　而四時不忒　天垂象　言見
凶聖人　天行健　資始　萬物資始　大哉乾元　上浮爲天
則之　天氣　高遠　極遠窮高　貞觀之道　無私不息者天清
下降　天降下　克寒暑不干　陰隲下人　言天之命

-221-

書影十二　《山堂考索》元延祐庚申七年（1320）圓沙書院刊本

易學傳授之圖

山堂先生羣書考索卷之一

山堂呂講章　如愚　俊卿　編

八○六經門

易類

田何　　王同　　周王孫
　　　　丁寬
田王孫　施讎　　張禹
　　　　孟喜　　趙賓
　　　　梁立賀先事京房更事田王孫　殷嘉
焦延壽　京房　　姚平
　　　　　　　　乘弘
高相　　相子康
　　　　母將求
費直　　王璜
韓嬰　　韓生

書影十三　《事林廣記》明成化十四年（1478）劉廷賓等福建刊本

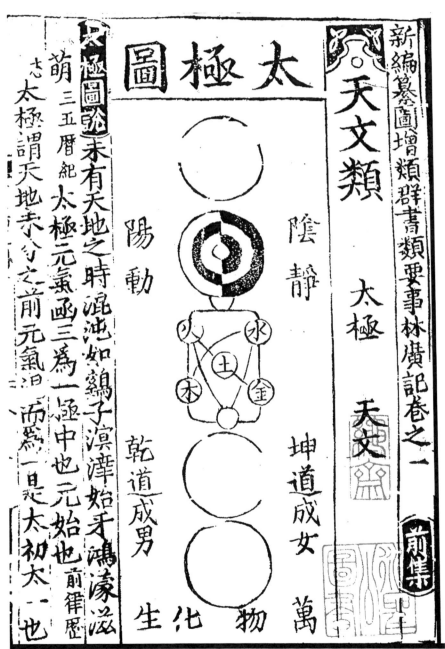

書影十四　《歲時廣記》明萬曆三十一年（1603）錢塘胡氏刊本

新刻歲時廣記卷之一

廣寒仙裔　陳元靚　編

西湖醉漁　胡文煥　校

春

孔子家語曰春者四時之首也尚書大傳曰春
出也萬物之所出也禮記鄉飲酒曰東方曰春
春之為言蠢也淮南子曰春為規規者所以圓
萬物也規度不失生氣乃理前漢律歷志曰少
陽者東方東動也陽氣動物於時為春春蠢也
物蠢生乃動運术曲直仁者生生者圓故為規

書影十五　《歲時廣記》清道光辛卯十一年（1831）六安晁氏活字印本

歲時廣記卷之一

　　　　　　宋　廣寒仙裔陳元靚編

春

孔子家語曰春者四時之首也尚書大傳曰春出
也萬物之所出也禮記鄉飲酒曰東方曰春春之
爲言蠢也淮南子曰春爲規規者所以圜萬物也
規度不失生氣乃理前漢律歷志曰少陽者東方
束動也陽氣動物於時爲春春蠢也物蠢生乃動
運木曲直仁者生生者者圜故爲規也月令曰春三

書影十六　《古今合璧事類備要》明嘉靖壬子三十一年（1552）至丙辰三十五年
　　　　　（1556）三衢夏相校刊本

古今合璧事類備要卷之一

天文門

衢夏相重摹宋板校刻

天

事類

羣物之祖　天者——也故徧覆包含而無所
殊建日月風雨以和之經陰陽寒暑以

董仲舒傳前漢

羣陽之精　天——精也合爲爲太一分爲殊
成之前漢　名故立字一大爲天春秋說題

目下耳　夫能——其——而——者罪天也夫楊問明
敢問天聰明曰昭昭乎惟天爲聰惟天爲明

氣成形　氣耳亡處亡形奈何憂其崩列子
杞國有憂天地崩隆者曉之曰天積　　　　高

天之——其———乎高者抑之下者　　道猶張
　　　　　　　　　　　　　　　　　周髀

弓　天之——其———乎高者抑之下者
舉之有餘者損之不足者補之老子　　形如倚蓋
　　　　　　　　　　　　　　　　　家云

書影十七　《玉海》元後至元六年（1340）慶元路儒學刊至正十一年（1351）
　　　　　修補本

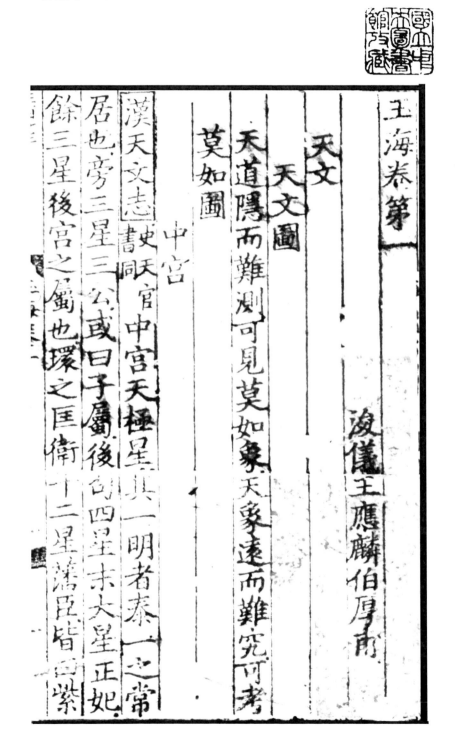

書影十八　　《古今事文類聚》元泰定丙寅三年（1326）廬陵武溪書院刊本

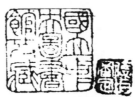

○東宮官部

新編古今事文類聚□□卷之一

三師三少

歷代沿革

皇王　教世子立大傅少傅以養之　文王　世子入則

有保出則有師　成王　幼在強抱太公爲太師　漢髙

帝九年以叔孫通爲太子大傅位次太常後遷太傅一人中

二千石礼如師不領官屬少傅二千石丞於太子官屬魏太

傅於太子不稱臣少傅稱臣　晉　咸寧中備六傅之戒　東晉以

景帝諱師故改太師爲太保　梁　三少各一人掌奉皇太子以

觀三師之總　後秦　以太師太傅太保爲三師少傅少保

爲三少　唐　三師三少官不必備唯其人无其人則闕之太子

太師太傅太保各一人從一品少師少傅少保各一人從二

書影十九　　《全芳備祖》烏絲闌舊鈔本

全芳備祖卷之一

　　　　　　　　　　天台陳景沂編輯

　　　　　　　　　　建安祝　穆訂正

花部

　梅花

事實祖

　碎録

　上林苑有朱梅同心梅紫蒂梅西京雜記大庾嶺

上梅花南枝落北枝開六帖梅花木蓂中曲宋蛇

昭